大乘起信論淺述

大乘起信論淺述

夢參老和尚主講

目錄

序……1
夢參老和尚略傳……3
深山中的一盞明燈……5
一、緣起……11
二、歸敬三寶……17
三、因緣分……21
四、立義分……45
五、解釋分
(一)、顯示正義……55
(二)、對治邪執……268
(三)、分別發趣道相……294
六、修行信心分……347
七、勸修利益分……387
學佛問答……393

大乘起信論淺述 序

〈大乘起信論〉，是學習《大方廣佛華嚴經》（八十華嚴）的前方便功課。

公元二〇〇三年秋冬之交，夢參老和尚自浙江雁蕩山，前往山西五台山靜修安居；他並應普壽寺之請，先行講述〈大乘起信論〉，爲爾後五年開講《華嚴經》等大小品經典，奠定修學上的理論基礎。

老和尚在講述〈大乘起信論〉時，係以慈舟老法師〈大乘起信論述記〉爲參考，並將〈大乘起信論〉「一心、二門、三大、九相」的義理，重新敷演展開，以建立學者成佛的信心，銷除修行上的疑惑；他也秉承慈老法師的教誨，考量聞法者的根器，略去懸談的架構，直接進入本文講述〈大乘起信論〉。

老和尚在年輕學法時期，曾依止近代中國、西藏顯密各教派的大成就者，雖經歷三十三年的煉獄苦修，「終不以此苦，退失菩提心」，鍛鍊出一種艱苦卓絕的典範與氣度；他的一言一行，往往帶有一股雄渾的力量與璀璨的智慧。

本書由方廣編輯部整理成冊，講稿文句略有潤飾，「學佛問答」次第亦有所異動；然全書的科判架構，經 夢參老和尚過目定稿，並親題書名〈大乘起信論淺述〉，是爲本書出版之緣起。

惟〈大乘起信論〉中有關第八識的翻譯名相，古來大德爭論不已，尤其是在「眞常如來系」與「虛妄唯識系」之間，彼此的詮釋大相逕庭。本論的譯者眞諦三藏，屬於「眞常如來系」，譯第八識爲「阿黎耶識」，而「虛妄唯識系」的玄奘法師，建立中國唯識學時，便將第八識改譯爲「阿賴耶識」，如今久經傳布，早已約定成俗。爲免諍議，本書行文時，間或以「阿賴〔黎〕耶識」並陳，間或單列本論特有的譯法「阿黎耶識」；伏維此方便，但求學者無誤讀之虞，尚祈有識者見諒，是爲禱。

方廣文化謹誌於朝陽　二〇一〇年歲次庚寅

夢參老和尚略傳

夢參老和尚生於西元一九一五年，中國黑龍江省開通縣人。

一九三一年在北京房山縣上方山兜率寺出家，法名為「覺醒」。但是他認為自己沒有覺也沒有醒，再加上是作夢的因緣出家，便給自己取名為「夢參」。

出家後先到福建鼓山佛學院，依止慈舟老法師學習《華嚴經》，該佛學院是虛雲老和尚創辦的；之後又到青島湛山寺學習倓虛老法師的天台四教。

一九三七年奉倓老命赴廈門迎請弘老到湛山寺，夢參作弘老侍者，以護弘老生活起居半年，深受弘一大師身教的啓發。

一九四〇年起赴西藏色拉寺及西康等地，住色拉寺依止夏巴仁波切學習西藏黃教修法次第，長達十年之久。

一九五〇年元月二日即被令政治學習，錯判入獄長達三十三年。在獄中，他經常觀想：「假使熱鐵輪，於我頂上旋，終不以此苦，退失菩提心。」這句偈頌，自我勉勵，堅定信心，度過了漫長歲月。

一九八二年平反，回北京任教於北京中國佛學院。

一九八四年受福建南普陀寺妙湛老和尚、圓拙長老之請，離開北京到廈門南普陀寺，協助恢復閩南佛學院，並任教務長。

一九八八年旅居美國，並數度應弟子邀請至加拿大、紐西蘭、新加坡、香港、台灣等地區弘法。

二〇〇四年住五台山靜修，農曆二月二日應五台山普壽寺之請，開講《大方廣佛華嚴經》（八十華嚴），二〇〇七年圓滿。

二〇〇九年以華梵大學榮譽講座教授身份來台弘法，法緣鼎盛。

二〇一七年十一月二十七日（農曆丁酉年十月初十申時），圓寂於五台山真容寺，享年一〇三歲。十二月三日午時，在五台山碧山寺塔林化身窯荼毗。

深山中的一盞明燈

與老和尚談話時，我們所知道的一些有關老和尚出家的經歷。
方廣編輯部整理

夢參老和尚生於西元一九一五年，中國黑龍江省開通縣人。年少輕狂，個性機靈、特立獨行，年僅十三歲便踏入社會，加入東北講武堂軍校，自此展開浪漫又傳奇的修行生涯。

隨著九一八事變，東北講武堂退至北京，講武堂併入黃埔軍校第八期，但他未去學校，轉而出家。

他之所以發心出家是因為曾在作夢中夢見自己墜入大海，有一位老太太以小船救離困境。這位老太太向他指示兩條路，其中一條路是前往一棟宮殿般的地方，說這是他一生的歸宿。醒後，經過詢問，夢中的宮殿境界就是上房山的下院，遂於一九三一年，前往北京近郊上房山兜率寺，依止修林和尚出家；惟修林和尚的小廟位於海淀藥王廟，就在藥王廟剃度落髮，法名為「覺醒」。但是他認為自己沒有覺也沒有醒，再加上是作夢的因緣出家，便給自己取名為「夢參」。

當時年僅十六歲的夢參法師，得知北京拈花寺將舉辦三壇大戒，遂前往依止全朗和尚受具足戒。受戒後，又因作夢因緣，催促他南下九華山朝山，正適逢六十年舉行一次的開啓地藏菩薩肉身塔法會，當時並不為意，此次的參訪地藏菩薩肉身，卻為他日後平反出獄，全面弘揚《地藏三經》法門，種下深遠的因緣。

在九華山這段期間，他看到慈舟老法師在鼓山開辦法界學苑的招生簡章，遂於一九三二年春天到鼓山湧泉寺，入法界學苑，依止慈舟老法師學習《華嚴經》與戒律，時間長達五年之久。

鼓山學習《華嚴經》的期間，在慈舟老法師的親自指點下，日夜禮拜〈普賢行願品〉，開啓宿世學習經論的智慧；又在慈老的教導下，年僅二十歲便以代座講課的機緣，逐步成長為獨當一面，口若懸河，暢演《彌陀經》等大小經論的法師。

法界學苑是由虛雲老和尚創辦的，經歷五年時間停辦。之後，他又轉往青島湛山寺，向倓虛老法師學習天臺四教。

在青島湛山寺期間，他擔任湛山寺書記，經常銜命負責涉外事務。曾赴廈門迎請弘一老法師赴湛山，講述「隨機羯磨」，並做弘老的外護侍者，護持弘老生活起居半年。弘一老法師除親贈手書的〈淨行品〉，並囑托他弘揚《地藏三經》。

當時中國內憂外患日益加劇，日本關東軍逐步佔領華北地區，在北京期間，以善巧方便智慧，掩護許多國共兩黨的抗日份子幸免於難。一九四〇年，終因遭人檢舉被日軍追捕，遂喬裝雍和宮喇嘛的侍者身份離開北京，轉往上海、香港；並獲得香港方養秋居士的鼎力資助，順利經由印度，前往西藏色拉寺依止夏巴仁波切，學習黃教菩提道修法次第。

在西藏拉薩修學五年，藏傳法名為「滾卻圖登」；由於當時西藏政局產生重大變化，排除漢人、漢僧風潮日起，遂前往青海、西康等地遊歷。一九四九年底，在夏巴仁波切與夢境的催促下離開藏區。

此時中國內戰結束，國民黨退守台灣，中華人民共和國在北京宣布成立。一九五〇年元月，正值青壯年的夢參法師，在四川甘孜時因不願意放棄僧人身份，不願意進藏參與工作，雖經過二年學習依舊不願意還俗，遂被捕入獄；又因在獄中宣傳佛法，被以反革命之名判刑十五年、勞動改造十八年，自此「夢參」的名字隱退了，被獄中各種的代號所替換。

他雖然入獄三十三年，卻也避開了三反五反、文革等動亂，並看盡真實的人性，將深奧佛法與具體的生活智慧結合起來；為日後出獄弘法，形成了一套獨具魅力的弘法語言與修行風格。

時年六十九歲，中央落實宗教政策，於一九八二年平反出獄，自四川返回北京落户，任教於北京中國佛學院；並以講師身份講述〈四分律〉，踏出重新弘法的第一步。夢老希望以未來三十三年的時間，補足這段失落的歲月。

因妙湛等舊友出任廈門南普陀寺方丈，遂於一九八四年受邀恢復閩南佛學院，並擔任教務長一職。一方面培育新一代的僧人，一方面開講《華嚴經》，講至〈離世間品〉便因萬佛城宣化老和尚的邀請前往美國，中止了《華嚴經》的課程。

自此在美國、加拿大、紐西蘭、新加坡、香港、臺灣等地區弘法的夢老，開始弘揚世所罕聞的《地藏三經》：《占察善惡業報經》、《地藏經》、《地藏十輪經》與〈華嚴三品〉，終因契合時機，法緣日益鼎盛。

夢老在海外弘法十五年，廣開皈依、剃度因緣，滿各地三寶弟子的願心。目前夢老所剃度的弟子，遍及中國大陸、臺灣、香港、加拿大、美國等地區。他並承通願法師之遺願囑託，鼎力掖助她的弟子，興建女眾戒律道場；同時，順利恢復雁蕩山能仁寺。

年屆九十，也是落葉歸根的時候了，夢老在五臺山度過九十大壽，並以五年多的時間，勉力克服身心環境的障礙，在普壽寺講完《大方廣佛華嚴經》（八十華嚴）共五百餘座，了卻多年來未曾圓滿的心願。其間，又應各地皈依弟子之請求，陸續開講《大乘大集地藏十輪經》、《法華經》、《楞嚴經》等大乘經論。

夢老在五台山靜修、講經，雖已九十六高齡，除耳疾等色身問題外，依舊聲如洪鐘，法音攝受人心；在這期間，除非身體違和等特殊情形，還是維持長久以來定時定量的個人日課，儼然成為深山中的一盞明燈，常時照耀加被幽冥眾生。二〇一七年十一月二十七日（農曆丁酉年十月初十申時），圓寂於五台山真容寺，享年一〇三歲。十二月三日午時，在五台山碧山寺塔林化身窯荼毗。

夢參老和尚出家八十七載，一本雲遊僧道風，隨緣度眾，無任何傳法舉措，未興建個人專屬道場。曾親筆書寫「童貞入道、白首窮經」八字，為一生的求法修行，作了平凡的註腳。

二〇一七年冬　方廣編輯部修訂

大乘起信論淺述

夢參老和尚 主講

一、緣起

一切法是因緣生的，這回我們冬季在這兒跟大家共同學習，這是特殊因緣。什麼特殊因緣呢？我最初跟道友們講，我現在快九十歲了，回到山裡原本不想解說了，好像是因緣注定似的，現在又再說法。解說的目的是要去行。行，我們才能得到，光說是不行的，得不到。

現在我們所處的時代，是衆業所感、災難重重。我們這個地球上，大概有六十億人口，這六十億人口有好多信佛的呢？百分之一都沒有；即使是信佛的，信信而已，斷煩惱求解脫的，篩檢下來就很少很少了。

我走了很多國家，也到了很多地區，見了很多的佛弟子，可是能夠安心求解脫的，想斷煩惱的少之又少。先不說求解脫求證果，就求一個能夠有信心，眞正一個清淨信心都很不容易。

之前，我們有一兩批道友拜懺，一共才二十天吧！那就是行。行的目的是求解脫，但是我們還沒有那麼高的境界，僅僅是求學習的信心。我們學的是《占察善惡業報經》，拜的是〈占察懺〉，也想得到個清淨信。堅淨信菩薩說，到了末法時代也就是我們這個時代，能有個堅淨的清淨信心都很不容易了！還不說是行，求解脫，那是少之又少。

現在講〈大乘起信論〉也是信心，沒有怎麼辦呢？學一學吧！學一學生起信心，信了之後才能解；這個學就是解，解而後去做就是行，行而後就能夠證得了。因此，學〈大乘起信論〉，就是討論我們怎麼樣能生起信心，但是這個信心不是一般的，而是清淨的。我們不在文字上去解，從它的義理、論上所教導我們的，怎麼樣能堅固大乘的信心。

或者有的同學會生起這樣的懷疑，現在我們都剃髮做了比丘僧、比丘尼僧，還沒有信心嗎？那是我們自己認為的，你對照一下。我們有一班同學學《占察善惡業報經》，堅淨信菩薩請問地藏菩薩，在末法的時候，怎麼樣能夠堅定我們的信心，達到清淨心？

信是一切的根本。這部論是宗經論，有的是釋經論，依著經上解釋注個註解叫釋經論。〈起信論〉是宗經論，宗一百部大乘經典，不是宗哪一部經，而是把佛所說的大乘教義總結、生起信心。

這部論我開始初學的時候，慈舟老法師先講懸談，因為那個時候我們學過《華嚴經》。懸談的意義，同學都學過好多年了能夠理解。現在我們這裡有些是初學的，沒辦法理解，懸談部份留到我們把論講完了，回來再說。懸談就是總結論的大意，還沒有到講論的本文，先把它總結一下。現在我們不按懸談的意思講，就直接講論的本文。

這部論在清末、民國初年的時候，有好多學者說〈大乘起信論〉是偽造的，不是馬鳴菩薩造的。這一部份學者所根據的是從日本傳來的，講考據的就是依著歷史來研究，研究在印度是不是有這部論，但是考據不出來。

我在中國佛學院的時候，印度有一位學者到中國來訪問，我們曾經在宗教研究所共同研究過。我曾經這樣問他，印度的馬鳴菩薩有六個，究竟是什麼時代？哪一個馬鳴菩薩造的這部論，他說印度的歷史是不可考據的，印度人不知道，沒辦法分辨。

我的思想是這樣認識的，不管是他們說偽造的也好、是中國的大德們編的也好，若能夠編出這麼一部〈起信論〉，我也把他當成大菩薩，當諸佛的化身看待。我們看論的內容所說的，跟我們所讀的華嚴、法華、圓覺、方等這些諸經是不是相吻合的？意義相吻合，我們遵照去學、去行，不論是誰說的。如果跟著佛所說的諸經不合，就算他多有學問、多有名望也不行！那是違背佛教，也就是邪知邪見，我們不跟他學。

假使有人跟你們說〈大乘起信論〉是偽造，不要去學，但是據我所知，我上一代的老法師，講〈大乘起信論〉的非常多。上一代的上一代，月霞老法師、諦閑老法師、太虛老法師、八指頭陀都在講〈大乘起信論〉；一直到民國初年的梁啓超、南京支那內學院，才說是偽造的。

我跟大家說這些事情的意思就是，如果聽到這種言論不要去管它，你學你的，他的觀點是他的觀點，那些是不去行的只是做學問的，大家知道這麼個涵義就行了。

大乘起信論

我們開始學習〈大乘起信論〉，先解釋〈大乘起信論〉的論題。

「大」是指著法說的，「乘」是比喻的意思。「大」是法，「乘」是喻。喻是因為在法上你不容易進入，加個比喻你就容易明白。這個「大」與大乘經典的「大」是一樣的意思。跟《大方廣佛華嚴經》的「大」是一樣的，是約法說的。

「大」是法，「乘」是顯示。大跟小是相對的，大是對著小的；大法和小法，小法了自己的生死，求自己的解脫不管別人。像我們經常說的，「自掃門前雪，管莫他人瓦上霜」，這就是小。像我們不但掃自己的院子，還要把馬路打掃一下，這是大。小車、大車，一列火車拉了一千多人，那就是大，一部汽車才能坐幾個人，這就是小。

乘，是運載的意思，用大法來運載直至成佛。其實這個「大」是指著我們的心，這個心不是我們現前這個妄心，而是指眞心、法界心。

《華嚴經》講「大」是指一心，這個心就是體。體具足相、具足用。這就是〈起信論〉所講的一心、二門、三大，也就是體、相、用。「體」是說我們跟諸佛所具足的法身，「相」呢？如果我們拿三德來分就是般若德，用就是解脫德。舉一個「大」字就具足了般若、解脫，三德就在一心。

〈起信論〉宗《大方廣佛華嚴經》、宗百部大乘，華嚴、般若、法華、圓覺都具足的。「論」是把諸經的意義，用論的方式來說明。「論」的意思就是要我們相信，相信什麼呢？相信我們自己與佛無二無別。依著大乘能生起我們的信心，我們有這個信心了才能去學、行。

如果你沒有這個信心，怎能學呢？不能生起學的作用。「論」就是討論，如何使我們能夠生起信心。使我們這個心能夠堅信不疑，信一切諸佛所說的大乘義理，相信這個義理。簡單說，要相信你自己是佛。若有這個信心了，相信佛是悟得了、成就了究竟成就的佛；我們是沒有成就的，那我們就要開始，也要成就。

成就與沒成就，有什麼區別呢？我們現在的煩惱很多，自己不能解脫沒得智慧。一切的世間相，在事法界你是迷迷糊糊，不能了解它，不能了解它就被它迷了；迷了，所以你做什麼事都不能入理。假使你明白了，你所做的事就跟理相合，你那個用跟你那個體是相合的，我們沒有這種智慧就不相合，不相合我們的妄心對著妄境，就不能解脫了。

因此我們一定要相信佛所說的一切大乘教義，相信自己的自心，自心是佛。自心作佛，僅生起這麼一個信心而已，現在我們沒有這個信心。你連信都不信怎麼能去解呢？不信、不解你又怎能去行呢？你不去做又怎能去證呢？你不去證又怎能夠斷除一切煩惱呢？你解脫不了煩惱。

馬鳴菩薩造

馬鳴菩薩在印度時代，大概是佛滅後六百多年的時間，那個時候對大乘的教義，信者幾乎沒有了，因此馬鳴菩薩才造這個論。但是我剛才說過有六個馬鳴，這六個馬鳴是不是每一個馬鳴都像造論這位馬鳴菩薩這麼有功德呢？沒有的。從這裡也可以辨別這六個馬鳴菩薩。

造論的這位馬鳴菩薩，他出生的時候，馬都悲鳴不已；因爲有這種現相，國王就請他登堂說法。但是國王請他說法的時候，不給馬草料吃，先餓牠七天。在馬鳴菩薩說法的時候，才把草料給那些馬準備齊，那些馬不飲水、也不吃草，都來聽馬鳴菩薩說法。在牠聞法的時候，發出悲哀的聲音。

這是印度馬鳴菩薩的歷史傳說，他現的是八地菩薩，不動地的地位。馬鳴菩薩是過去的古佛叫大光明佛，這個馬鳴菩薩降生到印度的時候有這些因緣。因此我們要相信這位菩薩所造的論，能夠使我們除掉疑惑，能夠使我們產生大乘的信仰心。

梁天竺三藏法師眞諦譯

翻譯這部論的菩薩是三藏法師眞諦翻譯的，在梁武帝時代。

二、歸敬三寶

馬鳴菩薩在造論之初先歸依三寶，就像我們作任何的佛事，上殿、過堂，所有的一舉一動，念念歸敬三寶。當然大菩薩的智慧大，他所讚歎的言辭、稱頌佛的功德、稱頌法的功德、稱頌三寶的功德讚歎就深入了！我們可以隨自己所學，在任何時、任何處或者你誦經、吃飯、行住坐臥的時候，都可以讚歎三寶。

在西藏教義裡無論做任何事情，前頭一定要讚歎三寶，念什麼經先念三寶頌。我們在任何時、任何處，只要你念經、禮佛、拜懺，嚮往法的時候一定要歸依三寶，這是一切法的根本。馬鳴菩薩造論之前先歸依三寶，這偈頌是讚歎三寶的偈頌。

歸命盡十方。最勝業徧知，色無礙自在，救世大悲者。

我們拜懺的時候要至誠懇切的，觀想偈頌也是這樣。每一個菩薩都以他的智慧來讚歎。像自己在拜懺、或者是禮佛、或者是做任何事，你用你的智慧讚歎。如果你不會就學學菩薩的讚歎，念念他們的讚歎也可以，最好以你心裡所想到的、所能做到的去讚歎。

馬鳴菩薩造論之前，歸命盡十方一切的佛。第一個偈頌就是歸依一切佛。「歸命」就是把我們的生命歸依三寶。生命包括了身、口、意，身體在禮拜、口裡在稱誦、意裡作觀想。把自己的生命三業，歸依給佛法僧三寶。

命可以分兩種，一種是現生的生命，一種是法身的慧命；法身的慧命跟三寶同一體性。現在因爲我們迷了，迷了就不通了，不通了就把我們的法身慧命，歸投給三寶。

「最勝業徧知」，這是讚歎佛的。

「色無礙自在」，諸佛所有的色相都是自在的。現在我們是捨掉識心的身命，禮佛法三寶的那叫歸命。歸命不是一方、一處、一尊佛，而是盡十方，也就是盡十方偏法界。同時我們這個命，跟三寶的法身慧命同一個體性，就性體來說與三寶同一體性。

現在因爲我們在迷，在迷似乎就不通了，在我們性體上是通的，所謂通者就是跟三寶合爲一體。現在我們的這個生命，一個是識，一個是出入的氣息，也就是你的呼吸，沒有呼吸你就死亡了，三是煖，身體的煖，合起來就是識、息、煖，三者合起來就叫命。「盡」呢？現在我捨掉識心的這個命，歸依三寶，佛法僧三寶的慧命，諸佛都是慧命。

「最勝業徧知，色無礙自在，救世大悲者。」是讚歎佛的意業。

佛的意業能識得一切衆生的心，也能識得一切衆生的業果因緣。佛在色身上是無礙的能夠化現千百億，而且就佛自身的色身說，通體無礙的光明體。隨衆生的業緣，佛示現著大的化身、小的化身，無窮無盡的化身；在救生的事業上，他是自在無礙的。佛救世的時候，都要說法，說法是佛的口業無礙。說法救世，不說衆生不明！因此佛是大悲的作用所起的三業，是無礙的、是自在的。

及彼身體相，法性眞如海。無量功德藏，如實修行等。

「彼身」是指佛的法、報、化，或者指佛的身、口、意化身。身體相是指法、報二身說的，法身是無相，體是法身，法身無相。化身是虛幻的，報身也是福德相是功德藏。佛的報身就是功德藏身，含藏著好多無漏性功德。

佛的體是稱性之體，是眞如。眞如像海一樣，海是比方的意思。「無量功德藏」是說佛利生的事業，這叫如來藏性。這就是《大方廣佛華嚴經》的一心。「如實修行等」，不是指佛說的，這是僧寶、一切大菩薩，稱性的、登地以上證得法身的這些大菩薩。這兩個偈頌是讚歎三寶的功德。先是讚歎、恭敬、禮敬三寶，完了就說明造論的意思。

爲欲令衆生，除疑捨邪執，起大乘正信，佛種不斷故。

爲什麼要造〈大乘起信論〉呢？爲了要令一切衆生對於法性的理性、體性有所懷疑的，讓他們捨去懷疑得到清淨信，不要執著。凡是所有的執著都是邪知邪見，把一切執著捨掉，生起清淨的大乘信心，使佛的種子相續不斷，「佛種不斷故」。

論曰：有法能起摩訶衍信根，是故應說。

歸敬三寶說出了造論的意思。

「論曰：有法能起摩訶衍信根，是故應說。」爲什麼要說〈大乘起信論〉呢？令衆生得益，讓一切衆生得到好處。有法，有什麼法呢？論裡所說的一心、二門、三大，是你本來具有的，人人本具有的，十法界平等平等都具有的。

但衆生迷而不知，馬鳴菩薩說若能聽到他造的論能起到信心，因此才說〈起信論〉，讓一切衆生能夠在大乘法上起個信根。「摩訶衍」就是大的意思，在大乘法上能起個信心。信什麼呢？信你自己本具有的大。如果你有這個信心就是建立始覺智了，開始覺悟。

信呢？就是根，信久了就叫力。我們不是講五根五力嗎？信是根，信久了產生一種力量。什麼力量呢？能夠「除疑捨邪執」，依著正道修行，「信為道源功德母，長養一切諸善根。」就生起這個信心。

說有五分。云何為五：一者因緣分，二者立義分，三者解釋分，四者修行信心分，五者勸修利益分。

若說能讓衆生生起信心，這個摩訶衍的信根是如何生起呢？有五個步驟、五種次第，因此分成五分。

以下這些都是標題，分成五分，以下就一分一分的解釋。「一者因緣分，二者立義分，三者解釋分，四者修行信心分，五者勸修利益分。」

三、因緣分

初說因緣分。

問曰：有何因緣而造此論？

答曰：是因緣有八種。

云何爲八？

造這部論是什麼因緣？一切法都是因緣生的，必須有因有緣。所以問：你有何因緣而造此論？這個意思就是馬鳴菩薩造論的時候，自己設的一個假設問答，自己問自己答，讓人家明白。造這部論是什麼因緣？你若想造這部論必須有個因，一切法都不是孤獨的生起，必須有境界相生起你的心。馬鳴菩薩就說我造這部論的因緣不是一、二種因緣，有八種因緣。因緣有八種，這都是標名的，下面才說他的道理。

一者因緣總相，所謂爲令衆生離一切苦，得究竟樂；非求世間名利恭敬故。

第一個因緣，總說造這部論的第一因緣是什麼呢？因爲衆生都在苦中，讓他們離一切苦得樂，離苦得樂得的是究竟樂，不是世間的名聞利養。這是馬鳴菩薩自己說，他造這部論不是求世間名利，而是令一切衆生離苦。

令衆生離苦。苦，總說大概是兩種，一個分段生死、一個變異生死。分別說，苦很多，大家所學的名相有八苦。八苦交煎是二苦、三苦、四苦、五苦、乃至八苦，就是一切諸苦。離一切諸苦難，讓他們都能夠究竟成佛，究竟得到解脫證得涅槃。「得究竟樂」，究竟樂就是成佛果。

總說造這部論的目的，是讓一切衆生離苦得樂，讓一切衆生都能夠究竟成佛。也就是說造論的目的，不是求世間的名聞利養。一般人做一件事，不是爲名就是爲利，爲利就是爲財求名利。第一種，總的因緣就是令一切衆生離苦得樂。

二者爲欲解釋如來根本之義，令諸衆生正解不謬故。

第二種，想把諸佛最根本的道理顯示出來，把諸佛所成就的最根本義理，跟一切衆生說，令一切衆生產生正知正見，而不是前頭那個邪見。除疑捨邪執，令一切衆生生起正解不謬。

這在經文裡都說了，一心、二門、三大，這是眞正的因。一切衆生、三賢位菩薩、十地位菩薩。十地位就是聖者，三賢位菩薩就是賢者。三賢十聖前頭都有虛妄顚倒，都是謬解，解的不正確。對著一切衆生生起我執、法執。大乘經典裡頭說，你在初發心的時候，因地若是不眞的話，果是證不到的。「因地不眞，果招紆曲。」紆曲就是達不到目的。

我們諸位同學，有的出家修行一、二十年了，乃至於學佛法學了六、七十年，還不能產生一個正確的知見；你看問題總是不那麼正確，總有偏差。學習〈起信論〉就是把這個偏差糾正過來，產生正知正見。什麼叫正信，什麼不叫正信？這部論就是辨別這個。

你所信的不是真正佛所說的。舉例來說，亞洲有好多人信佛？信佛的能夠真正正知正見的，能有好多呢？經過了解、篩檢，正解不謬的很少。

我在西藏跟一個喇嘛道友這樣辯論過，對於燒護摩供天、供護法，西藏的大殿裡頭供酒、供肉，這個究竟是正確？還是不正確？我在西藏是住過十年的，不是隨便說的。西藏是以文殊菩薩為主，用文殊菩薩十大願王對照。文殊菩薩十大願，諸位道友都念過，你去分辨什麼是正確的，什麼是不正確的？這都是正法的。

現在亞洲存在的佛教國家，斯里蘭卡、泰國、緬甸，是屬於南傳佛教，他們認為這才是真正佛說的。據他們的說法，漢地佛教是偽的、虛假的，密宗他們更不信了；日本佛教更弄得這些信徒們，真真假假、虛虛實實。

有人認為〈大乘起信論〉是偽造的，我們研究這部論所說的道理，不管是誰造的，他的道理說的對，我們就依著他學；道理說的不對，假藉佛說的，那才叫偽造。有的把神教都加進去了。西藏原來的教義跟印度的外道教義混淆不清了，在西藏是這樣。你學學〈菩提道次第廣論〉就可以明白，合乎菩提道、不合乎菩提道？你自己有智慧來辨別。如果你依著馬鳴菩薩所造的〈大乘起信論〉，依著正確的信解，理解諸大乘經典所說的教義，自己如果有了智慧，你可以判斷這個對或者不對；或是正知正見、邪知邪見？

「令諸眾生正解不謬故」，眾生的正解就是說你這個論是假造的，這叫正解不謬嗎？我們依著他的教義、依著他所說的。他這種因緣是什麼因緣？什麼叫邪知？什麼正知正見？你去分別吧！什麼叫眞正的信心？這部論只是叫我們產生個眞正的信心，起信是叫你產生一個正知正見的信心。

三者爲令善根成熟眾生，於摩訶衍法堪任不退信故。

「摩訶衍法堪任不退信故」，這個信心是依著《華嚴經》說的。《華嚴經》講十種信心，一者是信心、二者是念心、三者是精進心、四者是慧心、五者是定心、六者是不退心、七者是迴向心、八者是護法心、九者是戒心、十者是願心。

我經常的引證這十種心，能夠「覺知前念起惡，能止其後念不起者」，這就是眞正有信心。再不作惡，起個念頭，心裡一個念，曉知這個念頭不對；這個念起的不對馬上就截止了，不讓它相續再去念，當然就沒有行爲了。

如果能把信、念、進、慧、定、不退、迴向、護法、戒這九心滿了，已經很不容易了。有這十種信心了才能說三種的發菩提心，厭離世間心、大悲心、般若心，這才能趣向佛道。這些都是助緣，助你增長正知正見。

前幾心都具足了而不發起大願心來度一切眾生，還不能入住。住是三賢位的菩薩，相信見法性，這個時候十住的初心就發菩提心，這是眞正的發菩提心。

但是他還沒有眞正的證得，只是相似見了眞理，還不是眞正的證入眞理。到了十信滿心，發菩提心的時候，入初住的時候，住就是不退了，大乘三賢位的住就是不退了。住、行、向、地、等覺，一直到妙覺，這都是由他的信根增長而得到的。信的根本意義在這裡，你連信都不信怎麼能進入呢？我們發菩提心是虛妄的，欣樂心而已。

四者爲令善根微少衆生，修習信心故。

第三種是令善根成熟的，不退信了，入了住位，登了初住。我們現在是善根微少，信心不足，還在修習信心的階段。修〈占察懺〉就是堅固我們的信心！占察我們的業障消失好多？我們的善根深厚不深厚？用占察輪就會告訴我們。我們現在所行的、所修的，還是在信心的階段。遇到挫折，遇到危難，業障發現了，信心退掉了。

在最近三天之內，我接到兩個弟子的電話，他說：「師父！怎麼辦？我五戒全犯了。」一個是廈門的，一個是深圳的。才剛受戒怎麼五戒全犯了！所以信心很難哪！

四重戒同時犯！虛報，虛報就是向上級虛報領錢！他說：「這算不算盜戒？」我說：「這就是盜戒。」不該你得的，不是你得的，不是盜嗎？盜的時候，是從很多人身上得到的，盜業很重！你說跟朋友去喝酒，喝完酒了去嫖妓，殺、盜、淫、妄、酒一時全犯；不是重的也犯了，殺戒也犯了。這種是沒有信心，我們有信心嗎？不容易呀！

現在不論比丘、比丘尼，就我所知道的，有的是我的弟子，有的是我的學生，還俗的很多。他把學佛、出家、修道當成兒戲，不是很重視的，沒有看成是生死的根本，犯了要下地獄的，他信嗎？連這個因果都不信。不要把修行信心看的很簡單，這是非常的重要。

過去古人有這麼兩句話，「慷慨赴死易，從容守土難。」讓你一天在生活當中遵守戒律，很難。你說：「我捨身供佛。」或者像到戰場去拼命，死了就算了這容易。大家知道，當你發心出家的時候，勇猛心好發，持久心就難了。在日常生活中鍛鍊磨鍊你，你不起貪瞋癡念，內心斷了貪瞋癡念，談何容易啊！

每個人都要面子，不肯說而已。內心裡包藏很多不可對人言的事，這能成道嗎？怎麼能解脫！說的很好聽，做的是另一回事，說跟做不相合。大家不要認爲我很信了，我修行什麼？修習信心啊！信心的過程有很多，當我們的思想生起壞念頭，你能夠不相續嗎？「覺知前念起惡，能止其後念不起者」，這才是初信，這叫信心。

念心很難，我經常跟大家說，好好把你的念頭看住，凡是起個胡思亂想的念頭，這叫念心。你一天想念什麼？你思念的是什麼？念三寶嗎？自己要約束自己。同參道友、師父、同學的，誰也不知道你在想什麼？自己要把念頭看好。

念頭看不好的話，你會一步一步走向犯戒，走向墮落，走向地獄。還不說你死後墮地獄，就是你生前處處不如意，看什麼都煩惱。當你心不在道的時候，覺得一天都不如意。你在普壽寺是住不住了，能住住就是不錯的。這念頭不對，把這念頭收回來，那就對了，「這是信心、念心。

信，往前進一步，念念不背三寶，我們這個信心的十信心很不容易。精進心是讓你把念頭看好，所以說「四者爲令善根微少衆生」，好好修習修習信心吧！不要認爲出了家也受了戒，還能說沒得信心嗎？那是你自己認爲，你僅僅是剛開始，先修習修習信心。這個信心就是說你向道的因，向道的因有了根了，以這個信心來做你向道的因，再加上外界寺院道友們的助緣，使你能覺的心跟一切所學的法，跟你的思想行為結合成一體，才能漸漸的向前進。

若是十信滿了，滿了應當具足什麼呢？就是自己眞如的法性理體，自己信了，信自己跟佛無二無別了，建立這樣的信心，這個信心很不容易！有這個心只是因，還得有緣。像我們跟大衆的師父共住在一起，這就假緣哪！你這個信只是因，還得假三寶的緣，這才叫大乘的眞正信心。

我們可以問問自己，究竟我們的信心到什麼程度？用《占察善惡業報經》，你才知道你的業障究竟存在著好多？不然自己自高自大的，出家十年了、二十年了！我出家七十三年了，感覺什麼也沒得到，信心還沒有建立起來，所以才來學習。我跟大家學習就是我要想學習，不是那麼容易的。

五者為示方便消惡業障，善護其心，遠離癡慢，出邪網故。

第五種顯示方便怎麼樣消除惡業？惡業就是障礙。怎麼樣善護其心、遠離癡慢？癡是無明、無知，沒有智慧。慢有好多種，明明不會還假裝自己了不起，沒有大乘的信心。有的人還說：「我頓悟了，修行好多年了！」自己騙自己。若有一個不騙自己的，我就認為很了不起了，自己都騙自己。

我們的障礙本來就很多，生在末法的時候，外緣都是障礙不是增上緣，能幫助你把心念護持好的，這種緣很少。大家不要以爲在普壽寺裡頭住著感覺差不多吧！你到別處去看看，特別是比丘尼道場。大陸、台灣的道場還算是好一點的，到別處去看看。我問我們很多道友到過泰國的，看看南傳佛教是什麼樣子。

有些自己惡業的業障很重，一天糊里糊塗的妄想紛飛的，完了還認爲自己了不起，這就叫慢，這叫無明愚癡。邪見的網把你網的很深，沒辦法鑽出去，自己還認爲自己了不起！沒學法的人，不說了。學法很多年，而且還給人家解說，自己驕慢，我慢的不得了，其實就是在邪見網裡頭。這個就是告訴你，你把你的業障消一消，好好懺悔；你若想消業障懺悔，你多拿佛所說的教法來對照，那是鏡子。我們自己的髒看不見，拿個鏡子照照看臉上還有什麼污染？

我在這裡只是解說一下，希望同學自己要用心學，多起觀照，觀照就是讓你多思惟多想。想想我自己是不是進入了？是不是有信心？大乘清淨信，不是說欣樂心，剃個頭，穿上和尚衣服就是有信心了，不見得！好好想一想。

大家聽的時候要注意一點，不要搞錯了。我們說有八種因緣，八種因緣只是前五種的因緣分。有人把這個說成〈大乘起信論〉的八種因緣，這八種因緣前頭還有五分，哪五分呢？就是因緣分、立義分、解釋分、修行信心分、勸修利益分。

五分當中第一分的因緣分，因緣分裡頭又分成八種；八種因緣說完了，就要說立義，也就是〈大乘起信論〉的道理。義就是指理說的，因緣是造論發起的時候，這個要記得。

八種因緣當中，第一種因緣是總說的，總說就是讓一切衆生離苦得樂。馬鳴菩薩說他造論的目的是讓一切人離苦得樂，不是求名聞利養的，這是馬鳴菩薩總說他造論的意義。

以下七種，就是根據第一種總說的因緣。佛本身說法的目的，是讓我們不要錯誤解釋。現在有沒有錯誤解釋呢？有很多錯誤的解釋。對於摩訶衍也就是大乘，他不是正確的解釋。例如做錯誤事情了，犯戒了，你卻跟他說，「哎呀！一切都是空的，不要理它了。」這叫錯誤的解釋。

就我們日常生活，或者大家共住的時候有個約束，就是不說戒律的話，常住規約也要有。你本來做錯的就要改正，改正就對了；你不改正，完了還說佛就是如是說的，這就叫錯誤，不正確的解釋。

我們現在對於大乘法有沒有信心呢？有。對照〈起信論〉所說的信心，跟我們現在所有的信心，兩個合不合在一起？不合，就是錯誤的，就是謬解了。

發菩提心就要行菩提道，發了心要做，你自己不但如是做，而且還要讓一切衆生去做。我們剛出家發心的時候，信心很具足的，等出家一、兩年了，或者經過更長的時間，信心就退了，不像最初時候發心那麼勇猛，你懈怠了。

昨天跟大家講勇猛心好發，持久心可就難了。馬鳴菩薩造論是令那些有信心的衆生，能夠向前進，更深入他的信心。若沒有這種的督促前進，漸漸的就退後了，懈怠心就生起來了。

現在很多道友，一下聽經，一下念佛，一下碰見又學密宗去了，就是摸不著頭緒。摸不著頭緒就是自己進趣的道路還沒有選擇確定。我們現在有很多老同學，一出家了就在普壽寺快十年了，如果每位道友互相了解一下，問他修行的功力，每年都有些什麼進步？不論修念佛法門、學戒律聽經，不要高估自己，你自己回觀反照一下，靜下來思索。

你的善根就是修行的信心，你出家之後都是向善了；惡的因緣少，善的因緣多。你感覺你的修行是進步了？還是退墮了？當你出家之後，過去的宿業、今生的新業，使你的煩惱很多，妄想雜念很多，迷迷糊糊過一天，過三百六十多天就過了一年；一年一年過去了，你究竟有什麼進步？

現在我們生到這個時代叫末法，善業的因緣少，障道的因緣多。你怎麼能夠護持善心的心念？所以學這部論，就是教我們多障的衆生，怎麼樣來護念你的心念。這部論的第四種，令善根微少的修行信心，增長他的信心。第五種是消除你的宿業來善護你的心念，遠離癡慢、出邪見網。

每個道友們都有自己對一切事物的看法。對一件事、學一個法門，不是大家的見解都一樣的；你看問題的知見，見地有的深一點，有的淺一點。

我們經常說明心，明心就是你的心明白了、開悟了，明心見性。這不是說證得，而是從學習當中你的心明白了，明白什麼呢？明白自己具足有佛性。但是不通過學習，沒有這個信心。

學教理的人念阿彌陀佛，你必須得定量、定時，如果不定量不定時，你自己的進趣心漸漸就沒有了。我們一天定一萬聲，不論多忙不論做什麼事情，在客堂也好在大寮做飯也好，不論你做哪一門供養大衆僧的功德，你自己的本修就是念一千聲佛，一定要念完，那是你今天定的課程。如果你這樣做了，一天如是、一個月如是、一年如是，你念個三五年就明白你自己的心。能念的心跟所念的佛號，所觀想的阿彌陀佛，能夠漸漸融爲一體了，這樣才能說進修，到你臨命終時才有把握。

因此不論哪門修行的功力，你感覺有沒有力量？也就是在你用功的時候，一些逆境現前的時候，你有沒有煩惱？有煩惱就說明你的功力不夠。任何障道因緣來了，你能衝得過去，煩惱消失了，這樣子才能夠檢驗你的道力、檢驗你的功夫。例如我們聽經的時候就得明心、見性、開悟，你進趣到什麼地位？自己必須跟自己對照一下，你到沒到？

第四種令善根微小的衆生來修習信心。你檢驗自己出家這麼多年了，最初出家時候的心，跟現在的心有沒有進步？現在的心遇到任何煩惱都不退心了？遇到任何障礙都不動念了？非常難。

如果是修道的道友們，自己回顧一下，感覺你的信心到什麼程度？知道最初發心的時候有進步嗎？還是退後了？第五種就是在學〈起信論〉的時候，消除你的業障，「善護其心」，保護好你的心。

《華嚴經》裡，智首菩薩問文殊菩薩，在修菩薩道的過程當中，有什麼方便方法隨時能進入、能夠成就？文殊菩薩總結四個字「善用其心」，跟我們這裡講的「善護其心」是一樣的。「善護其心」就是保護你這個心，不被外頭境界所干擾，不讓它生起煩惱。

我們每個人檢查自己的時候，你會遇到一些境界相，煩惱不煩惱？我們有好多道友自己媽媽過世了、或者自己媽媽生病了、或者父母家庭有什麼不如意災難事情，找到你了，檢驗檢驗你的本事。我看到很多，就哭哭啼啼了！面對家裡頭的事，你給他迴向，把你的修行分給他一份，使他的災難很快解除了。

有的道友或者念念佛、或者念念經，給家裡迴向。藉你的力量只能這樣做，你的功力不夠，求求道友或者供齋。目犍連尊者功力就不夠，他沒辦法救他的母親。佛就說，大眾僧清淨結夏安居自咨日，請大眾僧給他迴向，這是假眾僧的力量。

如果你有這些事可以在普壽寺辦，不是說打齋供僧的錢非要好多不可。哪管供一塊豆腐丟在菜鍋裡頭，一人沾一點味道也算消災了，要衡量你自己的力量。如果你自己修行好的，遇到六親眷屬障礙因緣，靜坐下來或者禮個懺、或者念一部《地藏經》、或者念一部《彌陀經》，你修什麼法門就做什麼法門，不但護自己也護他人。

但是必須正確對待，遇到逆境現前了，你就沒有善巧方便了，所學的完全用不上；說用不上，就是你不知道如何是好？遇到這種境界相來了，心裡不要隨著境界相轉，各有各的業。你的父母、家庭眷屬，他們有他們的業，你有你的業。

我經常這樣想，我們學習的目的就是讓我們去做。做的目的就是修行，修行的目的就要我們斷煩惱、得解脫、證菩提，就是這樣很簡單。若沒有外頭境界相現前，還不曉得你的功力如何？有了境界現前了才知道，知道你自己修行沒有得到利益，你迴向了好像作用也不大，對方也沒收到，怎麼辦呢？你可以當個介紹人。給他介紹觀世音菩薩、或者介紹地藏菩薩、或者介紹文殊師利菩薩，這些大菩薩你都可以給他介紹，讓他自己去修，你又進一步幫助他，把你修的這個法門、修這個本尊的力量迴向給他。

我就當介紹人，這二十年之內找我的事可多了，生意做不好的、家庭有病苦的，或者事情不順心的煩惱了、打離婚的。怎麼辦呢？叫他念一部《地藏經》或念一部〈普門品〉，一部不行念十部，十部不行念一百部；如果你的經濟條件許可，請大眾僧給你念的效果立竿見影。

我們這些道友們，你學地藏法門也好、學觀音法門也好、念佛也好，力量不夠，那你假大眾師父的力量不就夠了嗎？可是他不知道啊！你給他當介紹人，但是你介紹也得有個介紹的因緣。

六者為示修習止觀，對治凡夫二乘心過故。

像馬鳴菩薩就給我們當介紹人，他介紹諸佛菩薩的大乘教義讓你來學，他不能讓我們都開悟。他介紹諸佛的大乘經典，大乘經典可以使你斷煩惱、消除業障、善護你的心。但是你自己必須修習定、修習慧。一切大乘經典，定、慧兩門。如何習定？如何修習慧？因為我們這個心不定。

有的道友經常有這樣的問號，當你沒念佛、沒看經，一天都做些什麼事？還是那麼的散亂；你做些事的時候，事情上一切境界相上頭，不是那麼如你的意，不如意的就佔七、八分，順心滿意的就只有一、二分而已。修道者把不如意的跟如意的平等對待，心平等故；因為你沒有定力的功夫，也沒有智慧。觀就是智慧，定得有定力，境界一現前了，你才知道功力不夠。

很多道友都說念經的時候妄想很多，你若是念經不知道念到哪裡去了。你不修行、不打坐、不坐禪、不思惟修，好像還滿精神的。一坐下修行勁頭沒有了，昏沈來了。一個是昏沈、一個是掉舉，這兩種障礙非常的嚴重。對治它的方法呢？如果你沒有，那從佛教導的經論上面去學吧！

你修習定、修習慧也是成就你信心的一個緣，這只能助成；同時你還得認得鼓勵自己，怎麼鼓勵方法呢？你說我沒信佛，知道什麼叫妄想嗎？你一天生活在妄想當中了，若是你沒學佛法的時候，哦！很睏，反正沒有什麼事，倒下去你就睡覺去了，睏了就睡不是更好。

因為你修行之後，才認識到它一個變成兩個。一個能對治，有了對治它的心了，認識到念經念的很散亂，胡思亂想是不對的；你認識這是個錯誤，就認識錯誤的這個心很正確，說明你有功力了，不是沒有功力。你能認識散亂，認識散亂之後你不被散亂轉了。念經打妄想，沒有關係，收回來就是了，再重新念。這段經文你打妄想，重頭再念。

例如現在執事的師父們，包包裡戴個大哥大（手機），你正在念經，大哥大聒、聒、聒、聒叫，你是聽？這邊正在念經；不聽不知道是什麼事？還是聽吧！聽可是聽，這部經就得重頭念，不算數了。我打完電話接著念不行，妄心很重，這部經就白念了。盡打妄想怎麼辦呢？重頭再念，自己罰自己，經過三兩次妄想就漸漸少了，懂得不？

還有昏沈，你自己想對治的辦法。我們一念經又乖瞌睡，你大聲喊幾聲，自己跟自己啊！大眾在這兒可不行，你打別人閒岔。自己念經的時候叫你自己的名字，「夢參，你不要打瞌睡！打瞌睡要下地獄的！」他就生起恐怖想，說個三、兩遍，妄想瞌睡就沒有了，把它攆跑，你自己得想很多的方法。

修行，除了佛教導我們的方法之外，自己也得生起善巧方法。你打坐的時候腰桿很痛，沒辦法打下去了，怎麼辦？你要運動運動。學定、打坐的時候，要學習得先找個好老師，怎樣運動身心？你先得調身，調身完了得調你的氣息，氣息都通暢沒障礙了，完了才調心。調心不落散亂、不落昏沈，完了這才提起正念，才修正式的功夫。不是你想坐了到那兒一坐就成了，這樣你絕對坐不好的，你還怎麼能入定？所以才修習止觀。修習止觀使你生起對大乘的信心，有慧、有定。這是成就你修行信心的一個因緣。

七者爲示專念方便，生於佛前，必定不退信心故。

第七種造論的方便目的，就是讓你「專念方便，生於佛前，必定不退信心故」。〈大乘起信論〉說，你要念阿彌陀佛，專念就是專注一境，其它都不要想了，一切都放下。念什麼呢？念阿彌陀佛！這就叫念佛法門。

佛在八萬四千法門之中，這是最方便的。其實佛說那些法都叫方便，都不是眞實的，從方便達到眞實；但是八萬四千的方便當中，念佛是最方便的。行住坐臥都可以，這就叫專注一境，把你的心繫念到念佛上。

念佛的難處在什麼呢？「難得一心」。在信心當中，我們看見很多的道友念阿彌陀佛，因爲他也不假文字、也不要有什麼文化水平，什麼都不要，看大乘經典，還得要文化水平，念阿彌陀佛不要啊！那很簡單，所以這是殊勝的方便。

但是你讀《華嚴經》的〈普賢行願品〉，善財童子參普賢菩薩的時候，普賢菩薩在入法界當中，特別提出來專念阿彌陀佛。讀〈普賢行願品〉生極樂世界上品上生，這是假普賢的行願力。其它的大乘經典裡說念佛法門也很多，但是你念，得有個信心哪！

《阿彌陀經》是大乘經典，我們是摩訶衍大乘的正信。你怎麼信？這是念佛法門的方便，你還要懂得能念、所念。能念的是我，我的佛性跟阿彌陀佛的佛性是一個；能念所念的體性是寂靜的，沒有自他的相。念阿彌陀佛就是念自己，所以〈起信論〉最後告訴你求生淨土，信滿心成佛。

在娑婆世界要想修行到成佛，那是非常的困難。因爲你隨時轉來轉去、轉來轉去，一轉又迷了、一轉又迷了。生到極樂世界呢？一生補處，一生就能達到成佛，所以說他是勝方便。但是這一種不是念念阿彌陀佛就成佛了，若從大乘教義說，念佛者必定成佛，若按《法華經》都給我們授記了，我們都成佛了！這是理上講，事上完全不是這麼一回事，你連信受都不能信受，怎麼能眞切去念呢？

信、願、行，你沒發願就像我們泛泛的有個信心，生到極樂世界去就再不墮落了，這是一個信。你信的不懇切，信的不懇切又不發願，願是幫助信的。不發願，你所行的不是眞實的！不是我們這樣口頭的「阿彌陀佛、阿彌陀佛……」這樣念就能生到極樂世界去了？就成佛了？《彌陀經》告訴我們「若一日，若二日，若三日，若四日，若五日，若六日，若七日」，得達到一心不亂。

大家想想看你生個病或者長個瘡，痛苦的不得了，心就亂的不得了，到臨死的時候八苦交煎啊！你還能定得住嗎？沒有定、沒有慧，你那阿彌陀佛能念得好嗎？慧是能夠分辨覺察，定是一心不亂。在〈起信論〉上為你開個專念的方便，就叫專念佛號，能夠生到佛前，生到阿彌陀佛。

你不是想見聞求法、求善知識嗎？現在很多人求善知識，西方極樂世界阿彌陀佛是大善知識，去求吧！你生到那兒不就可以親近善知識了嗎？你在蓮池海會裡頭都是善知識，沒有一位不是善知識，那能幫助你善心不退。

修習止觀，止觀能夠幫助你消除所有的過患；你專念阿彌陀佛生在佛前，你的信心就永遠不退了。「初發心時成正覺，如是二心初心難。」你最初這個信心非常的難，進進退退，一會兒信了一會兒又不信了，非常的反覆，信信的又想回去，還是先了生死，還是先斷煩惱吧？信大乘的信念又沒有了。

有好多念阿彌陀佛的，聽到哪一個地方講經法會、做盂蘭盆會、哪一個地方放燄口，佛就放下了不念了，去趕燄口去趕法會了，不能專念！為什麼不能專念？信心不切，沒有眞信，是這樣的一個涵義。

八者為示利益勸修行故。

第八種因緣呢？發起因緣。光說不行，還得示給他利益，完了勸他修行。給一切衆生講修行的好處，衆生聽到了，照你所講的他就眞正去做。

我經常跟道友說，念佛也好修行也好，你下定決心給自己定出功課來，定了一定要做到底。念佛不要泛泛的念，你一天或者念一個小時，這一個小時我念好多聲阿彌陀佛，定時定量，如果不定時不定量，漸漸就退墮了。同時自己得督導自己，不論什麼災難現前，不讓它打破你定時定量的這個願，這是你的願心，這樣你才能得到實際利益。如果你不這樣，泛泛的就是我一天念佛、念佛，究竟念好多？

你自己定的功課，不是早晚殿的，到你臨要休息的時候，突然間想起了我的功課還沒做完，怎麼辦？我聽很多道友向我講「哎呀！明天再補吧，反正現在也晚了！」這個絕對不行。明天補了，明天的又拖到後天再補！補補沒有了。我遇到很多，自己也如是。事情太多了，自己定的功課沒有做完，怎麼辦！你都脫了衣服要睡覺了，起來重新洗臉漱口念經，念完了再睡。你治你自己，這麼治一兩回就不會忘了。

如果你就這麼念：「我明天再補吧！」明天想想沒什麼事，「我明天再補，明天補不上了後天。」後天也沒有了，漸漸就斷了。好多道友自己定的修行功課就這麼斷了。能夠堅持三年、五年，能堅持十年、二十年，到最後才給你算總帳，你才知道它有力量了，有什麼力量？心開意解。這個不是學來的，對於這個我是深有體會的，我都不如你們，自己小學沒畢業，在家的時候什麼知識也沒有，我是出家才學到的。

當你眞正的理解到了，我們不說悟了就是理解到了，不會再退墮的。你遇到什麼苦難、遇到什麼折磨，你別認爲它是苦難，要認爲它是修道的增上緣。

我經常跟道友說，當你遇到災難的時候，才會體會佛菩薩的恩德，因爲你的災難化解了。如果災難沒有化解，怎麼體會佛菩薩恩德呢？你可以作如是觀。若不是佛菩薩加持你，這個災難還會更重。你可以這樣想，現在我這災難不大，那就是佛菩薩加持。災難化解了，你也可以體會到，我個人是有體會的，因為我那個時間很長，有三十三年之久。

因此我們經常說報佛恩，普壽寺有個憶恩堂，開闊一點就說報三寶的恩。我們學習〈大乘起信論〉，就依著〈大乘起信論〉所啓示我們的、所教授我們的這八種因緣，不要把它忘了。特別是現在我們有疑惑心的，有什麼疑惑呢？成佛。

我問問你們：「你們對成佛有沒有疑惑心？」都不答覆，根本就不相信自己能成佛。相信自己能不能成佛？（眾答：相信。）把這個說的大聲點，說的勇敢一些，什麼時間成？那不一定了，得靠自己的信仰力、修行的功力。凡事，你斷一念的煩惱就一念成佛，斷十念乃至究竟無念了，已經成佛了。

學習的目的消除疑惑，第二個目的消除障礙，斷煩惱證菩提。學習〈大乘起信論〉得具足這種願力。

有如是等因緣，所以造論。

問曰：修多羅中具有此法，何須重說？

馬鳴菩薩造這部論，有這八種因緣才造這部論。說「修多羅中具有此法，何須重說？」馬鳴菩薩說，造論的因緣有這麼多。其實這是他自己假設問答，沒有人問他。

答曰：修多羅中，雖有此法；以衆生根行不等，受解緣別。

修多羅就是契經，經裡頭已經說了，何必再說呢？就是這個意思。馬鳴菩薩說，因爲有八種因緣才造這部論。

有人說一切大乘經典裡頭，你說的這個法都有，何必再重說呢？論就是辯，大家知道論，論就是辯論。西藏的教義是不講經的，一班五十個同學大家去辯論，每天上課的時候就是互相辯論。辯論，辯的意思就是明，明是非、定邪正，這種問答的意思就是論辯。

馬鳴菩薩說這個修多羅，修多羅就翻契經。契經是上合諸佛、契諸佛之理，下就契合衆生之機，這個道理是經常不變的。契經就叫修多羅，修多羅雖然是有，衆生的根機、根行不同，他領受的所解釋的，各個不一樣。

所謂如來在世，衆生利根。能說之人，色心業勝。圓音一演，異類等解，則不須論。

如來在世的時候，衆生的因緣好，「根勝故」，根勝故就是善根深厚。能遇見佛當然善根厚，說法的人就是佛。「色心業勝」，佛的三十二相、八十種好種種莊嚴，一看見就生大歡喜心，有的一見就開了悟了還不要佛說了，這是功德相。

心呢？佛的心就是口業、身業、意業非常殊勝，見聞就得度。「圓音一演，異類等解」，佛說法的時候，無論哪類衆生他都能懂。「佛以一音演說法，衆生隨類各得解」，隨他哪一類的眾生，他就理解了佛所說的法。「圓音一演，異類等解」，都明白了，還要論什麼呢？不必論了。

若如來滅後，或有眾生，能以自力，廣聞而取解者；或有眾生，亦以自力，少聞而多解者。

但是馬鳴菩薩造論的時候，佛已經入滅六百年了，在六百年當中起了變化，說法者也沒有那麼殊勝，聞法的根機也沒有那麼殊勝。

如來滅後，有的眾生靠自己的善根力，廣聞就能明白了；有的眾生，他自己聽一點點，少聞多解，有的一聽經就開悟了。有的聽了很多經才開悟，這是不同的，因為根機不同、聞法不同。

或有眾生，無自智力，因於廣論而得解者。亦有眾生，復以廣論文多為煩，心樂總持，少文而攝多義，能取解者。

有的眾生自己力量不夠，沒有這個智慧，必須「廣論而得解者」。廣論就是一遍、二遍、三遍，經過很多的論證他才能悟，也就是善根智力深淺不同。有的要靠多聽、多解才明白。一遍不明白，兩遍，兩遍不明白，三遍，多聽多解他才明白。也有的眾生，他是聽多了煩惱了，總是希望能夠提綱契領的，文字少一點，道理說的多一點，這樣他才喜歡能得解。

如是此論，為欲總攝如來廣大深法無邊義故，應說此論。

就像〈起信論〉，〈起信論〉就是文少義而能起解，像〈瑜伽師地論〉、〈大智度論〉，都是一百卷，你學去吧，沒辦法理解。〈起信論〉文很短，這就略了。

這部論就是「總攝如來廣大深法無邊義故」。〈起信論〉文字不多，而能使你總攝諸佛所說的深義，以少文來顯示無邊義理，這是對現在的機來說。像我們此土的衆生，他就不願意繁，什麼事都略。略到什麼程度呢？有時候本來我們要說很多句話，他四個字就解決了。

我舉個例子，這是河南人說話，他倆人都到北京，表哥先到北京打工，表弟到北京來找到他表哥了。他們對答的話，只有四個字。夜間起來弄得門很響，表哥問他說：「誰？」他說：「咱。」問：「啥？」說：「撒。」四個字完了。

這裡面就是說：「你這幹什麼？是誰呀？」他沒說。「誰？」就一個字。「咱。」說是「我。」「誰呀？」「我。」「啥？」「你幹什麼？你做什麼事？」就說「撒」。撒，撒尿。我們一般人若問，就說你是誰呀？你幹什麼？搞的亂七八糟，還要解釋一下。四個字就是少字，說得很少，義理通達了。我們有很多廢話還要翻，說的很長。

例如《金剛經》、《心經》。拿《金剛經》跟《心經》比；《心經》就很少，《金剛經》就很多，《大般若經》六百卷也就是一部《心經》。但是有的人你光說《心經》他不理解，必須六百卷全學了，說個空就有十八種，不是這麼簡單，如果閱過《大般若經》就知道。

馬鳴菩薩說我造這部論，就是這麼一個因緣，才說此論。造論的意思到此就結束了。用很少的文字，顯現如來廣大法的深義，無邊義理，這叫逗機說法。對什麼機說什麼法，有的人喜歡文字很少，義理很多。我造這部論的目的，是對這一類根機說的。

四、立義分

已說因緣分，次說立義分。

上來解釋造論的因緣就有這八種，其實不止八種。說我們現在這個因緣，以前講過一次，講講中斷了，爲什麼斷了？斷有斷的因緣。爲什麼又再講，講有講的因緣。是內心的嗎？也有外緣的。

我想我將要九十歲了，別到處跑了，在這兒安定下來，能不能安定呢？得靠自己。一切事物都看你自己的發心，有沒有因緣是自己創造的？每個人想想自己出家的因緣。

若說起來，我們現在每個人都有好幾種因緣。現在我們這裡有好幾百人，這個因緣太多了，惡緣嗎？善緣嗎？管他惡緣善緣，無緣是聚不到一起的，現在我們這裡沒什麼惡緣，都是善緣。

但是這個善緣當中，若是聞到〈大乘起信論〉能夠好好的修行，修行開悟了成佛了，這是好因緣。有的生起反感了，聽了半天沒聽懂。說些什麼也不知道，這是惡緣。緣是自己創造的，看你會不會利用；不會利用的話，就算是好事你也會把它變成壞事。

緣無定體。緣沒有決定的，依法而立，依法而立就是依法的道理來立。

摩訶衍者，總說有二種。云何為二？一者法，二者義。

「摩訶衍者，總說有二種。」摩訶衍就是大乘法。大乘法若分開來說，大乘是總，分開是別。總說有二種，哪二種呢？「云何為二？一者法，二者義。」

所言法者，謂眾生心。是心則攝一切世間法出世間法，依於此心，顯示摩訶衍義。

什麼是法呢？「所言法者，謂眾生心。是心則攝一切世間法出世間法，依於此心，顯示摩訶衍義。」大乘是總說，什麼叫大乘？大乘所含的道理是什麼？所說的大乘法就是眾生心。

大乘就是眾生心，這個心能攝一切世間法出世間法，依著這個心才能顯示出來大乘的道理。義就是道理的意思，先依著法來辨別摩訶衍。解釋這個法，也就是現在我們這個心。現前這一念心是通的，通者就是無障礙。不管迷、悟都是這個心，你這個心本身是通的、是無障礙的。通到什麼地方？通到十法界。現在所說的眾生心通到十法界。

依大乘義上講，佛也是眾生。佛是究竟的眾生，他是清淨的眾生，我們是迷了的眾生，究竟的眾生就不是眾生。大家都讀《彌陀經》，阿彌陀佛在極樂世界，以他一念間的作意，那白鶴、孔雀、一切迦陵頻迦都是隨緣的化身，都是阿彌陀佛的化身。白鶴、孔雀這些眾生有嗎？他們是阿彌陀佛所現化的。一切眾生隨他的業緣而示現的，總總類類的都叫眾生。他所作的業，有的一生、一生的示現。今生示現男身，再一生又示現女身，再一生又示現畜生，再一生又示現地獄，都是隨他自己的業示現。

總總類類的眾生，隨他一生、一生現，那他的業就很多了。這是五蘊所合成的，色受想行識這五種和合而成的就叫眾生，因眾法而生。菩薩、聲聞、緣覺他們也沒有離開五蘊，五蘊不是一個，是眾多所合成的就叫眾生，這是解釋眾生的意義。

解釋眾生，一般是講九界，沒有說佛法界。九界眾生的心名爲法。一者法，二者義，眾生心就是法。法有兩種涵義，一種給我們作一個規矩，例如我們學戒，讓我們生活、習慣，都依照佛所說的戒律而行，這是軌則或者規律。

你脫離了這個軌則，那會出問題的。例如火車的軌道，如果你出了軌道那就完了，行不通了。因爲有佛所教導的一切法的軌則，可以讓我們依著這個軌道轉凡成聖。所以佛弟子不能離開法，法就是軌則；你若是佛弟子，得依照佛所說的教法去做，這是法。

持就是義理，就是我們所講的性體，任持自性。現在就一切眾生說，我們這是阿賴〔黎〕耶識的心，這個心不管你在地獄、在人間、墮畜生、墮餓鬼，都是依著任持這個自性不失掉。不論墮到畜生，乃至於墮到螞蟻、墮到蚊蟲、墮到老鼠，自性沒有失掉，這個就叫眾生的阿賴〔黎〕耶識心。

我們看《地藏經》上說一日一夜，在地獄是萬死萬生，變換了很多跑道，但是自性沒有失掉。所以三乘五道，一切眾生都離不開這個阿賴〔黎〕耶識心；自性依著自持。持者，任持的意思。如果你懂得這個道理了，就知道你的自性不失，因爲這個自性不失才能信解行證，不辜負自己的靈性。

無論世出世間法，總之就是這個心，阿賴〔黎〕耶識心；這個心可以做染的種子，也可以做淨的種子，也就是染淨種子的所依。世出世間法都在此心中，遇了緣，那又發生現行；這是眞如隨著你所修行的緣，你這個自性隨著你遇到佛法修行的緣，就顯示出來摩訶衍，也就是大乘的義。假使說不修而造的就成了世間法，修了不造業，這就叫出世間法，這個出世間法就叫大乘。什麼是摩訶衍呢？這個就是摩訶衍，依著法上來解釋。

何以故？

依何因緣如是說呢？「何以故？」這就是心法是一，不是二，沒有差別相，世出世間別法，一切差別的法很多。若是一，但是世出世間別法這麼多就這樣說，說不清楚的意思。「何以故？」是徵啓的意思。爲什麼把世出世間這麼多差別法說成是心法，這是徵啓的意思，這是假設的問答。有這麼一個問號，要把這問號解釋清楚，就得先解釋心。

是心眞如相，即示摩訶衍體故；是心生滅因緣相，能示摩訶衍自體相用故。

上面所說的「所言法者」，就是衆生心。這個心是什麼樣子？把它分開來各別的解釋，這個心有個心生滅相，有個心眞如相，心眞如相就是顯示摩訶衍的體，大乘的體就是心眞如相；它的因緣相乃至於它的用，還是屬於自體相用，也就是它的相。我們都知道眞如是無相的，經常說實相無相，無相隨緣了就隨一切相，但是一切相還不屬於實相。

大乘的體是眞如相，眞如以這個體顯出它的相，叫心生滅的因緣相。心生滅的因緣相能夠顯示摩訶衍的體、相、用，但是這個體相用是自體相用。我們的心是阿賴〔黎〕耶識的心，它有兩種的涵義，也就是自體相用。心生滅就是阿賴〔黎〕耶，生滅的因緣。一說到生滅，一說到因緣，有能、有所，怎麼解釋能所呢？

隨緣不變這個體，從你這個「體大」的眞如熏著無明，眞如熏無明就叫因，無明就成緣。眞如熏無明的時候就轉染成淨，淨法生起的緣因，是你這個心的淨分熏習到染分，染法也成了淨法，染法滅了淨法就生起。如果是無明爲因，眞如爲緣，染法生起，淨法就滅了；這是從文字相、從言說相來解釋。

我們若把它用到生活當中去，我們的心既然具足眞如，眞如就表示淨法。一念的善心生，外邊的境界一切相這就是緣，你自己的心生起善念因；你這個因假外邊善緣的境界相，生起來就是淨法。外邊境界相是染法，你心裡的緣法，對境界相一熏就變成就是業，罪業相。

我們經常說注重你的心念。你一天就是淨、染，淨、染。念佛、上課、上殿的時候，都是淨熏染，你那摩訶衍的體就逐漸的顯現。如果你心裡盡是緣念貪瞋癡、緣念世間相、隨順世間財色名食睡的境界相，染熏淨那就越來越迷惑，越來越往下墮。

因此要知道無明熏眞如，那就是無明爲因，眞如爲緣了。染法生起了淨法就滅，翻過來呢？染所顯現的相，你就翻無明成了大智慧的光明義，這是眞如熏染的話。染法，無明熏眞如的時候就翻過來顚倒了；顚倒的意思很多，無常計常，無我計我，就是這個涵義。常樂我淨四德就變成四染了，變成熱惱不是清涼，那就不自在了。

我們現在因爲學法，生起悲心，悲愍衆生的痛苦，悲愍衆生的迷，以大悲的願力來利益衆生。大菩薩是果中的身口意，我們現在初發意，那是因中的身口意；我們把這因中的身口意變成了淨的種子，回歸於眞如本性，漸漸的就恢復原來清淨的本來面目。我們經常說本來面目，那就是本來的面目。這都是解釋摩訶衍的，什麼叫摩訶衍？什麼叫大乘？這就是大乘義，摩訶衍義，這只是說法，義還沒有解釋。

所言義者，則有三種：云何爲三？一者體大，謂一切法眞如平等不增減故。二者相大，謂如來藏具足無量性功德故。三者用大，能生一切世間出世間善因果故。

以下就解釋義。「所言義者，則有三種：云何爲三？」哪三種呢？就是體大、相大、用大。一者體大，一切法眞如平等不增減故。二者相大，如來藏具足無量性功德故。三者用大，能生世間出世間善因果故。

依著摩訶衍的義，依著法上的義，前頭是摩訶衍的法，二種是義，法裡頭含著義，摩訶衍本身的義是什麼呢？是什麼樣子？辨別義相，這是解釋大乘。

解釋大乘的義，有三種涵義，「一者體大」。一切法不論一切世間法、出世間法，十法界所依的一切境界，它所受的正報就是依正二報，這涵義非常之廣，三藏十二部就解釋這個問題。

一切染法和淨法分開來說，染就是天、人、阿修羅、地獄、鬼、畜生，這叫六凡法界。淨，聲聞、緣覺、菩薩、佛，這叫四聖法界。十法界一切諸法都離不開眞如的體大。這個所說的一切法眞如平等，不增不減，攝一切世間出世間法。在凡夫，沒減少，體大並沒有減少，它以諸法爲體也是豎窮三際，橫徧十方，無時無處的都以一切諸法爲體，就名體大，摩訶衍的體給一切諸法作爲體。

再約正報說，正報就是你的身體，也就是你的一毛孔具足這個法，也具足整體的摩訶衍，並沒有減少。一毛一孔就具足你的全身，他並沒有增加，在你一身也沒有增加，一毛一孔也沒有減少，「於一毛端現寶王刹，坐微塵裡轉大法輪」，涵義就如是，在《華嚴經》說這種義理特別多。

不論事情的大和小，在大不增，在小不減，沒有大小的差別。我們坐在屋裡看風刮那個樹，你看一個樹動了，其他的樹都在動，你不看也知道都在動。古來這樣說：「一塵起大地收」，一個微塵就代表整個大地，「於一毛端現寶王刹」就是這個涵義，這是體大，先了解自己的體。

相大呢？我們那個識相、體相，就是眞如體性。它在你的惑業當中，在纏；換句話說已經墮落了，墮落到什麼樣子呢？眞如在無明的當中就是在迷了。一切無明滅了，眞如顯現了，這叫如來藏。

如來藏者，藏者含藏義，如來藏就含藏著如來，所以叫如來藏。我們自己這個心，與如來的藏心無二無別。眞如的體就是一切諸佛的法身，一切寶藏的功德藏就是如來的報身，一切諸佛的妙用就佛的化身佛，千百億化身，這叫三如來，法、報、化三如來。

三如來在衆生的阿賴〔黎〕耶識的心中都具足，阿賴〔黎〕耶識在性中的時候，就叫如來藏心；這就是它的體，它的相，體相用三大，總的是一個，但是分別開了作用不同，這是相大。用大呢？有相必有作用，這個作用也是依著體，體徧十方；相也横徧十方，用也就横徧十方，所以能生的一切世間、出世間一切善惡因果，都是它的用。

顯現的是生起。你修世間、出世間的一切諸法、善惡因果、五戒十善、五逆十惡。善就生人天，出世間的善因；惡就生於六道，看惡的大小。果呢？善因就感善果，看你因的大小就生到四聖法界、人天諸乘；惡就墮入地獄、餓鬼、畜生三惡道。

十法界都是從用大來顯現，但是這個顯現還是你本具有的用大，本具沒有用大，你修不成了，沒有善惡因果，也沒有什麼人、天、四聖法界都沒有了。沒有就是你修也顯現不出來，因爲本具得修才能顯現。

因此說體相用的三大就是現前的一念心，十法界也是現前一念心。密宗的密就密到這個地方，密宗大圓滿次第，大手印法就是修成了，成就什麼？現前一念心，心心作佛，心心是佛；因爲你心心是佛，心心才能成就諸佛。達到現前這一念心不容易，我們經常注重你現前一念心，這個是解釋摩訶衍的體相用三大義。

一切諸佛本所乘故，一切菩薩皆乘此法到如來地故。

上面我們只說大，乘的意思是比喻，你所乘的就是你心裡頭的智慧；能乘的是你的心，所乘的是法，能乘的人所乘的乘就是一切諸法。乘的是小器具就是小乘法，乘的大器具就是大乘法，大車、小車是這個涵義。

上頭講的體相用三大，自己能夠理解體相用三大，能乘體相用的三大，達到圓滿究竟佛果。能乘的是你的智慧、能乘的是人；所乘的就是摩訶衍，就是法。

我們現在在因中，乘中乘的、或者小乘的，或是說我們剛起的信心，現在我們是剛起信心依著摩訶衍而生起的信心，這個信心在果上來說，乘這個信心來利他，乘摩訶衍利他，在我們因地當中，我們乘它達到消滅一切罪業。「一切菩薩皆乘此法到如來地故」。

一切衆生都能夠如是的觀、如是的修到成佛。爲什麼呢？因爲我們本來有的，不是外來的。如果沒有這個種子你成不了的，你是黃豆的種子想生大米，絕對辦不到的，有這個種子你才能夠成就。

伍、解釋分

已說立義分，次說解釋分。

解釋分有三種：云何為三？一者顯示正義，二者對治邪執，三者分別發趣道相。

現在法和義都解釋了一下，但是這是約它的原意來說，還沒有詳細解釋。以下就解釋摩訶衍三大的體相用。

解釋的時候，分三種層次解釋。前頭是立義分，現在是解釋分。解釋分又分為三種，「云何為三？一者顯示正義，二者對治邪執，三者分別發趣道相。」這是標題，以下就解釋什麼叫顯示正義，正義怎麼顯示？「依一心法有二種門。云何為二？一者心眞如門，二者心生滅門。」以下就是分別什麼叫邪正？什麼叫發趣道相？什麼樣能成就？

(一)、顯示正義

顯示正義者，依一心法有二種門。云何為二？一者心眞如門，二者心生滅門。是二種門皆各總攝一切法。

心眞如門，心生滅門，二種門能夠攝世出世間一切法，二門都加個心字就是一心，把一心分成二門，還是一個心，二門回歸了還是一個心，這個心有染有淨。淨者就是心眞如門，染者就是心生滅門。總攝心眞如門攝一切法，攝就是具足、收攝的意思。

心眞如門生心生滅門，心生滅門亦該攝眞如，互攝。眞如門是染淨的通體，不論染法、不論淨法，以心眞如爲體，心眞如是純淨的。生滅門不同，染淨的差別相，因眞如而起的，心生滅門因心眞如門而起的；因此說二門互相互攝，但是就是依著一心。

此義云何？以是二門不相離故。

爲何這樣說呢？既然是二門，爲什麼又說互攝？互攝就是一個？不行。說一個不行，說二個？也不行。眞如是不離生滅的，生滅也不離眞如的，各個都有各個的總攝一切法，因此說互攝。以下就解釋什麼叫心眞如？什麼叫心生滅？

心眞如者，即是一法界大總相法門體，所謂心性不生不滅。

前頭顯的是不相離又互相攝，是總的涵義。現在顯它動的方面，前面是靜的方面，動的方面可就不同了，心動了就生滅了，念念生滅。

所以先標心眞如。它是「一法界大總相法門體」，心性不生不滅。你若觀想眞如的時候，一定要用你的觀智，對你所觀的境，通俗一點說，你在想什麼？你所想的都是境，一

五、解釋分

(一)、顯示正義

起心動念，一切是非就生出來了；心生則種種法生，生了種種相，叫動靜二相。

靜就是心眞如，動就是心生滅；這個眞如講的是離言眞如，離一切相。禪宗修觀的時候，觀想眞如的體，禪宗參話頭是觀你自心的話頭，這種話頭很多，「父母未生誰是我」。

話的前頭是什麼？這是話頭的涵義；話的前頭是什麼？說了話都不是。沒說話的時候，觀想，這是離言眞如。言語道斷，言語那條路不通了斷了。心裡所想的，心行處滅，心不運動了。

像我們說死了，心還在動。睡著了作夢，夢在動，可是你的思想眞常流住，還不停息；沒有一刻一時、一分鐘一秒鐘的停歇，念念相續從不間斷。你若把這個斷了證得心眞如，這就是我們所說的阿賴〔黎〕耶識的那分眞，那分眞就是心眞如，阿賴〔黎〕耶識那個生滅叫心生滅。說如來藏性也好、說阿賴〔黎〕耶識也好、說一眞法界也好，一眞法界跟這就有差別。所謂差別者「離言說相，離文字相」，離一切諸相。

我們說心眞如、心生滅、心生阿賴〔黎〕耶識、或者眞如心，這是總說。一法界是指著一眞法界，一眞法界還有個一，一是不要的。一不定一，一不能定爲是一，就是說理。二者是事，在事法界完全說的是事，用事來顯理，理必須成事，理能成事；事能顯理，沒有理成不了事，沒有事也顯不到理，就叫理事無礙。

理玄徧於事，每一個事一定有理。像我們經常說你做任何事要講個道理，我們所講的是一眞法界的道理，就是摩訶衍的道理，不是世間所說的道理。世間所講的道理，講不通的，沒有一個道理能講得通。兩個人爭執，說你這個人太沒道理了，這個道理在什麼標準訂的，拿什麼訂標準。人情的道理就叫情理，我們國家有法律，法律訂的叫法理，法律可以隨時改，憲法也可以修改，這個法理是不定的。情理，在法國的時候有法國的情理，在義大利有義大利的情理，在中國東方、西方的情理都不一樣，所以這道理沒法講。

佛教講的道理是「菩提道」；所講的理就是一眞法界的理。我們現在所講的〈大乘起信論〉就是講道理，講什麼道理？菩提道的道理。怎樣才能證菩提？你從這個道上走吧！這有四種，理法界、事法界、理事無礙法界、事事無礙法界。

怎麼劃分呢？我們把它劃分一下，〈大乘起信論〉多數是依著華嚴義的。上次說摩訶衍，依眞心的眞性，眞的心性，純粹是理法界，把它解釋爲理法界就是心性。我們講的法界，界是生起義，法是界所生起的一切法，這叫法界。這個界不是此疆彼界，界是生起義，界能生一切法，這叫法界。這個法界叫什麼呢？叫心，或者說是性。

我們解釋理法界，簡單說就是心。十法界，從佛到地獄，依正二報。正報就是身體，依報就是身體所依止的山河大地，一切生存所需要的，依正二報，十法界就是依正二報。

事法界呢？有時候說依正二報就是理法界跟事法界合起來，那就是理事無礙，理跟事處處都相合了，大小相容一多無礙，就是事事無礙。

我們過去的祖師，如何是祖師西來大意？他隨便舉一個手指頭，這也是西來大意，隨便指哪一法都是西來大意，隨便哪一法離不開法界，離不開一眞法界。那表示悟得體的時候，小大相容，一多無礙，事事無礙，這叫總。誰來總呢？一眞法界就是能總的，所有一切事物「一法界大總相法門體」，一眞法界，這就是心眞如，這就叫「一法界大總相法門體」，大總相法門體所顯示就是心性的不生不滅。

一切諸法，唯依妄念，而有差別；若離心念，則無一切境界之相。

「一切諸法」是指我們周偏的計度，偏計執也就是執著不捨。偏計，計什麼呢？計這一切生滅的妄境，你所執著的、所計的生滅妄境，這些妄念的差別。偏計、妄想、分別，就是這些東西，因此才有種種的差別名相。

聖人絕不是凡夫，凡夫絕不是聖人，這是執著。凡夫即聖人，聖人即凡夫，沒有凡夫聖人的差別，這是差別名相。偏計執，執境爲心。

我們經常說到「觀」字，在佛教的術語說，什麼叫觀？就是想；你的思想在想什麼？也叫靜慮、也叫三昧耶，三昧都是觀，觀就是對一切境界而起分別的。

染淨色心一切諸法，都是依著衆生的妄想分別執著，才有這些差別的名相。如果衆生沒有這些妄想執著，差別的名相也就沒有了。

是故一切法，從本已來，離言說相，離名字相，離心緣相；畢竟平等，無有變異，不可破壞，唯是一心，故名眞如。

離妄顯眞，離妄結歸眞實。離開了心不緣一切相，就心空了。離開了名言，離開一切相，離開一切執取名字，沒有這些相叫心空境寂。

心空境寂就是會妄歸眞，回歸眞實，會妄歸眞。一切法本來就沒有妄，是我們那個心執著有這些名字相，到九相裡頭會講的很清楚。一切法從本已來沒有言說相，眞如的本體離言說相、離名字相、離心緣相平等平等，本來沒有變異的，不可破壞的，唯是一心，故名眞如。

依著眞如而起的一切法，一切法的都是妄起的，本來眞如是平等的，眞如隨緣了給一切諸法做依；但是眞如本身沒有變異的，雖然它隨緣了，隨緣而不變，變了還叫什麼眞實不虛呢？那就不叫眞實不虛了。我們經常講如如不動，如如不動你破壞不了，因爲他沒有行沒有相，怎麼能破壞得了。以這種道理說「唯是一心」，這一心就名眞如。

以一切言說，假名無實，但隨妄念，不可得故。言眞如者，亦無有相。

有相就非眞如，一切法都是假名的，一切言說都是假名，假名就無實。依著妄念，你眞正求得的沒有，不可得。所以無相的眞如、離言的眞如，不是隨緣的眞如。

謂言說之極，因言遣言。

言說到了極點的時候，遣除一切妄計執，所以說個眞如。眞如是爲了遣言說的，一切言說沒有了，眞如也不立了。這個眞如的名相是對那不眞、不如。不眞就是假的，不如就是動的，假的、動態的所以顯出這些境，所以才說個眞如。

你修如實觀的時候就叫實相觀。《占察善惡業報經》裡講，依著二種觀道一實境界，一實境界是沒境界的，也就是實相，所以說自性眞如。

此眞如體無有可遣，以一切法悉皆眞故；亦無可立，以一切法皆同如故。當知一切法不可說不可念，故名爲眞如。

可說可念的都不叫眞如。眞如的體、眞如的相、眞如的用，解釋清楚了。眞如的相不是言說、不是語言、不是形相、不是造作，它給十法界一切法作爲依止的體。如果沒有眞如，一切法則不成，因此知道一切法不可說不可念，故名眞如，這是解釋眞如的。什麼叫眞如？不可說不可念就叫眞如。

所以你在一切法上不能起執著，一執著就是妄了。執凡執聖、執色執心都不對。會歸眞如，說空說有，全不是中道；會歸中道了，非說非有，可以說到了這種境界亦說亦有，這是隨緣義。

問曰：若如是義者，諸衆生等，云何隨順而能得入？

「問曰：若如是義者，諸衆生等，」若像你解釋造論所說的義理，一切衆生怎麼能得入呢？怎麼能達到眞如？怎麼能證得眞如？「云何隨順而能得入？」因爲眞如如果有說有念、有修有證，那才隨順得入。如無說無念，想證眞如又怎麼證呢？隨順即是方便觀，方便觀得入正觀，沒有方便。正觀你怎麼能入得到呢？這是你的下手處。你怎麼樣修行，怎麼樣從修而證，從證而契入眞如？

這是假設的問答，他自己作如是解釋，好做下一段的啓示，這就解釋了。

答曰：若知一切法雖說無有能說可說，雖念亦無能念可念，是名隨順。若離於念，名爲得入。

你若想修行入眞如觀、入實相觀、若想證得一眞法界的時候，應當如是修，以下就解釋了。

「答曰：若知一切法雖說無有能說可說，雖念亦無能念可念，是名隨順」，這叫隨順眞如。若離開於念，「名爲得入」。這就是方便了，隨順眞如，而且是方便的觀；觀就是思惟，你要這樣的去思惟修。

「若知」這個知字，含著有智慧的意思。這個知字，你若信，信眞如，由信而一步一步就明了，明了就靠解釋，明了而後你怎麼樣去做？怎麼樣才能知道一切法？怎麼樣才了解一切法什麼是眞？什麼是實？什麼是不二？什麼是中道法？

雖然有言說，雖然有念，這是俗諦法。如果沒有能說所說，沒有能念所念，這是眞諦法。諦者是理，就是隨順世間，世是俗，眞是理。功夫到深入了，離開能念所念，能念的心是妄，所念的境是虛，沒有眞實的。離開了能念所念，眞諦現前了。

俗諦(俗的諦理)，能啓發眞諦的意義，眞諦能攝受俗諦，隨順俗諦而建立，這叫眞俗不二，這叫隨順方便觀。這在《華嚴經》裡開十度，智慧度裡開就是善巧方便，願、慧、智，「慧方願力智，施戒忍進禪」，這是華嚴的十度。

這樣你明了了，眞諦要依著俗諦而顯現，俗諦要依眞諦而成就，就叫眞俗不二，這叫正觀。從方便觀而進入正觀，這就是修行的次第，先假方便。

我們說到無說無念，無說無念你就不能得入；有說有念呢？也不能得入，必須從無說無念而能夠默契眞如。但是這個無說無念，必須得有說有念你才能達到無說無念。

我們現在是在說啊！說的目的，說的都是假的，但是說這個假的，讓你可能進入眞的，照這個方法去做，你漸漸的就能進入眞的。若知一切法雖然沒有能說所說，沒有能念所念，我念的就是無念，有能所即是無能所，這個意義就深一點兒。

隨順的方便觀，達到了實相觀，達到正觀了，正觀了而達到無說無念。永嘉大師說：「默時說，說時默，大施門開無壅塞。」在你了生脫死，脫凡證聖的時候，說的時候就是默的時候，默的時候就是說的時候，佛法的門中沒有壅塞不通的。

有時候有爭執不是沒爭執。例如說空說有，在這上頭就有爭執。我們現在講的這一段爭執就很大，先說離言眞如，隨順方便善巧，這兩個就是矛盾的。念，沒有能念可念的；說，沒有能說和所說的。自性的正念，就是你的自心回光反照。反照什麼呢？反照你的理體，反照你的自性。沒有能念所念，並非是絕對不念。

你若是無念了，跟呆子不念不一樣，呆子是什麼念都沒有，還有癲狂的他就沒念了。

這個就要你去參了！念沒有能念者，你不要去執著，所念者也沒有所念的相不要執著，這是有爭議的，也是永嘉大師說的。他告訴我們，你在修行當中千萬不要落於斷見，也不要落於常見，斷常兩見都不行，這是講到中道了，必須合乎中。

說到修行，最近有些住五台山山洞的修行人，我感覺如果他們眞的是教義通達了，像我們這種道理，他都懂，坐在山洞裡修行，眞正的能入無相觀，如能這樣的修行觀察，這是正確的。要是什麼也不學，什麼也不知道，一出家了就要住洞去、住山去！古來人說：「不破參不住山」，必須悟得這種道理了，就像我們剛才講的離念眞如，悟得這種道理，到山裡邊去觀吧，斷絕一切諸緣，有這種本事嗎？沒有這種本事。大家想一想，觀一觀，觀離言眞如。

「一切諸法，唯依妄念，而有差別；若離心念，則無一切境界之相。」這是解釋什麼呢？簡單說就是心法，心法又分成兩種，一種是心眞如，一種是心生滅。

現在解釋心性的心眞如門，完了再解釋心生滅門。心生滅就是一切諸法的妄念而有差別，若把這一切妄念境界相離開了之後，就是心眞如。我們衆生心一天當中不曉得起了好多念頭？所有的念頭都是虛妄的境界相，因生滅的妄境而產生許多的妄念。

我們所有的煩惱、心裡的不如意，無緣無故自己跟自己過不去，你知道這是什麼原因？這是因爲你那個心執著得太厲害，執著什麼呢？執著境界。或者聽到一句話、或是看到別的道友一個臉色，特別是執事或者當家師對你提點意見，心裡就不安了；這是因爲當前的境界，對境生心。

或者你今天身體不大好，到了齋堂，飯也不合你的口味，你一看到煩惱來了，這些境界相很多。在日常生活當中，你會遇到很多的問題，你要知道這些問題為什麼生起呢？因為你有心念，對境生心。所以你要相信，一切諸法、一切境界相都是你的妄念。因為你的妄念思想執著，離開這些心念，離開這些妄念的境界相，那不就什麼事都沒有了嗎！

不能離開是後來的熏染，這談到說我們人人本具佛性，人人本具佛性是無染的，那就是心眞如。無始劫來從本覺產生的不覺，不覺才有妄想雜念。

假使一切法，離開了言語，離開形相，那就沒事了。「是故一切法，從本已來，離言說相，離名字相，離心緣相；畢竟平等，無有變異，不可破壞，唯是一心，故名眞如。」

對凡夫來說，如果不離妄，眞顯不出來。九法界的次第就是看你能不能離開言說相、能不能離開名字相、離開心緣相。言說就是語言，名字就是好、壞，好與壞的名字相。說好的，讚歎你表揚你，你的心高興了；批評你責怪你，心裡煩惱了。看著言說是假的，假的詮著有義理，有了名字你就記住了，好的壞的，或者對的不對的，這是外頭的。

但是你的內心呢？內心緣法塵的時候，內心裡攀緣。不論言說相、名字相、心緣相都是你思想的執著，所以不能平等。如果離了言說相、離開名字相、離開心緣相，總的說就是離開你的妄念，離開妄念就沒事了，沒有變化的差異。不可破壞的呢？你本來具有本有的眞心，那只是一心，不可破壞，所以叫做眞如。

本來是你那個心無妄，沒有言說、名字、心緣，沒有能緣所緣，畢竟平等就是說你不變的眞如。我們所具的佛性是什麼樣子？平等的、不變異的，什麼法也破壞不了他，這就叫眞如。

眞如這個心他能平等給一切諸法作依。我們歸依佛就是依靠佛，那就是依。佛是平等的，不論惡衆生、好衆生、男相、女相，平等給你作依。人人都具足佛性，給諸法作依止的。眞如就是沒有變異、沒有心緣相、沒有名字相、沒有言說相，這才叫眞如。

「以一切言說，假名無實，但隨妄念，不可得故。言眞如者，亦無有相。」以下又解釋爲什麼言說、名字、心緣，它本來是虛幻的，就是一個不實的東西，因爲一切言說假名無實，它是隨著你的妄念而起的，不可得。

眞如是什麼樣子呢？無有相。一切賢聖的等級地位是由無相來判定的，看你離的如何？這上頭都是總標題，後面才詳細解釋，什麼叫心眞如？什麼叫心生滅？後面開闊的解釋就多了，前頭只是標名而已。

爲什麼要離言說呢？爲什麼要離名字呢？爲什麼要離心緣？因爲這些法跟眞如是不相應的，都是你起的妄念。因爲言說是虛妄的，你說的眞話也不眞。不但假話是假，眞話也不眞，都是假名無實。一切言說都是假的，沒有眞實的。

它是隨著你的妄念，你得不到；眞如有可得嗎？眞如也無可得，因爲它無有相的，是你本具的。但是我們現在有些妄念，執著言說、執著名字、執著心緣，所以用眞如來對治、來消滅，也就是用你的心念，你觀照你的心念來消滅這些妄想的雜念。

「謂言說之極，因言遣言。」佛所說的十法界一切諸法，都是從執著而說的。因爲衆生有種種執著，佛才說一切法，如果一切衆生沒有執著了，佛的一切法也不成立了。《金剛經》說，「知我說法，如筏諭者，法尙應捨，何況非法。」佛說法是因爲衆生有種種執著，等你執著沒有了，法也不存在了。

佛的教義裡頭講的眞俗二諦，空假中三觀，現在所有的言說、所有的名字、所有的心緣，都屬於俗諦法，這是衆生的妄念；又叫隨他意語，隨他意語就是隨著衆生的。一個約佛說，一個約衆生，佛是隨著衆生的，他有種種的執著，佛說的種種法。執著那就太多了，如果我們自己靜下來，習定的時候，觀照你的執著有好多？同是一個人，執著不同、愛好也不同。山西人愛吃醋，他就執著醋是好的，這個味道很好；東北人愛吃鹽巴，他說鹽巴很好。你到浙江、江蘇，南方愛吃糖，什麼菜都加糖，北方人沒辦法吃，這是生活上的執著。

語言上的執著，現在幸虧還好有個普通話，沒有普通話我們沒辦法溝通。像我們交往十幾年了，後頭一個老居士，到現在我都聽不懂他的話，他來我這裡，他說什麼？「啊！啊！啊！」，其實我不知道他說什麼，只大概知道是什麼意思。

語言、愛好、生活習慣，衆生種種的執著，改改習慣行不行呢？很難。改變一個衆生的執著，讓他不執著，很難很難。一生不行，兩生！爲什麼修行要經過那麼多劫？放不下啊！爲什麼放不下？我們每個人想一想，爲什麼我放不下執著？個人的執著不同，因爲衆生的妄念太多了！生在什麼環境，他所認識的只是這個環境。

二〇〇二年我又到西藏去，走到六千多米高的地方，有人問：「你們打那兒來的？」說：「美國來的！」我們那個代表團是美國來的，「哪有個美國？」跟他講美國什麼樣子他不相信。我是一九四〇年到拉薩學法，有些人說：「北京究竟有好大？有沒有我們拉薩大！」我說：「拉薩在北京只是個胡同而已。」他執著得很，看他所處的環境，在什麼環境，只是在他那個小圈子就執著起來，不能溝通。

普壽寺，我們這清淨道場執著不執著呀？你說你們執著不執著？要不要這個執著？這個執著還是要的。

你們到太原，從太原到忻州，乃至到沙河。他們的生活方式、所處的環境、語言，他們心裡想什麼，跟我們一樣嗎？太不一樣了。一切的言說、一切的形相、一切的心所緣想的，沒有一件是眞實的。

先不說落後地區，我在美國走了二十多個州，有很多人還是不知道中國人。「哪兒來的？」「中國來的！」哪個地方是中國，中國在什麼地方？有一些美國人根本不了解。就像我們中國人，差不多有一半的人不了解美國。他們的生活習慣、起居動作，一切都不一樣。這才僅僅是釋迦牟尼佛教化的南贍部洲的一個小洲，南贍部洲有二百多個國家，一個國家跟一個國家不同，你到非洲去，分五大洲，這五大洲的情形都不同。

隨外邊什麼境界相，就起什麼執著。同是山西省一省，各個縣、各個地區不一樣，爲什麼說一切言說？包括一切衆生類的人類說，還沒有說到畜生、還沒有說到牛馬、說到豬，我們別把畜生看成了好像牠沒有人性，不懂事。

如果你有耐心、有細心，看看螞蟻打仗，你蹲在地下看看螞蟻，螞蟻有一些動作非常的規律，作戰非常勇敢。死螞蟻絕不留在戰場上，戰完了，牠馬上就把死屍都搬走，我是詳細觀察過螞蟻，蹲半天看螞蟻打仗，爲什麼？衆生有種種性、種種情、種種欲、種種言說、種種心緣，不一樣的。

我們經常說度衆生，現在大家都在這兒度衆生，你度我，我度你，互相度，但這不是話，這要事實。如果不觀察、不思惟，你不會理解的，這叫思惟修。如果你修觀的話，頂好緣境，你去觀妄念所緣的境。不一定坐在那兒打坐，在那兒閉上眼睛，你什麼也觀不到，那你就觀眞如，觀你的眞心。

這裡頭說佛說的，離開言說相、離開名字相、離開心緣相。佛爲什麼說十法界的依正二報，這是依報，從正報而產生的依報。因爲十法界，除了佛法界沒有執著，其餘九法界都有，以執著嚴重不嚴重來區別，來論法界的地位，這就一個字，執著的執。如果你什麼執著都沒有了，眞正得解脫，成佛了。知道如來所說的法，都是對俗諦說的，眞諦沒有言說的，離言說相、離心緣相，這個都要離的。

因爲衆生有好多妄念、好多執著，佛才說種種法。如果衆生沒執著了，這個法也不是眞實的，也是假名的。因爲我們不知道、不明白、糊里糊塗，也就是沒有悟，不知道就沒有開悟，不懂得這種道理。因爲你自己不能自己知道，不能自知就隨著妄念轉，隨著言說轉，這個說的都不是眞如，都不是眞實的道理，但是這個說能達到眞實的道理。

像大家學〈起信論〉，說這麼多只是讓你生起信心，還不是很深入的講，聽起來很深，其實深的是語言。我們是言說的，這個法你信不信？〈大乘起信論〉，信不信你的心？信不信大乘？這是圓意。把一切言語都遣斷，言說到了極點，言說說到最高深處是什麼呢？無說。禪宗叫參話頭，沒有說話的前頭是什麼？參話頭不是讓你說，說參話頭已經是第二性了，不是第一性，這叫「因言遣言」。因著佛所說的法我們明白了，明白了你就別說了，少說爲佳，懂得了嗎？就是這個意思。

「此眞如體無有可遣，以一切法悉皆眞故；亦無可立，以一切法皆同如故。」眞如的體，隨緣的妄相，眞如的體有可遣的嗎？「此眞如體無有可遣」，遣的是它的虛妄，眞如隨緣一切法，一切法都變成眞如，《楞嚴經》說，「於一毛端現寶王剎，坐微塵裡轉大法輪。」爲什麼一根汗毛尖上就能現一個佛國土？那就是遣，那是立。立眞如隨一切法的緣，一切法都成眞如，這個意思是約相來解釋，既無可遣亦無可立，以一切法皆同如故。

此眞如體，這是體不是隨緣的相，眞如的體是什麼樣子？眞如的體，一切法都是眞如，隨捻一法無非法界，既無可遣亦無可立，無立無遣，爲什麼呢？一切法，隨捻一法無非法界，一切法都是眞如。

「當知一切法不可說不可念，故名爲眞如。」《華嚴經》有這麼兩句，「無不從此法界流，無不還歸此法界。」這就是一眞法界，一切法都是眞如而流出的，一切法又還歸於眞如，眞如隨緣，隨緣而不變，還歸眞如。

因此你應當知道，眞如的法就是一切法，眞如隨緣亦成一切法，一切法即是眞如。因此說一切法不可說，也不可念，法法皆是眞如。在一切法上把偏計執取消了，執凡執聖、執色執心等等，把它會歸空也可以，有也可以，空有不二。「當知一切法不可說不可念，故名爲眞如。」這是解釋眞如的。

假設問答，「問曰：若如是義者，諸衆生等，云何隨順而能得入？」像你造這個論，衆生怎麼能夠入到佛的知見，怎麼能入到眞如？一切衆生云何隨順得入？這是懷疑。必須有說有念，才可以隨順得入。若無說無念這樣怎麼能隨順證到眞如？我們在觀的時候，有隨順方便善巧觀，由善巧方便才能夠得入正觀。若沒有方便，正觀沒有下手處。

大家都會背《心經》，《心經》的第一個字就是觀，這是佛教的術語，觀是什麼？三昧耶。但是這個觀，不用佛教的術語，就是你在想什麼？觀就是思惟修，思惟修就是你想，你在想什麼？要怎麼樣想你才能得自在？你胡思亂想，像上頭所說那些妄想妄念，你自在不了。這也讓你放下、看破，用方便觀再進入眞實觀，眞實觀是如理的思惟，明白眞如的涵義，眞如隨緣了，建立一切法。約眞如自體說一法不立，那是遣除的意思，隨緣的意思就是立的意思。隨緣，眞如的性體不變，因爲不變故才能隨緣，若是一變了，隨這個緣就不能隨那個緣。

他懷疑，無說無念怎能進入眞如？怎能得入？以下就答覆這問題。

「若知一切法雖說無有能說可說」，雖然是告訴你說，沒有能說者，也沒有可說的法，雖念亦無能念亦無可念，這叫隨順。「若離於念，名爲得入。」離開念了才能得入。入什麼呢？入眞如。

我們天天念佛，叫你念地藏菩薩聖號，念觀音菩薩聖號。離開念了，觀音菩薩也不要念了，地藏菩薩也不要念了，阿彌陀佛也不要念。阿彌陀佛即是你自心的眞如，也是一切諸法的眞如。觀音、地藏、文殊、普賢、彌勒、十方諸佛，這些應該念不應該念？

當你沒證得眞如之前必須得念，念完了才能契入眞如，這叫有念。有念者念即無念，能念的空寂的，所念的也是空寂的；沒有離開能念所念，自己就是阿彌陀佛，自己也是觀音菩薩。但你最初必須得念，從有念達到無念，從無念而契入眞如。一切法是這樣的，沒有說法的人，也沒有可說的法。念阿彌陀佛就是無念，沒有能念所念和可念的阿彌陀佛，念到無念處才能契入，但是你最初必須還得有念；念即無念，能念的人，所念的佛是空寂的，這就叫隨順。因爲佛隨順衆生，隨順衆生的業緣，隨順他所有的愛好，而且給他說的法，讓他高興。

就像剛才舉例說，山西的醋，江南的糖，北方的鹽巴，他們都是沒自性的，隨你的愛好，到最後一切皆空。因此說一切諸法，雖然沒有能說可說，隨念也沒有能念可念，這叫隨順。

離開念離開說，「名爲得入」，這就是隨順方便入的方便觀。你必須先得信，信完了你才肯學，學完了才能夠了解，了解他什麼意思，了解意思了而後去做，做而後去證得，證得的時候一切諸法離能離所，這叫中道。

這個時候雖然有說有念，有說有念的都是俗諦；沒有能說所說的，沒有能念所念的，這就是眞諦。諦是理，俗是世間法，理是出世間法。出世間法隨順世間法，在世間法建立出世間法，因爲有出世間法才能成立到世間法，隨緣！這樣來反覆的觀察叫什麼呢？叫隨順的方便觀。

譬如我們念佛，這是隨順方便；念佛法門，有能念有所念，當你念到究竟處了，離能所、離二邊，才顯中道，離言說、入正觀。這個「知」是證得的知道，證得的知道就離於說、離於念，這樣的從正觀才得入眞俗不二的境界。

怎麼樣叫無說無念，怎麼叫執著無說無念？永嘉大師在語錄上這樣說：「說時默」，說的時候就是沒說。默就是默然，沒說；「默時說」，默的時候就是在說，「大施門開無壅塞」，壅是通的意思，塞是不通的意思。沒有通沒有不通，「默時說，說時默，大施門開無壅塞。」大施是布施的施。

永嘉大師另外有一個偈子，佛法是不是有諍論呢？「圓頓教無人情。」圓頓教，講佛法的時候是不講人情的，何況是圓頓的大教，沒有人情。有諍執嗎？有疑不決，有懷疑必須諍論。「有疑不決直須諍，非是山僧諍人我，修行恐落斷常坑。」我們修行人不是落入斷見，就是落入常見，必須經過辯論，之後才能夠得到解脫。

念，沒有能念所念；不論念佛、參禪、修觀用你的念來攝。一切修行人，一切修行者，他要產生正念，由正念治一切幻化的妄念。妄念的時候就墮於常見的外道；無念的時候墮於斷見，又變成斷見的外道。用幻化的觀當爲藥，這就是修的法門，幻化的觀的藥能治你虛幻的病，我們不修觀的時候就是無明障礙。

念佛，你自己一邊念的時候，一邊沒有能念所念；這是無有能念所念的，不是說你現在才念阿彌陀佛、阿彌陀佛，這是有念。有能念有所念，他的意思就是說你不要執著。不要執著能念的人，也不要執著所念的佛，就是用幻化的念來治你一切妄念，用念佛來治你的妄想雜念。用這一念，以念止念，之後念即無念。用念止那妄想的念，達到無念的境界，沒有能念所念。

能念的是心，所念的佛也是心，同是一眞法界。這叫什麼呢？心跟佛不二。能念的心帶妄，所念的佛是純眞的，沒有妄！我心與佛心，這本體的眞體不二。因爲這樣就沒有能念所念。所念的佛也是我的心，能念佛的也是我的心，心不二故；所念的佛是純眞的，我的心與佛心合爲一體了，沒有能念所念的。但是念是隨順方便的觀，念到無明盡處，那才是眞如觀。

這個你也到無生法忍了，生到極樂世界上品上生花開見佛，這樣能達到無差別，這叫入，既不落斷亦不落常，不落斷見不落常見，歸於中道。

我們經常坐著參，參的時候就斷疑惑，參的時候必須參到無功用道。我們經常說打坐，禪宗開了悟，開悟了在禪宗境界相，只是破參而已。把你參的參明白了，這叫破參。破了參你並沒有得到什麼，只是破參，這才開始修行。就像我們信了，信了解悟了。解悟，明白了，不是證得，中間還要去行。開悟僅是初步，還要長養聖胎，或者自己到山裡去，一個人閉關修行，這才是眞正的修行。從悟起修，那才是眞正的修行。

現在我們這修是摸索的，是培植智慧培植福田。行的時候，培植你的智慧，在你起功行的時候，行布施、乃至行菩薩道，福慧才能具足，修福修慧才成兩足尊。

復次此眞如者，依言說分別，有二種義。云何爲二？一者如實空，以能究竟顯實故；二者如實不空，以有自體具足

無漏性功德故。

「復次此眞如者，依言說分別，有二種義。」這兩種義是解釋眞如說的，前頭也講二種義。「云何為二？一者如實空，以能究竟顯實故；二者如實不空，以有自體具足無漏性功德故。」這是如來藏性。

什麼叫如實空？達到離妄究竟，再沒有妄念，一念究竟，眞正的認識證得了，眞空的實相理體，所以才叫如實空。不是光講空，「空」字加個「實」字叫「如實空」。如實空，空什麼呢？空妄。

還有一個「如實不空」，眞如的體，還有它的妙有、它的功德相，那個有叫妙有，眞實空，不空；不空故叫妙有，妙有非有，達到眞空，就是自體無漏的性功德不空，這就是「如實不空」。這是如實。眞空的體具足妙有功德相，所以「如實不空」。這個妙有眞如相，不是眞相是妙有；妙有是非有，非有才如實空。

所言空者，從本已來，一切染法不相應故；謂離一切法差別之相，以無虛妄心念故。

什麼叫空？跟一切染法不相應，空的。一切染法不相應，沒有一切諸法差別的相，沒有虛妄的心念，一切虛妄的心念全消滅了，沒有了。

但是空有兩種，一種是本來具有的空，本來就是空的。另外一種對治空，因為你修法、修觀，對治這些妄念妄想。空，我們本來都具足的，衆生從無始以來，就具足眞空理，這是理法界。理法界是說一切衆生跟一切諸佛平等平等，這是按理上說的。

本來從理上，從根本上說，沒有妄心，也沒有染的境界，從本以來就離開。無明又從什麼有的呢？無明也是從無始來有的。找無明在什麼時候起的？在什麼地方起的？沒有，找不到。但是諸佛成佛了，把無明斷了，無始可有終。眞如呢？無始無終，無明是依著眞如起的。

下文就解釋，「一念不覺生三細，業轉現三相」。這個若請問佛，佛是不答的。什麼時候起的？佛不答，你必須證得了，究竟圓滿成到佛果，你自己就知道，這不是言語所能表達出來。

但是無明染法，能染不染到眞如？眞如是不被它所染，如果被無明所染了，就成了一個眞如跟無明和合了，這個是不對的，無明跟眞如是從來不和合的。不和合就非和合，非和合也不對，這就是不可言說。

染法跟淨法是相違的，我們衆生是分不開的，是和合的。現在每個人都是染淨和合，所作的一切境相是染的，我們本具清淨眞如心是淨的。眞如的本體不跟染法合，所以叫空，叫不相應。

什麼叫空？什麼叫不相應？一切法差別各個不同是虛妄的，是因虛妄念而產生的染境。如果沒有虛妄的心，離開一切染的境，心和境都離開，這叫一切染法不相應。怎麼離呢？修道的人是修對治法離開它。

但是從本已來，我們本具足的眞如，跟諸染是不相應的。染的時候不相應就對治它，對治它還是不空的，因爲本來是空的沒有妄有，也沒有什麼修道對治才離的，也沒有因爲修道對治才離了又復還本空了，復還本空了得無所得。

《金剛經》上，佛跟須菩提說，如來本來沒有個阿耨多羅三藐三菩提可得，也沒有一個煩惱可離，只是不離不得，從本已來就跟染法不相應。本空而有是妄有，修道對治的是對治妄有，復還本空。

這不是語言能表達出來的，所以到八地菩薩（八地菩薩是不動地），他對這個轉相業相都不能理解了。八地菩薩不能理解轉相業相，他認爲自己跟佛無二無別了，已經都斷盡了，但是他只斷盡轉相現相，這三個很微細的業轉現都是一心。從本已來他認得的，跟一切染法不相應，但是這一個是你修法對治離掉的，本來就沒有。

當知眞如自性，非有相，非無相，非非有相，非非無相，非有無俱相。非一相，非異相，非非一相，非非異相，非一異俱相。

下頭所說的兩個四句，「離四句，絕百非。」「當知眞如自性」，不是有相的，「非有相」，不是有相就是無相了？「非無相」，又加一個，非有相就是對的，非有相就是沒有相，「非非有相」，非非有相還是有。他不說還是有，「非非無相」，不是非有相也不是非無相了。「非有相，非無相」是兩句。

「非非有相，非非無相」，不能執著非有相，不能執著非無相。連這個非有相也是非的，非無相也是非的，這叫四句。兩個合起來有無俱相，「非有無俱相」。最後這句話把這四句都遣了。

非有相，有相不可以，非有相；無相不可以，非無相。非有相該對吧！不對，非非有相。無相跟非無相該對吧！也不對，非非無相。兩個合起來該對吧！「非有無俱相」，合起來也不可以。

一相，異相。一相不可以，異相也不可以。非一相就對了吧！「非非一相」。非異相該對了吧！「非非異相」。一、異合起來該對了吧！「非一異俱相」。

這四句你要費費腦筋，好好觀察一下。我們就講有，有是幻有，我們是幻有，諸佛菩薩是妙有，就是個有。無呢？我們是斷滅，佛不是斷滅，是眞如不隨緣，不是斷滅空。但這個義理，講究眞如自相，眞如的自性的實相，佛所說的十法界都具足的。但是在徧計執衆生的分中，他聽到有，不解有的涵義，就把這有執著成了有相。菩薩他遣這個執著，應當知道眞如的自相，不是徧計執那個有相，徧計執著那個有相是非有。

佛說有的時候，衆生就執著有，佛說無的時候，衆生又執著無。佛說非有，又執著非有；說非無，又執著非無。凡是佛所說的話，他隨佛所說的執著，佛就說完了又遣，遣完了又說，說完了又遣，遣完了又說，也就是說了之後又把它排除了。

我們看《金剛經》就是這個涵義，《心經》也是這個涵義，但這個你要悟。衆生隨所說法，說一執著一，說二執著二，說哪兒執著哪兒，衆生就是徧計執。

如來有種種說，衆生有處處著。本來如來說法的時候，是去除你的執著，他把你這個執著去了，你又執著佛所說的。所以如來種種說，衆生就種種執著。所以佛才說你當知眞如的自性。

當知眞如的自性，這個要修觀，一個是方便觀，一個是如實觀。應當知道眞如的自性，凡有言說，一切的種種相都不可以執著。亦有亦無不可執著，有無不可執著，亦有亦無也不可以執著，有無俱相也不可執著，非無有無俱相，所有執著的一切都不可以。這叫「離四句，絕百非。」

「離四句、絕百非」的意思，從語言文字上，我們是這麼解釋；但是你必須得有事實，從事實來解釋，隨便捻哪一法都如是，你可以用你自己的心去想，不要想外境，想你的內心，就從內心的妄心去想，你念念分別，分別跟事實不相合錯誤了。有些衆生錯了，到死他還是執著。

我聽到有一位滿清末年時候的劊子手，後來滿清滅了，不用刀殺人改用槍，他就失業了。失業了他沒有辦法，出家當和尙。我認識他的時候，他已經八十多歲，我才十幾歲。我就問他殺人的過程，「你是怎麼想的？」我們看見電影都是大刀砍，他說不是的。「怎麼樣才對？你是怎麼做的？」他說這麼很窄的小刀，非常的快，不是拿手去砍，拿這個地方手肘綁在這兒，沾上，就跟你聊天一樣的，脖子一過你的腦殼已經掉下來了。

他跟我講一個故事，有一次殺人把他嚇壞了。我說：「爲什麼？」他說：「那腦殼已經砍下來，他在還喊好快的刀！」我心裡就想，我當小和尙的時候，就想他這句話是什麼涵義？腦殼掉了，他怎麼能聽到嘴巴還說好快的刀，在同一個時間他喊好快的刀！

我從那兒就想到這是衆生的執著，他到死都不認錯的。不論當盜匪搶人、幹什麼錯事，他不會認爲自己錯了。良心上或者認爲錯了，從道義上意識錯了，衆生這個妄心，妄心是不認得是妄。每位道友心裡一動念起，你認爲是妄嗎？是假的嗎？是虛幻的嗎？假使你認爲是虛幻的，又是假的，你有幾分道力，有幾分功力了，一切都是虛幻的。

如果你上殿，下了殿很疲勞，在那兒靜坐的時候，你可以想一想，這是眞的？是妄的？眞的、假的？我們求的可是眞的，求解脫。上殿念的不論〈楞嚴咒〉或是〈大悲咒〉，眞的假的？好好想一想。

現在我們學〈大乘起信論〉是讓你信，信什麼？好好想一想，信眞的，信假的。我讓你們說，我說是眞的，但是佛告訴我們是假的。假使我們眞正能心裡跟這個相合了，這都是假的。「但有言說，都無實義。」凡是你所說的、所做的、所有的心念、所有妄念，全是假的。那我們出家當和尚幹什麼？聽經幹什麼？拜懺做什麼？參一參！

乃至總說，依一切衆生以有妄心，念念分別，皆不相應，故說爲空。若離妄心，實無可空故。

前頭所說的四句百非，都不對。遣的時候，是因爲衆生說什麼執著什麼，說什麼執著什麼。般舟三昧就是一心念佛，不過要證得最高超的境界，得下定決心，以必死之心求生極樂世界。

衆生的妄想心，豈止〈起信論〉上所說的，「離四句、絕百非」，有、無；非有、非無；非非有、非非無，豈止這些，多得很。眾生的徧計，徧是普徧的意思，遇到什麼執著什麼，遇到什麼執著什麼，放下執著就對了。妄想心放下了，一切都清淨。沒有妄想心，沒有妄就是眞，就跟你的眞如本體相應了，也就是最初所講的一心。

本體跟那相應之後，你再來觀一切法，法法皆眞，一切妄都變成眞實。現在你沒有得到這個眞，產生一切妄；若離開一切妄心，還說什麼空、不空；有、無，這些都是廢話。這是相對而說的，離開對待了什麼都沒有。

人說辯論或爭執，這都是兩邊的；如果有一邊放下了，什麼都沒有了。我們經常說抬槓，兩人抬個槓似的，有一邊我不抬了撂下了，自己抬吧！那不就沒有了，抬不起來了，涵義就是這樣。

所言不空者，已顯法體空無妄故；即是眞心，常恆不變，淨法滿足，則名不空。

這是解釋空、不空。空是離一切執著；不空，是無漏性功德。顯體性的本體，本來就沒有妄，還離什麼妄？本來就沒有，還離什麼？那就是眞的了。凡是有形、有妄的，有形、有相、有言說，這都是虛妄的，離開這些都是清淨了，清淨了就不變。

達到這種境界了，就是「離四句、絕百非」，明白自己所具足的眞如心，就是眞心，因爲無妄故就是眞心。

我們經常說眞空，爲什麼眞空加個「眞」字？這個空不是外邊虛空的這個空，也不是假空，眞對假說的。眞空，不是我們所認爲那個假空，這叫眞空。翻過來說，眞空不空，空的是那個假，不空的是什麼呢？不空的是諸佛都具足無漏性功德，那就是相，大智之相，《大方廣佛華嚴經》的那個「方」，方就是相。這是顯諸佛的一切性功德，性不空的相就是無漏性功德。

「所言不空者，已顯法體空無妄故」；從來就沒有妄，沒有妄故說是眞心，眞心不是妄心，妄心歇了眞心就顯現了，就沒有對待法了，全都是眞的，這個眞是什麼樣子？「常恒不變，淨法滿足」。佛所現的三十二相、八十種好，只是化身，千百萬億相，千百萬億好是報身，若說到法身，沒有一法不是佛的功德。沒有染了全是淨，轉染成淨，這是佛的法身。

若說到佛的法身，我們都具足跟佛無二無別。現在我們有一些妄，眞不顯了，諸佛的無漏性功德，變成我們無盡的煩惱，見什麼執著什麼，見什麼執著什麼。若把這一切執著不執著了，放下、自在了，這時候就是體和相，體是本體，相是從本體裡所產生的功德相，所以叫不空。

懂得這個涵義了，一切衆生因爲有妄心念念分別，這個分別的妄心跟他的眞心不相應，本體不相應，所以要把它空掉。如果把妄心離掉了，自然就空了，這個空可是不空，若離開妄心沒有什麼空不空。

現在我們修行，爲什麼要修行呢？我們有煩惱，煩惱沒有了還有什麼修行？什麼叫修行，什麼叫不修行？什麼叫信、什麼叫解、什麼叫行、什麼叫證？沒有信解行證這一說了，就是這個涵義。

亦無有相可取；以離念境界，唯證相應故。

無漏性功德是不是有個相徵可取？若有相可取又落了妄，無相可取。沒有言說，沒有一切念，沒有遺的境界相，必須證得了，一念頓斷。無始劫來的習氣，無明過後還有習氣，不但無明滅了，連習氣也都滅了，這樣才能跟不空相應。跟眞心相應了就跟不空相應，這就是眞空不空，不空故才是眞空。

我們經常說眞空，不空是妙有，妙有不是眞有，不是執著的有，所以說明眞空。眞空不空的，所以它是無漏性功德。利益衆生的一切事業是不空，別把它執著爲實有。佛說的八萬四千法門隨說隨著，著是執著。佛說有執著有，佛說空又執著空，佛說非有非空，又執著非有非空，懂得這種涵義就知道了。

前頭說的都是空，空是遣衆生的徧計執著。現在說不空，那不是相違背了嗎？不相違背。因爲把執著去掉了，性本具的諸功德還是有的。所以諸佛菩薩說空的時候，是不離開有說的。就有的本體來說空，這個空是不空的。

這個相不是徧計執的相，是諸佛菩薩無漏性功德的相，千萬不要把它執著爲實有。稱性的相，稱性所說的相，相即是性，在有的時候就進到空理了，在這空性的當中又使它不空了；這不是起著的，而是讓我們離開妄念。

一有了妄念什麼都變了，無漏性功德變成障礙。等學到次第的時候就知道，當他入到這個位置，入到初信，就不能入二信，他產生了障礙。入到初地，經常說初地不知二地事，他離一分無明，第二分無明他不知道，必須假修證，得學習再學習。

為什麼成佛要經過無量劫？是三大阿僧祇劫成佛的，這是對偏小計度說的。沒有三大阿僧祇劫，一切時無定體就是現前一念！一念延伸無量劫，無量劫就是你的現前一念心。這個意思就是說，西方極樂世界，即是在我們娑婆世界十萬億佛土。一個佛土是好多？三千大千世界。我們這個小地球只是三千大千世界裡的一個微塵而已。這種境界，凡小的心量沒有辦法理解的。我們連產生這個信都不容易，為什麼讓你信大乘，為什麼馬鳴菩薩造這部論，就是讓你生起信心而已！但是距離證得還很遙遠，要這樣來信。

用你的思想想，念一句阿彌陀佛，到臨終的時候十萬億佛土，十萬億佛土有好遠？這是不可計數的。大家讀到《彌陀經》，六方佛是護持的，不是都叫阿彌陀佛。西方極樂世界有好多佛，一個佛一個佛的世界。

釋迦牟尼佛在《戒經》裡頭說，他看見兩老夫婦在那裡念佛，拿穀子來計數，放兩個籮筐。釋迦佛看見就問說：「你們這是幹什麼？」說：「計數啊！方便記得我們念了多少聲。」「你們這樣計太麻煩，我教你們一個方法，念這一句『南無西方極樂世界。三十六萬億一十一萬九千五百。同名同號阿彌陀佛。』你知道西方極樂世界究竟有好多國土？好多阿彌陀佛？有三十六萬億一十一萬九千五百，有這麼多個西方極樂世界。」

你生哪一個極樂世界？應當用這樣的心量來觀，來認識。信大，相信你的心，大就是你的心，這一個心跟佛無二無別。

馬鳴菩薩造這個論是讓你生起信心而已，相信這個大就是相信你自心。如果通俗一點說，每個人到廟裡來，你有沒有信心？我們出家的二衆，受了比丘、比丘尼大戒，有沒有信心啊？「有呀！沒有我怎麼會剃頭出家？」這個信心，跟〈起信論〉的這個信心不一樣。明白這個道理嗎？我們現在的心是小之又小，是這麼樣一個心，所以這個論讓你相信大，是這樣的來信。

在解釋當中，你所信的這個心，等你相信之後，說它空，可以空一切煩惱、空一切衆生煩惱；說它不空，不空是法體具足無漏性功德。眞心含藏著無量的相，那個相是功德相，無量億劫積累功德相。但是這個相不可取，不是有相可取的，因爲這個相是離念、離心緣，不是心所緣相，也不是念相，只有證得了。你只是起個信而已，信完了解釋明白了去做，做完了證得了；到證得的時候你就知道，所信的不謬，你所信的大，不謬、沒錯，就把你運載到大的境界當中，成就你的大。

但是這個離言說相、離名字相、離一切諸相、離言眞如。怕你墮到離言眞如，墮到空裡頭去，所以他又跟你說無漏性功德是不空的。怎麼樣不空的？我們怎麼樣進入？在眞如門沒法進入，還有一個心生滅門；從生滅還原又回來，還原時候又回歸眞如門，一心二門，眞如門是這樣一個情況。完了再講生滅門，說我怎麼樣入？怎麼樣把生滅消滅掉，恢復我原來的離言眞如、離相眞如？下面就講生滅心。

心生滅者，依如來藏故有生滅心。

我們前頭在立義分講法和義，心是心法，心法所含的是什麼義呢？從衆生心來解釋，就是我們現前的衆生心。這個心有眞、有妄，現在我們全在妄中，但是我們眞心並沒有失掉，眞沒有失掉跟妄和合，妄依眞起，就是眞妄和合這個心。

因爲是藉眞來說，前頭所說的心眞如，這是眞的；心的生滅是假的，假的我們消滅它，把它斷了，回歸你心的眞如。要想解釋生滅，先解釋你的心。用極簡單的方式，你自己現在回到你的心，現在隨著我的言說，你那個心就隨著我的言說轉，我說到哪兒去你想到哪裡，你的識還有分辨，分辨所說的言語以及言語所含的意。

我們說的眞，標示而已，說眞不是眞，說妄該是妄吧！說妄亦非妄，懂得這個道理了，什麼叫心生滅？先要懂得心，先識這個心。這個心是我們上來所講的眞如心，眞如心隨緣，隨緣而在纏，就被煩惱習氣纏縛住，雖然纏縛住了，但它本身的眞沒有失掉。

因此前頭加個如來藏，藏者含藏之意。我們一個寶藏、一個庫房，庫房含裝著米，米倉就含藏大米，裝著雜物、衣服各種用具，含藏各種用具，這個是如來藏。如來藏含藏著東西，庫存都是什麼呢？都是如來；如者如如不動，來者來即不來。來即不來就顯示一切度衆生的無量恆沙性功德，這叫性功德，所以叫如來藏。

這個眞如是隨緣不變的眞如，給一切諸法做體的，眞如在纏，被煩惱習氣所纏繞，但是它可不隨煩惱習氣所轉。它有個生滅，隨緣的時候隨著生滅的緣，而且叫阿賴〔黎〕耶識，眞妄和合阿賴〔黎〕耶識。

依著如來藏心，如來藏心含藏著的眞如，有了生滅的妄念。我們一切受生都受阿賴

〔黎〕耶識，「去後來先做主翁」；你在受生的時候，阿賴〔黎〕耶識先到的，先有識。等你死的時候，它是最後離開的。六根身體已經壞了，阿賴〔黎〕耶識才離開。爲什麼我們出家人死了最少要停個三天，屍體不要動他，因爲阿賴〔黎〕耶識還沒有走。有的多一點兒，更好的是停七天，要等識神去淨了；不然他會有痛苦、有瞋恨，更增加他的煩惱。眞妄和合叫生滅心，這叫阿賴〔黎〕耶識。若把阿賴〔黎〕耶識轉化成智慧，就是大圓鏡智，究竟成佛。轉八識成智識的時候，究竟成佛。因依著如來藏故有生滅心，染淨種子義，生滅心就是染淨種子義。

所謂不生不滅，與生滅和合，非一非異。名爲阿黎耶識。

以下就分別說，既然是和合了，有生滅，還有個不生滅，先解釋不生滅。不生滅跟生滅和合了，一個生滅，一個不生滅，和合是一嗎？是異嗎？阿賴〔黎〕耶識究竟是一個還是兩個？說一個，它有個不生滅還有個生滅。這看著是兩個，是兩個吧！就是一心，另外沒有，那又是一個，所以這叫非一非異。

說一個不是一個，說異就差別了。說兩個，兩個也不是兩個，非一非異就是你不要去執著。你以大圓鏡智來觀察，轉識成智的時候，眞非眞，妄非妄，眞依妄起，眞起妄，妄依眞，眞妄和合的，假名無實。這個和合，就像土澆上一些水，合成了就變成泥巴，生滅跟不生滅和合了，是不是像泥巴那樣？成了泥巴的相，不是這個意思，也不是這個相。

生滅跟不生滅畢竟不同，眞如絕不是無明，無明可以消失。在纏的眞如跟離纏的眞如，是一個眞如？是兩個眞如？眞如是一。

例如屋子黑了，電燈一打開，亮了，黑到哪兒去了？你把電門一關又黑了，究竟是黑？是亮？光明跟黑暗是兩個？或是一個？這個大家都能明白，這得要用腦筋思想。你靜下來觀察黑暗從哪裡來的，一打開電燈，光一照，或是太陽一出來，白天了，黑暗到哪兒去了？黑暗有沒有實體？光明有沒有實體？光明只是亮。

大家讀《心經》的時候，觀自在菩薩用深般若智，照見五蘊皆空。照見，特別注意「照」字，照見五蘊皆空。就跟那燈光一照，黑暗沒有了，燈光沒照，黑暗又來了。若是想參就這樣參吧！

燈是沒有作意的，「我要把黑暗破除！」電燈絕沒這個意思，你要這樣來想。阿賴〔黎〕耶識是一相？異相？有相？無相？非有相？非無相？非非有相？非非無相？這是文字，你自己思想去想，去觀照，我們所說的修觀就是觀照；依著你觀照的思想理解了，這個理解了，心就眞正明白了。

此識有二種義，能攝一切法，生一切法。云何爲二？一者覺義，二者不覺義。

所言覺義者，謂心體離念；離念相者，等虛空界，無所不紴，法界一相，即是如來平等法身；依此法身說名本覺。

以下就解釋識，我們這是總說，讓大家知道阿賴〔黎〕耶識的涵義。阿賴〔黎〕耶識有兩種的涵義，哪兩種呢？「能攝一切法，生一切法。」心的生滅，我們舉例說，講因果報應，你種什麼因得什麼果，就是生滅因緣。

我們現在這一念心，生起念阿彌陀佛想極樂世界，這一念心的果就生到極樂世界。這一念心殺人、害人，乃至生起壞心眼，屬於貪瞋癡的，你得的果就是地獄、三塗、八難。只爲當初一念差，六道輪迴永不脫。一念差了想錯了，錯了念頭，你受吧！念的因所感的果。別以爲我們心念、念頭，我想一下算什麼？什麼事也沒有，可不容易。古人說：「打得念頭死，許汝法身活。」如果能把念頭打死了不生了，你的法身就活了，生滅之相就是這樣。

我們衆生是畏果的，受苦了，苦到他的身上他才相信，沒苦到他的身上，別人受苦他不相信。這個念就是識心動念，他能攝一切法，也能生一切法。

以下講九相就把阿賴〔黎〕耶識分的很清楚。九相裡頭業相、轉相、現相，八地菩薩、九地菩薩、十地菩薩斷的就是心生滅的生滅心，也就是起心動念。

我經常跟道友說，好好看住你這個心，看它產生什麼念頭，一念之間就是念，看不住的必須得一切法執都斷了。到了十地菩薩才斷生滅相，到等覺菩薩、妙覺菩薩，一念頓斷無明習氣才能究竟成佛。

前頭我們講的是生滅心，現在說生滅的因緣。講生滅因緣，就是跟你日常的生活結合起來。學佛法，就是學習覺悟明白的方法。我們隨時在覺悟，就是覺照，覺照觀察，觀察我這個心想什麼？起什麼念頭？讓你的心不起念頭是絕對做不到的，除非成了佛。想要讓念頭不起，不可能；起了能夠覺照得快，善念增長，惡念消除。

有信心的菩薩就是信這個大、信這個體，這叫有信心的菩薩。他覺知前念起惡，止其後念不起者，才成爲利益衆生的菩薩。剛有信心就這個覺照，我們可以反問自己：「你有沒有這個念頭？做不做得到？」起個不好的，離開了三寶念頭，馬上就收回來，不讓它起第二念，不讓它相續，更不要發之身口七支，這就是一個覺義。

起念就是不覺義，不覺妄念生起，馬上覺照，讓它不相續，所以阿賴〔黎〕耶識又名含藏識，含藏一切的；它有無漏性功德，也有一切染法。九法界一切法，反正是世出世間法，淨法、染法它都能攝。從淨的種子生淨法，從染的種子生染法，兩種種子它都有，所以叫和合識。

「云何爲二？」什麼樣能攝一切法、生一切法？它有兩種義，一者覺義，一者不覺義。以下先講覺。「所言覺義者」，心體離了念，什麼叫離念？離念相是什麼樣子？「等虛空界」，離念相就是空了，拿虛空做比喻，離念相了跟虛空差不多，拿虛空比喻，虛空是徧一切處的。

我們不說外頭，五臟六腑肚子裡頭全是空的。胃跟腸能通的，但是它們不能沾在一起，腸子跟腸子中間都有空隙的。若是肚子，心、肝、脾、肺、腎，哪一地方沾到一起了，沒空，這個人就死了。

這個我深有體會，我開過刀，把那腸子一掏出來，完了再往裡頭一裝，位置變化了，變化了就沾在一起了。這沾在一起有什麼現象呢？你也不能喝也不能排泄，進不能進，出不能出。不空了！因此你就懂得了，五臟六腑，胃跟腸子，腸子跟肺，心、肝、脾、肺、腎所有的零件，各個都有空間，各有各活動的地方；如果你把它活動的地方錯置了，就堵塞了，堵塞就不通了，不通就痛了，空間就沒有了，這叫病。再用藥把它們分開，讓它們有空間。

空，徧一切處。你的眼睛，眼根跟你這個識是兩個？是一個？不是的。識非根，根非識，爲什麼六根、六塵、十八界分的那麼清楚？你若明白這個道理了，就知道一切諸法！「離念相者」，那個形相就像空的一樣的。

我們學佛之後，或者靜坐，有沒有空的時候？人人都有過。坐著好像很舒服了，什麼都忘了，一切外緣都平息下來了。心裡靜了，心沈寂，我們叫沈寂，諸佛菩薩叫寂。寂者就如，如者就是不動；來呢？就不同了。來者就動，那個動是從如上起的動，動沒有離開如，動即不動，來即不來。

釋迦牟尼翻「能仁寂默」，「能仁」就是利益衆生，就是來。「寂默」就是不動，就是如，佛就是以他所成就的功德來形容。當我們寂的時候，心念還在動，只是你的身口七支不動了，意念沒有停歇；你這個寂不是眞正的寂，這是外緣不動，內心的思惟還有。等你感覺到這個思惟，靜下來了，我們這個思惟沒有照的義，所以不叫寂；靜下來這個思惟沒有思惟了，若能變成智慧，它叫照，必須得觀察這個涵義。

爲什麼說一切衆生皆有佛性？皆有佛性是你本具足的。這個佛性是在你的身子裡頭嗎？找不著，在你身子上哪個是佛性？沒有；是在身子外頭嗎？那離開身子佛性到哪裡去了？沒有，更沒有了，外頭更不對。內外和合有嗎？沒有。《楞嚴經》上七處徵心就是說這個大，究竟在內嗎？究竟在外嗎？究竟在中間嗎？找不著，你所找的就是徧計執，徧計到處執著而已，不是眞的。唯證能契，你必須證入了才能契合。這說心體離一切念，心體離念，離念是個什麼樣子？跟虛空界一樣的。你把它當做虛空，那就錯誤了。

虛空是比喻，沒法形容了，離念相是什麼樣子呢？拿虛空來形容吧！但是絕不是虛空，這是形容詞。例如我們說虛空，不是虛空；我們說火，絕不是火，也是形容詞。你說火，若是火不把你燒掉了？那只是言說，這些話都要你思惟，都要去觀。

等虛空不是虛空，虛空是什麼樣子？豎窮的、橫徧的，哪兒都有虛空，那就是說法性，在一切事物當中叫法性，在一切有情當中叫佛性。佛性跟法性，它是豎窮橫徧的跟虛空一樣的。這就是說一切法的成長，一切法的生起，一切法的還歸，所有一切法的大總相法門體，這就叫「法界一相」。一切諸法無不從此法界流，一切諸法無不還歸此法界，這就是心。說法界也是名詞關係，這叫「一法界大總相法門體」，這就是覺義，唯是一相。

覺叫什麼呢？我們爲了要述說方便，假定名詞「本覺」，本來就覺悟、本來就具足，在諸佛就是如來的平等法身。平等的意思就是一切有情都具足、一切無情也具足；無情就叫法性，有情就叫佛性。本覺是一切諸法之因，我們重複說這個眞如，解釋這本覺、法身、眞如、法界，名詞雖然多，道理就是一個。這個本覺，過去、現在、未來永遠如是，一切過去諸佛、現在諸佛、未來諸佛都如是。

我們看見是諸佛在人間示現的，佛入滅、佛降生；本覺的法身也沒有個生，也沒有個入涅槃，是在人間示現的，這是化身佛。盧舍那佛是功德所生的，功德永遠不滅，報身是永遠不滅的，報身是依著法身而起的，化身就不同了。

大家每逢半個月都誦〈菩薩戒本〉，盧舍那佛給千釋迦牟尼說的梵網戒。千釋迦牟尼，每一個釋迦又有個千百億釋迦，每一個大化的佛，又給小化的千百億釋迦說菩薩戒。千百億釋迦才到一切世界利益衆生說菩薩戒。從《梵網經》的〈菩薩戒本〉體會到的，那是報身佛，這是化身佛所說的〈菩薩戒本〉，是給登地菩薩說的。

我們凡夫受梵網戒的，沒有不犯的，因爲這是心戒。你心裡一起心動念，犯了戒了。比丘戒、比丘尼戒不同，得造成事實才算犯戒，它是依著世間法建立的；菩薩戒法是依著心法建立的。這就是依著覺，如果你稍微一動念，不覺了；離開覺義就是不覺，心裡一有念就是不覺了，到離念相才是本覺，本覺就是法身。三世諸佛都是以法身爲體，這是解釋覺義；覺就是明白。我們所學的法就是覺法，我們經常說佛法，佛法就是覺悟的覺，覺悟的方法而已。

我們若想覺悟斷煩惱、想證菩提成佛，你先明白明白什麼是佛、什麼是覺悟？現在我們說這個方法，兩方面都說了。覺悟是什麼樣子？衆生不覺又是什麼樣子？不覺，我們就知道了，因爲我們現在身上就是不覺煩惱。這個肉身生老病死苦，一會兒這個毛病來，一會兒那個毛病來了，說句話又錯了，人家又批評你了，說話不對了、走路走的也不對了、睡覺也不對了，一天盡是毛病。你煩惱不煩惱？若是我們這些執事師父一天在你身邊，這個也不對，那個也不對。其實你本來就都不對，他也不是對的。你想一想，說起來好像很可笑，這是覺跟不覺的意思。

但是依著世間法還有個方法。所以就在法上來立，依法上立，軌生物解，有一定的軌則，你離開這個軌則當然是不對的。照著軌則行事，軌生物解，法就是軌則，你照這樣做你能夠覺悟，才能夠任持你的自性、認識你的本體，不要生煩惱，一切諸法如夢幻泡影。《金剛經》告訴你，人家如何說反正都是假的，說吧！做夢，夢醒了都沒有了！經常這樣觀，什麼煩惱都沒有了。罵你，是罵我嗎？他跟我一樣，我們倆一體，他罵他自己，跟我沒有關係。好比人家送你一件禮物，你不要，拿回去我不要；他罵你了，你不接受，自己拿回去。

這不像魯迅作的〈阿Q正傳〉，阿Q是怎麼想的？他不懂得佛法，當然不是這麼想。他打不贏人家，被打了受委曲又放不下，怎麼辦呢？他有他的想法，哎！兒子打老子，自己的兒子打自己，心裡高高興興的，他這樣也沒有煩惱了，這是迷中加迷，不覺上頭還加不覺。

面對越深奧、越不可理解的法，不要去鑽牛角尖。什麼覺、什麼不覺這些名詞，你弄不清楚什麼是阿賴〔黎〕耶識，《解深密經》就專講這個問題，越講越糊塗，怎麼辦呢？我以前就這麼樣用，從你最容易懂的著手；越高深的法，從最基礎起，不論說多高深你不懂，想我現前生活當中的事；一天怎麼樣，立刻就懂了。

迷糊了，這個事我不明白，那就是不覺了；這個事我很清楚，就覺了。你用這樣來解釋你很清楚，這樣對那甚深的法義，自己也能夠入，我就是這樣子用的。聽得糊里糊塗不懂，不懂我根本就不聽了，我就想想自己生活當中的事，撿自己懂的，你漸漸就懂了。

說最甚深的，你從最淺處入，越是甚深的，從你的生活當中去理解。我是怎麼樣覺？我是怎麼樣不覺？這樣就明白這兩種義了。

「心生滅者，依如來藏故有生滅心。」我們講心生滅的時候，依著如來的藏心，所以才有生滅心。前頭講了「一者法，二者義。」法就是眾生心。眾生這個心，有兩種成分，一個眞、一個妄。眞是本具的實體，妄是因爲不覺而生出一些雜念，一切的九相。

若就眞來講，前頭講的是心眞如門，現在講的是生滅門。唯識學者，他不承認如來藏，如來藏就是八識的心，法相中的唯識，如來藏也有生滅心，也有眞如心，眞如是以阿賴〔黎〕耶識爲體，所以叫如來藏。八識也如是，但是相宗如是講，性宗又如是講，只是講的意義不同；因爲妄是依眞而起的，生滅心因著眞如心。下頭講了，一念不覺生三細的生起生滅，這個心就是阿賴〔黎〕耶識心。

阿賴〔黎〕耶識心屬於生滅門，但是阿賴〔黎〕耶識還具足有眞，還有淨分，淨分就屬於心眞如門。心生滅專指著與不生滅和合的，不生不滅與生滅和合，兩個東西好像合在一起。一個是心眞如，一個是心生滅。一個淨，一個染，生滅跟不生滅兩個和合。是一個嗎？不是一個。非一，是兩個。非一就是異了？它又非異，非異不是兩個。

爲什麼這樣解釋？因爲我們現在的心，不說甚深義，就說我們現在這個心，我們在這個地方學習，或者出家了，學佛法了，這是開始，但這個是屬於眞的部分。開始有點覺悟，但是這個心是怎麼分的呢？究竟心是一個？是兩個？我們現在坐這兒聽課，心裡想到別處去了，你說你這個心是一個？是兩個？或者是多個？

如果你現在一作意，回到你的小廟了；或者你到過北京、上海或者到過美國各地，只要一靜下來，這一念心頓現，北京、太原、石家莊都現前，你坐這兒靜觀吧！究竟是一個心，還是好多心？你自己就明白了。

各有各的相，北京絕不是石家莊，更不是太原。你想吧！問你北京的街道、太原街道和石家莊街道，如果你都去過，坐這兒一想，每個街道都現前；甚至到美國的舊金山、洛杉磯、紐約都如是，你這一想全現前。你說妙不妙，沒有實在的，你去過的，你的心都錄了相，一點兒都不虛假的，這是事實。

說大的，你可能就想不到，從法堂到我住的後院，這很現前吧！你一想，是一個？是二個？是三個？是四個？是五個？懂得這個意思，你把他放大，心所緣念的，心生滅屬於這一部分。心眞如呢？如果你坐這兒一念不生，萬法俱寂，這就是心眞的部分。我拿這個作比喻的，可不是眞的，我是形容著。

阿賴〔黎〕耶識的心，它是眞妄和合的，非一非異，爲什麼這樣講呢？和合不起來，眞的跟妄怎麼能合在一起，眞就是眞，妄就是妄，必須經常這樣觀。

例如說我們這個房子，有好多種因緣和合起來的，你說它屬於哪部分？和合而有，緣盡還散，好多種因緣和合的，它的總名字就叫法堂。你可以想它的總相，再想它的別相，這也只是形容詞。阿賴〔黎〕耶識的生滅與不生滅，心眞如跟心生滅，心生滅是依著心眞如，心眞如是依著生滅而顯現的，都是一心。

爲什麼生滅、眞如加個心呢？爲什麼加個心？說心是一個，眞如、生滅是兩個，這兩個都還都是一心。說一，和合了就成一個，不可以的；乃至說個眞如也是假名。說眞如，眞如不是眞如；說生滅，生滅也不是生滅；說和合就是不和合，不和合而是和合，這要觀的。在這上頭要多用功夫，不明白就要觀，這叫思惟修，這才叫眞正的修行。

「所謂不生不滅，與生滅和合，非一非異。名阿黎耶識。」以下就解釋生滅跟不生滅和合，又不是和合義。不是和合義，兩個又合在一起，不是和合義嗎？說和合就是兩個東西合在一起才叫合，它不是這樣子，不是有形有相的東西，不是水跟泥土，水跟土合起來叫泥巴；水也沒有，土也沒有了，叫泥巴。阿賴〔黎〕耶識跟水、土和合的不一樣，這就解釋它有什麼不一樣？

什麼叫阿賴〔黎〕耶識？阿賴〔黎〕耶識只是個假名，「名爲阿黎耶識」。生滅跟不生不滅合在一起，既不是一，也不是異，給它定個名字叫「阿黎耶識」。「阿黎耶識」翻「無沒識」，就是不失掉不喪失的意思，也叫藏識。那就是如來藏義，含藏的意思，能含藏的跟所含藏的，能含藏的是什麼呢？含藏著染淨二法。

就染法說，貪瞋癡愛、我執我見，所有佛教經書所說的名詞，它都含藏著有，它是執持一切染法的種子。我們的六根、六塵，都在阿賴〔黎〕耶識當中含藏著。我執我見，依著阿賴〔黎〕耶識而起的第七識執爲我。〈八識規矩頌〉：「浩浩三藏不可窮。」三藏就是能藏、所藏的，我法二執，所有含藏的這些東西，破了我法二執，才能把八識捨掉。因此阿賴〔黎〕耶識是種子義，它在不同的時間、不同的處所做種子的依止義，種子的異時異處成熟了，才叫阿賴〔黎〕耶識。

「此識有二種義，能攝一切法，生一切法。」以下又說，阿賴〔黎〕耶識有兩種涵義，能攝一切法，也能生一切法。先解釋生滅心，解釋一切法的生起，有因有緣，就是生滅的因緣。這個是標題有兩種義，「能攝一切法，生一切法。」

這兩種義是什麼呢？「一者覺義，二者不覺義。」一個覺義，一個不覺義，都是解釋阿賴〔黎〕耶識，也解釋這兩種義，怎麼樣攝一切法？怎麼樣生一切法？覺，說心體眞的部分，阿賴〔黎〕耶識眞的部分；不覺說阿賴〔黎〕耶識生滅的部分，一個一個解釋。

大家學教理的時候，一定要懂得，這不是淨土宗所說的念阿彌陀佛，也不是禪宗說的一切名相都不立，也不用解釋；「禪門一炷香，頓超直入，立證菩提。」或者「念佛是誰？」「父母未生之前誰是我？生我之後我又是誰？」參明白了，直指明心。在禪宗說直指明心叫成佛，在教理上講，絕對不承認這個問題。

以下看看馬鳴菩薩怎麼說的，馬鳴菩薩是八地菩薩，八地菩薩是不動地，不利益衆生，但是他造論的時候，就不是八地了，已經發心向上了。

中國的禪師密雲五祖，他也是八地菩薩，怎麼知道他是八地菩薩呢？他有一個弟子叫皓月。皓月修行的功夫，禪教雙通，法名叫皓月。有一天他的思想想不通，他認爲：「我師父密雲無能，爲什麼大家尊敬他，比尊敬我還尊敬的厲害？」有一天光明照月，經行的時候，就是散步的時候，他心裡煩悶，就對著月亮天空說：「皓月當空照」，月亮的光明在當空照著，四面八方都照著，「可恨密雲遮」，來一個黑雲彩就給遮住了，皓月就沒有了。他也是了不得的人，護法神就警告他說：「皓月！你師父已經是八地菩薩，示現人間。」他這才曉得。

八地菩薩發心利益眾生，若不是八地菩薩怎能了解這些事？這不是寫文章。我們看佛教論點，必須得自己有修證，你沒有修證、不理解，怎麼能說得出來？因此諸位法師在學法的時候，必須得修，哪管相似明白，還不說證得，只是明白，你相似明白都很不容易。

什麼叫相似明白？你給人家解釋清楚，別誤導人家走入歧途，這就是相似明白。引導別人的發起是正知正見，不要生邪覺觀。法師的涵義，以法爲師，法怎麼教授的，我就依教奉行。

我們就很簡單的說，作烙餅，蒸一鍋米飯啊！恐怕諸位道友都會。也不見得，你沒有經驗沒有做過，水添多了乾飯煮成稀飯了；火燒大了燒焦了，還能吃嗎？說法幫助別人，或者說法自依法自己修，也是這個涵義。如果自己沒有領悟，你胡說那不行的，誤入歧途。你不能夠深入契證，起碼你能夠引導人家無誤，無誤就別說錯了。

法師講經的時候，有這樣的兩句話，「依文解義」，依照語言文字解釋道理，「三世佛冤」，過去、未來、現在諸佛的冤家，依文解義是不行的。「離經一字」，如果你講經離開經的一個字，「即同魔說」。我頂好就不講了，離也不是，即也不是，怎麼樣才對？不即不離，不能離開經，也不能照本宣科，念一念，誰不會念，大家都可以念，認得字都可以念，還要解說幹什麼？所以你懂得這個義，懂得什麼叫覺義，覺的時候怎麼說都對，對機說法，不覺的時候，怎麼說都不是。

禪宗的一千五百公案，問他如何西來大意，舉個手指頭也可以，打你一香板也可以，踹你一腳都是的，都是西來大意。不懂得的，就把西來大意解釋了很多，還不是西來大意，它叫契機。懂得這個理，你就懂得覺義了；不懂得這個，不覺，就是迷的時候，不覺就是迷了。

當我們迷的時候，天、人、阿修羅、地獄、鬼、畜生都有的，這是眞實的。「迷時明明有六趣」，迷的時候，六趣、六道明明有，「覺後空空無大千」，等你明白了，大千世界都沒有，沒有這麼回事，這就是覺跟不覺義。

心裡無念，什麼叫覺？「心體離念」，叫離言眞如。什麼叫離言？什麼叫離念？「等虛空界」。若達到離言、離念了，你這心體徧滿虛空盡法界一切處，無所不徧。一切諸相就是一相，也就是如來的法身。爲什麼加個平等？跟衆生無二無別，平等，這個就叫本覺，依著法身來說叫本覺。什麼叫覺？離念、離相，無所不徧，無所不照，跟衆生平等具足，但是是覺悟了，本來具足的覺悟。

阿賴〔黎〕耶識有兩種義，先解釋它的第一種義。十法界依報正報，它的體就是眞如，本來是無念的，跟虛空一樣形相，豎窮三際，横徧十方，虛空就是這樣。虛空是形容的比喻的，別把心體當成虛空了。它的意思像虛空那樣徧，像虛空那樣平等，徧到有情上頭叫佛性，又叫法身，在依報上說就是法性，這就是本覺義。

本來就有的，說是你的心靈本來就具足，永遠不會變化的，但是它在染了隨緣了，隨緣就變化了。現在我們所有的，只是有情，哪管一個螞蟻、一個蟑螂、一個老鼠，不管你怎麼討厭牠，牠所具足的本性，有情的佛性，跟佛是無二無別。隨牠的業緣變化了，好像牠把本覺靈性失掉了；失不掉的，不會丟失的，也不會喪失的，這就是一相。因爲一相無所不相，就是隨緣義。

〈起信論〉說：「一法界大總相法門體」，這一總相法門體就是一個相，就是本覺。隨緣的時候無所不相，隨淨緣隨染緣，什麼緣都隨緣而已，只是隨緣，這叫本覺。也就是如來的法身，叫法身也可以，叫眞如也可以，叫法界也可以，叫妙明眞心也可以，各個經的名詞都不一樣，但是就是這一個。

何以故？本覺義者，對始覺義說；以始覺者，即同本覺。

何以故？爲什麼這樣來解釋本覺，因爲本覺是對著始覺來說的，始覺者即同本覺。我們現在信佛、出家、發菩提心，這叫始覺。爲什麼又加個本覺？本覺你不覺了，阿賴〔黎〕耶識生滅門中，一念不覺生三細，因此本覺是對著始覺而言，爲什麼要說個本覺，因爲有始覺故，始覺就是本覺，本覺迷失有了污染。

一面大鏡子，本來是照的，灰塵落久了照不見了，什麼也照不見了。但你把它開了，把它擦淨了，又恢復原來的，就是一個鏡子。後文把本覺形容爲一個大圓鏡智，乃至轉八識成智識，就把阿賴〔黎〕耶識轉成了大圓鏡智第八識，阿賴〔黎〕耶識含藏著；還有末那、眼耳鼻舌身意，前頭還有七個。

始覺義者，依本覺故而有不覺，依不覺故說有始覺。又以覺心源故，名究竟覺。不覺心源故，非究竟覺。

始覺義是怎麼產生的？因爲依著本覺才有不覺，依著不覺才有始覺。始覺義，說始覺的來源就是依著本覺；本覺也就是心眞如，心眞如隨順染緣起的叫無明；隨緣義，隨著染緣而起的。本覺即眞如，不覺就是無明，標的很清楚，把它分成兩個。一定要注意，這兩個不是有兩個象徵的，前頭開始一講就說了，非一非異，本覺跟不覺也是非一非異。

乃至於九相，始覺、相似覺，始覺進一步就相似覺，相似覺就分證覺，分證覺就達到究竟覺。依著不覺有始覺，依著始覺再進一步就是相似覺，相似覺再進入深入了，修的功力強了就叫分證覺，分證覺到究竟覺就成佛。依著本覺有無明了，淨法隨染緣，染法就生起了。本覺就是我們本來具足的妙明眞心，不覺就是無明。

一念不覺生三細，無明裡頭還分業相、轉相、現相。八地菩薩斷現相，九地菩薩斷轉相，十地菩薩斷業相。這個時候無明還在，無明分成三相，到最後頓斷無明的習氣，成佛了，成究竟覺。

前頭是從淨隨緣而成一切染法，現在是返染還淨而又生一切淨法。佛法所說的一切經典就包括這兩大類，一個染一個淨。有了不覺，本覺就隱了不現了，不是失掉，失不掉的不會遺失的，而是隱了。「隱顯同時俱成門」，這是《華嚴經》的意思，淨法隱了，就是本覺隱了，始覺顯現了，始覺是從不覺來的，本覺隱了不覺產生，本覺隨染的因緣成了不覺了。本覺隨淨的因緣成了始覺，但是本覺隱了。所以前頭開始就講，它是在眞妄的心中，眞隱妄現，妄現了又開始明白叫始覺，依著不覺而起的始覺。

始覺是什麼呢？因爲我們學法，聞到佛法了，相信、恭敬、敬禮三寶，敬禮三寶就開始始覺了。你一明白一學法了才知道，一個是迷一個是悟，迷了就叫不覺，悟到究竟就叫本覺了。但是這一迷了再悟，可經過好多過程，還要先從始覺以後漸漸達到。開始覺悟就是信佛法，有信心了。

信呢？不能停留，不進則退或者退到不覺，或者往前就進到相似覺。始覺還有個位置就是十信位，十信再進一步就是三賢位。信完了而後要求解，解要求明白，解完了再假修行，沒有行是不行的。行就是修行，就要去做，佛教我們怎麼樣做，你去做。

信、進、念、定、慧這五個，信完了還得精進，還得要去做。十信還得到住位，十信滿心，十信具足了，完了到初住。我們現在發的菩提心是假的，不是眞的！不是眞正菩提心。到了十住的初住位，再發菩提心，比十信位，比我們現在發的菩提心要強得多，力量大多了；他能示現成佛，能到別處示現成佛化眾生的，我們沒有這個本事。

十住的初住名字就叫發心住，這個時候發菩提心，再發菩提心。從初住到第十迴向，這三十個位置，十住、十行、十迴向。十迴向滿心了，到究竟證得了，分證覺時候的初覺，歡喜地菩薩，眞正證得本覺的一分。就這樣一分一分證，證到十地。

「始覺義者，依本覺故而有不覺，依不覺故說有始覺。」始覺從相似覺，分證覺達到究竟覺，能夠覺到心源。「又以覺心源故，名究竟覺。」但是還沒有證得心源，「不覺心源故，非究竟覺。」這種道理怎麼解釋呢？

此義云何？如凡夫人，覺知前念起惡故，能止後念令其不起；雖復名覺，即是不覺義。

「此義云何？」又重說這段文的意思。從凡夫地開始，生了信心，生了信心有什麼現相？「覺知前念起惡故，能止後念令其不起，」這是覺心，一起惡念不相續，我們之所以沒入信位就是根據這個。

我經常跟道友談論說，還沒入信位，爲什麼？因爲不能夠覺知前念起惡，後念止其不起。我們想一件事，跟著就想下去了；乃至這一心，過去心都過去了沒有了，他還在回憶。我跟很多道友談過，男衆、女衆交過朋友沒有？交過。現在還留戀沒有？偶爾還想；這就是覺知前念起惡，不能止其後念。明明知道是不對，我們現在誰都知道，貪瞋癡是不對，看見一件好東西想自己得到，別人罵自己兩句或者批評兩句，記在心裡頭放不下，這屬於貪的。一天沒有覺悟的意思，迷迷糊糊的，這叫不覺。

雖然信佛也出家了，常時不覺，不覺的念頭非常的多。如果覺知前念起惡，能止其後念不起者，就是惡不做了，諸惡不作衆善奉行，怎麼能辦得到？就是你要覺知前念起惡，能止其後念不起；覺知前念起善相續不斷，諸惡莫作衆善奉行，才算有信心的，這才眞正是佛子。

特別是邪知邪見。對自己知見明明不對，還堅持我就是對，我的都是對的，人家都是不對的。特別是生死煩惱，男女關係，雖然身出家了，心裡頭還在緣念兩性關係，所以六道輪迴你脫不出去。若想脫六道輪迴要斷這欲念，佛說的像四十里的急流水能夠止住它不流，有這個本事嗎？那要好大力量？能斷染根，你將近證初果，斷粗煩惱。

大家都不願意曝露醜惡的一面。什麼叫懺悔？要向人家說，向彼悔；比丘戒沒有，比丘戒得必須成事實，造了業了，業成事實，業成了；菩薩不行，你發大心的一起動念，覺知前念起惡已經犯了，要懺悔，你才能止其後念不起，不然後念要相續，這叫覺了。

但是這個覺立不住腳的，還是不覺義。覺知前念起惡，止其後念不起者，好像是明白，還是沒明白，就是這個意思。爲什麼？不能斷。往往一個問題已經止住了，覺知前念起惡，後念不起了，隔一下它又起了，起了你又止吧！生死根本哪！貪瞋癡三根本，能把這個治住，煖、頂、忍、世第一這四個，四加行的功夫，漸漸的可能證到初果。初發心的菩薩跟初果的聖人相等，他們所修的法跟斷煩惱是一樣的。十信位還屬於三界，還在三界，不能見性。

現在〈大乘起信論〉講到覺，覺就是覺悟的覺。覺又分成始覺，又叫本覺，又叫不覺；因爲本覺才有不覺，因爲不覺才有始覺。

第一個能夠究竟明白達到究竟成就了，就是究竟了知本性，證得本性，那就是究竟明白了，沒達到的都叫不覺。十地菩薩，從凡夫到十地，從十地到凡夫，全在不覺當中，沒有達到究竟覺就叫不覺。爲什麼要這樣講呢？以下解釋原因。

「如凡夫人，覺知前念起惡故，能止後念令其不起；」能止其後念不起者就叫覺，但是這個覺還沒能夠感覺他的惑，起惑時候那個覺還達不到。即使在業上，覺知善業惡業，止惡向善，這樣的覺還不能算是覺。

現在大家所處的地位都在凡夫位，況且我們連這種的覺照覺悟，都還達不到。我們能夠覺知前念起惡，止其後念不起嗎？我們是覺知不對還要相續，相續之中就造惡。

生、住、異、滅四相。我們現在先講滅，後講異，後講住，這叫還滅。生起是生、住、異、滅。還滅就是滅、異、住、生。滅相就是什麼呢？能夠覺知前念起惡，令其後念不起者，這不是人人都能做到的，做到了你只能入信位，只能算是信，這個信還沒入位，到住、行、迴向這三十位才能夠相似，現在我們還沒有入位，這個覺還是個不覺。凡夫人覺知前念起惡，能止後念令其不起；令其不起就是惡不相續。覺知念頭不對了，覺知念異；念異，不向道了，不向菩提心，它馬上就止住。

現在我們不是這樣子，覺知前念起惡，還不能覺悟，還要相續，繼續造。起惡這個起是惑，我們只能讓它不造業，不落果報不造業，能達到這種的功力已經不容易了。

我們現在信位還不具足，還沒有相信自己的本覺義，還沒有相信自己的本心，連這個信還沒有，就連這一步功夫，我們還得好好去做。如果你能鍛鍊覺知前念起惡，止其後念不起，這算入信位。六即佛中，叫名字即佛，所以叫不覺。以下更進一步解釋。

如二乘觀智，初發意菩薩等，覺於念異，念無異相；以捨麤分別執著相故，名相似覺。

前頭叫不覺，這個叫相似覺。前頭叫滅相，滅什麼呢？滅它的念頭，不讓它相續。

生、住、異、滅，還滅就先講滅相，後講異相，再講住相、生相。生起是從一念不覺之後生三細相，那叫生。生起的時候是生、住、異、滅，還滅的時候則是滅、異、住、生。先講滅，滅什麼呢？滅業。覺知這個念頭不對了，就起惑了，起惑了不去造，馬上就止住；止其後念不起者，不造業了。不造業只是還舊債，消滅過去無量劫的業，不造新業了。我們在學習、修行當中，常時有這麼兩句話，就是懺悔過去的業，再不造新的業。

但是進一步這個異，異是變異，異是不同的意思。現在我執我見非常的重，因爲我執故，你起貪瞋癡這些惑，貪瞋癡惑，不是業，因爲貪瞋癡的惑，你就造殺、盜、淫、妄這些業；如果沒有這個惑，這個業是不造的，種種的變異相就沒有了。

初發菩提心的菩薩，雖然沒入位，他覺得念頭不對了，覺知念異。念本身沒有異，你若起了異念，異念就是不同，你把念頭岔了；念佛、念法、念僧那個念頭變了。在你沒念佛、念法、念僧的時候，念就異了。念的本身就沒有什麼異，覺知起心，念頭不對，念沒有異相。

能觀的觀於所觀的，能觀的是智，所觀的是生滅法，「念無異相」就是沒有我執這個意思。他執著一切的世間相，就像我們執著我們的身體，身體不是我執著我。

我們經常講「我的」，就對我們的身體，分別說我的眼睛、我的耳朵、我的鼻子、我的嘴巴，乃至我的身體，「我的」不是「我」，是「我的」。現在我們把「我的」都當成「我」，執著我。

初發意跟二乘觀智，他覺知這個不對的，這是屬於執著。他能夠把粗分別執著相止住，這叫人我執。因爲有我執才起貪瞋癡等惑，惑就是迷，迷就是念，念就是念頭岔了，現在覺悟了。

因爲貪瞋癡造了殺盜淫妄，這是總說，這裡頭分別相可多。我們都是學戒律，在你學比丘尼戒律的時候，在殺盜淫妄裡頭變化很多，什麼是重業？什麼是輕業？怎麼樣懺悔？這些都叫異，異就是不同。

能觀之智，觀你所起的這些妄執，這叫異。以能觀的智慧，這個智慧就是二乘的觀智跟初發意的菩薩，這個初發意的菩薩是入了住位的初發意，不是前頭講的那個，前頭那是信位，這已經進入住位。以能觀之智，觀所觀這個異相的人，在教義上來判，這是二乘的聲聞緣覺，大乘三賢位的菩薩，十住、十行、十迴向。

大乘的初發意菩薩，是指三賢位的菩薩，跟二乘人聲聞緣覺一樣，他們所能夠得到的智慧，「觀智」；觀於惑業苦辨別它，這是觀智得到的好處。破了我執的，惑業苦就沒有了。因爲我執破不了，你在受惑業苦，起惑、造業、受報；苦就是報，苦報。

什麼人能起這種觀行呢？二乘的聲聞、緣覺、三賢位的菩薩。能觀的人，觀什麼呢？觀這個執著，「人我執」；就是我剛才說的，我的眼睛、我的耳朵、我的鼻子，乃至我的身體，你以智慧觀照，這不是我，它屬於生滅法。我執就是執著它爲我，其實它不是我，就是這麼個意思。

起惑、造業、受苦，這叫異相。滅是最根本的，到了異相已進步了，進步到什麼程度？進步到無我，這個無我是指著人無我。他的觀力、他的智慧，能夠觀到念無異相，只能達到這麼一個境界相。若細講就是我們的色、受、想、行、識，也就是色心二法；我們講觀五蘊皆空，就是心法、色法。

一切衆生不是二乘的觀智，他把五蘊的身心執著爲我，所以叫人我執。二乘的聲聞緣覺，跟初發意諸行相的菩薩，他們能斷執著，能斷異相。菩薩是修二空觀的，雖然他修二空觀，但是法執還沒有破。二乘人他認爲破了人我執，他成就了，法執的他還像我們對人我執沒破的一樣，他還不理解。

證得聲聞緣覺，跟初發意的菩薩入了住位。初住位是發心住，這時候他發菩提心，沒有人我執見，但是法執還存在著，他又發心。菩薩他修的二空觀，聲聞緣覺只是我空觀。這個菩薩他的法執沒有破，所以並列於聲聞緣覺之類，他沒有見到法身，但是明了能觀之智、所觀之理，這個理只能達到人我執的理，這是講異相。

前頭初發心的菩薩，覺知前念起惡，止其後念不起者，那是滅相，這個是異相。第一個是滅相，第二個，二乘聲聞緣覺跟初發意的菩薩是異相，如果見了法身那就不同，他滅的是住相，生住異滅四相。

如果你沒有學佛，沒有歸依三寶，沒有入佛門，根本不知道，他能覺知前念起惡，止其後念不起嗎？就像我們這些已經入了佛門的道友們，我們是初發心的、初發意的，但是我們現在連第一步都沒有做到，所以滅不了。

沒有做到的意思，就是你前念起惡，後念還要相續，念念相續惡，念念貪瞋癡，當你覺知，能夠認得心裡念頭不對了！能止住，止住不造業了，不造業就不受果報，我們現在連第一步還沒有做到。這部論就叫〈起信論〉，讓你信而已，不是說你成就了這個滅相跟異相。

如法身菩薩等；覺於念住，念無住相。以離分別麤念相故，名隨分覺。

第一個是不覺，第二個是二乘人跟三賢位的菩薩，叫相似覺，這個見了法身理體就不同了，他是一分一分覺悟，叫隨分覺。

相似覺呢？就像二乘人跟三賢位的菩薩相似懂得，還沒有眞正的證得，所以初發意的時候叫「名字即佛」，二乘人跟初發意的菩薩叫「相似即佛」。法身的菩薩叫隨分覺，隨分覺是一分一分，破一分無明證一分法身。破住相；破住相是從初地菩薩到九地菩薩，都是破住相。

哪些人能破住相？就是法身的菩薩，從初地的菩薩到九地的菩薩，從初地證得眞如法，但是不是一分一分證得。初地不知二地事，上一位的他就不知道，證一分法身，破一分無明，這個時候他的身是眞如身，不是執著色身。我們衆生念念執著這個色身，法身可就迷了，色身是衆苦之本，所以受苦。法身就是捨了假的色身，證得了眞的法身，他是以眞如這個心爲心，這時候他明白了無始來本來的本體，一直從二地到九地菩薩，一地一地的證。

在人我執的時候，他也是堅固不動的，法執的菩薩也是堅固不動的，這是在沒有登地沒有破一分無明之前。法者就是五蘊色心之法，他不執著五蘊色身的色心爲我；而色心的一切諸法是有的，執著這個法。

六凡四聖、十法界，依正二法、世出世間法，他不能了解是幻有的，他執爲實有，不能圓融，所以就叫法執；圓融的就沒有了，法執就沒有了。

登了地的菩薩得知法空的理，但是他未徹底，一分一分的知道，他是漸破的不是頓斷的。從初地到九地中間還是有分別的，從初地到七地，他是破色法的執著，能破色法的執著，一地一地破，八地到九地這兩地的菩薩，破心法的執著。這兩個是有分別，色心二法有分別。

我們講九相，智相、相續相。初地菩薩只能破相續相，還達不到智相，一直到七地的菩薩才能破智相。智相、相續相、執取相、計名字相；執取相、計名字相是二乘菩薩跟初發心菩薩破的。

在教義上講破惑證眞，他一分一分的證到什麼位置說什麼。教理上講，如果像禪宗頓超直入的，他是頓斷的，在頓教教義上我們這樣講，這個是次第的講。一切諸法也是依著境界而有的，能夠把色法的執著破了，才能夠知道這些境界相是以萬法唯心，才知道是唯心的。

這個唯心對不對？乃至到九地菩薩，他知道這個轉相也是唯心的，因爲生相還沒有破，無明還沒有破，也就是明心不徹底。這個時候他執著智，智慧這個智，智慧唯我也叫法我執。

法身大士就是說法身菩薩，他覺於念住，念無住相。《金剛經》上，須菩提向佛請求：「云何應住，云何降伏其心？」心無住相，他那個請求就是破這個執著。念沒有住相，這個時候他的分別粗念相破除了，但是不是一下頓除的，而是一分一分破的，所以叫隨分覺。

如菩薩地盡，滿足方便，一念相應。覺心初起，心無初相。以遠離微細念故，得見心性，心即常住，名究竟覺。

在生起的時候，一念不覺生三細，這叫生相。等滅的時候，可要從滅相滅起，完了滅到異相，滅到異相完了滅到住相，才能夠達到生相；這個能觀的人，不是一般的，是十地菩薩、等覺菩薩才能觀的。

能觀的人觀所觀之理，別相、通相，這個時候他就觀本覺的智；通是通達的通，不是相同的同。通相來說，通則皆是觀本覺智，本覺的道理。本覺本來沒有四相的，沒有生住異滅，菩薩觀到本覺了，本覺沒有生相，這就十地滿了，就是菩薩地盡。菩薩行菩薩道的時候有很多方便，如果學《華嚴經》的，從智慧門裡頭開，方就是方便，願就是願力，慧方願力智，那個智跟這個智不同的，這個是究竟智，那個是方便善巧。

滿足了方便就是法，法的用就叫方便，大菩薩的方便善巧智慧，他就用於利益眾生的時候，隨緣示現隨緣度，他能觀到你的因緣是什麼因緣？說什麼法，能使你心開意解？沒有這個方便善巧，就沒有這種作用。沒有這種作用，你要利益別人，乃至於自己解脫，那就很不容易了。沒有方便善巧，度人度己會障礙重重，不知如何是好，有了方便善巧，那就是大用。

到最後的心，究竟覺，「得見心性，心即常住，名究竟覺」，最後的這個心叫金剛智。用金剛智破你的業、轉、現的業相，九相之中破業相，這個業相是什麼呢？我們就說是生起那一念的無明，到這個地位了他才知道怎麼迷的。

我們歸依三寶，信佛法開始覺悟，所以叫始覺。等到破無明了，他知道跟最初發心那個心相合一了；最初發心那個智跟最後這個理，理智合一了。所以在《華嚴經》善財童子五十三參的時候，最初在福城東，遇到文殊師利菩薩生起信心；乃至他五十三參圓滿了，到大寶樓閣參了彌勒菩薩，已證得了本覺智又回觀他最初一念的始覺智，再參文殊師利菩薩，使初念跟究竟覺兩個合一。究竟覺的心，跟最初那一念，念的信心，如是二心初心難！信心很不容易。

我們都是入了佛門，都是佛弟子，乃至落髮，受比丘、比丘尼戒了，算不算悟呢？就是連這樣的因緣都很不容易了，必須多生累劫才遇到這麼一個因緣。如果你遇到這麼一個因緣了，你不知去利用它，所謂利用者就像我們平常說話做事一樣，利用這個機緣。因緣成熟了，你能夠落髮出家，能夠修習佛法，能夠學習覺法，我們都講覺，佛就是覺，學習覺的方法。

用什麼方法使我徹底覺悟？〈起信論〉上講用這個方法就能徹底覺悟。到了這個時候六度萬行都圓滿，方便滿足成就了，最後這一念恢復了本來的本覺，你覺悟那個心剛一起來，作為你所觀的。因為你不覺的時候心動，動就是不覺，不覺就叫生相，生相一動，動就起業，業是作用義，有了作用了。

這個道理我們用很淺顯的來說明，如果大家在這兒靜坐，也不念佛、也不念法、不念僧、不念世間，一切無念，這個是什麼境界？禪堂的師父，他坐那裡，他降伏讓它一念不起，一念不生是什麼境界相？沒有境界，一念不起。念一起了，動；動了就坐不住了。如果我們在打坐的時候靜，人家叫你也好，或是幹什麼，你的心一動，有事了，有事就得起來，就坐不住了，這叫動。不動呢？什麼事也沒有，清淨了。

我們用淺顯的笨方法，再跟佛的方法結合；就是用我們現前的知見，現前的這個觀，這個知見這個慧。如果我們念佛，念、念、念到無念了，無念了就清淨了。

我們是假能念之心，觀所念佛的那個境，心跟境合一了，我們有相似處，這叫相似處，你自己感覺非常清淨，一念不生；但是我們沒有成，外頭境緣一來一動，完全又沒有了。我們不能定下來，不能常照，失掉照了就是失掉覺，失掉覺就黑暗了，因爲常照的常是光明的，不覺了就失掉。

如果這一念相應跟覺心初起了，兩個完全不一樣，一念相應就不生了，無生了，無生無念，就是不住色生心，不住色身香味觸法生心，一切六塵境界都寂靜的時候，這是粗相，不是細相。

現在講業相的生相，因爲我們依著不覺心，依著不覺動了念頭，就是動了念頭。動了念頭就有生了，一動念頭就有生了，一生了就複雜了。當你靜坐的時候，一起念頭就修行不下去，能夠返本還源了，再讓它一念不起；一念不起並不是睡覺，那個是糊塗了，不是一念不起，不要搞錯了。

我們舉例子說，釋迦牟尼佛說法四十九年，有的說是五十年，他沒有動，沒有起念，沒有一個利益眾生的念頭，如果他有利益眾生的念頭不是佛了，但是他隨眾生的緣利益眾生。我們所知道的文殊、普賢、觀音、彌勒、地藏都如是。到了那個位置的菩薩，是等覺以上的菩薩，乃至倒駕慈航的那些菩薩，他們就是如是；終日度眾生，不見眾生相，也沒有一個能度的，也沒有所度的眾生，得這樣理解。

十地滿心、到了等覺菩薩，那時候他的心跟本來的覺相應，合爲一體。覺心起的時候，心沒有個起相，沒有生住異滅相。供養一千佛不如供養一個無心道人，那個無心可不是分別心，要理解這個道理。

我們經常念兩句話：「寧動千江水，勿動道人心。」好像這兩句話很正確似的，我想動千江水，道人心能動嗎？能動者就不是道人。道人他的心，你動不了的，就是萬江水也動不了他，你怎麼會動到他的心？我們這個本覺心能動嗎？動就不是本覺了，動是妄；這是讓你不干涉修道的人，是這麼個涵義而已。其實一念間就是錯覺，錯覺而後就相續的不覺、不覺、不覺，一直到生老病死，執著上了。

有這麼個故事我們可以做參考，有兩個老修行，在山裡頭修行，一修，修了十年，他動心了，要走。那個道友功夫比他深點的勸他不走，兩個人又繼續修，又修了十年，什麼都沒有得到。這時他決定要走了，他說：「不要在這兒盲修瞎煉，參學參學去吧！」再去找明眼人參學，所謂明眼人者就是過來人，也就是已經證得的人。他不聽同修的勸導，就下山了；他從終南山住走到潼關，到潼關的一個小店裡住。

從山上下來當然走的很疲勞，他一打坐就入定了，功夫還是有的。在那兒住一天，住兩天，店老闆看這個和尚怎麼不動了啊？他拿手試驗試驗，一看鼻子沒氣了。這老闆不懂，入定的人氣息很微細，你感覺不到他有氣息的，就把他燒了，埋了。這下子他回來找不到他的身體，直嚷嚷說：「我到哪裡去了？我在哪裡啊？」就喊著找我。這個店裡就鬧鬼了，以現在的話說就是鬧鬼了，一鬧鬼這個店還有人敢住嗎？不敢住。

鬧久了，他山上的道友就知道他遇難了，於是就順著他走的那個路，找到這個地點，就知道這件事情。他跟店老闆商量，他問：「你這裡是不是生意不大好？」他說：「是呀！自從那一個老和尚，我把他燒了之後，他就天天鬧，他要找我在哪兒？我在哪兒？」他說：「我幫你把他收了好不好？」店老闆當然感謝他了，他又說：「但是得有條件。」「什麼條件呢？」「你給我預備一堆木材，另外給我一個大缸，缸裡裝滿了水，到晚上你把火材給我點著，你就不要管了！」

到了夜間，他那個同參又來了，隔世則迷了。又嚷嚷說：「我在哪裡？我在哪裡？」他這同參說：「你在火堆裡，大火堆裡。」他到火裡找：「沒有啊！」同參又說：「沒有，到缸裡去找。」他就到水缸裡去找。「還是沒有呀！」他就跟他的同修說：「你入火不焚！到火裡不能把你燒了；入水裡不淹，到水裡把你淹不到。你要我作什麼？」這下他開悟了，明白了。明白了他再不鬧了，要肉體幹什麼？是生滅相！法體不是更好！這下開悟了。這悟究竟不究竟？我把它定成相似覺，這種覺悟不究竟。

好多的禪宗修道者，按教理來給它判斷，禪宗定名是選佛場，開了悟了就成佛了。我們如果拿教理講這個悟，只是進入空理而已；進入空理了成了二乘人菩薩，二乘跟初發意菩薩也證得空理，他只能空人我，他認得肉體是假的，但是識就不同了。

像我們前面講的聲聞、緣覺跟大乘三賢位的菩薩，他們那個觀的智慧，觀智相同，大小乘都一樣的，觀智相同。所觀的境界相，他是以人我執來修的，只能把異相斷了，沒有成就。

不學教義的，認爲這已經成就了。佛在世的時候那些阿羅漢，自己認爲跟佛平等，他那個平等就是佛也是個大阿羅漢，他們也認爲佛是個大阿羅漢。上頭的，上位的事他就不曉得，他把人我執、惑業苦都斷了；他不起惑，不起我執的惑；他不造業是殺、盜、淫、人世間上一切衆生的六道輪迴所造的業，那個業他不造，但是本身業還沒有盡呢。

法執，他還沒有斷，在人我執起惑、受苦的這些異相他能斷。法身就不同了，法身大士；他是念住，云何應住？云何降伏其心？怎麼樣讓我們這個心！不住在色聲香味觸法上，色聲香味觸的法，不是說那個相。到法身大士他念住，念根本就沒有什麼住和不住，念沒有個住相可得，他離了他那個心的初念相，破了法執。破法執的關係，隨一分、一分、一分的覺，叫隨分覺。

到菩薩究竟，到佛果成就了，他究竟覺悟了。究竟覺悟的時候，他如果心起念，心一起念是什麼樣子？誰能夠把起念那個念頭樣子學出來？學不出來。覺心起，心沒有個起相，他把微細的念降伏了，微細念現在我們還見不到，我們連粗念都沒伏，怎麼能知道微細念呢？

例如說我們沒有學佛信佛的時候，能知道我是起惑了，我是造業了，能把造業事造嗎？想發財，業造大一點兒，業越大越好，他知道這個是錯誤嗎？沒有！他學了才知道這是錯誤，不學他怎麼知道呢？所以我們在這個法上，當你沒入大乘沒登地以前，他認爲佛所說的法是存在的。是啊！生住異滅的相沒有了，生住異滅的法有，這種觀念才叫法執。

生死、涅槃，一切生住異滅的，一切世間的法都是虛幻不實的。所以《金剛經》說：「一切有爲法，如夢幻泡影，如露亦如電，應作如是觀。」你把虛假的當成實有的，圓融不了，這叫法執；一切沒有實有的，一切法都沒有實有的。

登地的菩薩見到一分法身的時候，他就覺得一切法也空的，悟得法空；他悟得不徹底，一分一分的達到徹底，從二地到九地漸漸的破，破什麼呢？破色心諸法。初地菩薩到七地菩薩，他只能破到色法的執著，心裡還有心法，必須得八地、九地，他才能破心法的執著，必須到菩薩地盡，方便滿足，一念相應。

那一念相應，等覺菩薩趣入妙覺菩薩，心沒有個初相，這時候才見到原來的本覺。說心也好、說性也好、說心性也好；沒有念、沒有住，無住者住，這叫常住；有住的住，不是住，是幻滅。在〈大智度論〉上說這個叫等覺的後心，等覺後心叫什麼呢？叫慧。這個慧跟平常所說的慧不同，把他比喻金剛慧、金剛定，入了金剛定、入了金剛慧，定慧是均等的。

以這個智慧破最初開始一念不覺生三細那個業相；也就是我們經常說破生住異滅生

相的無明。一念是什麼呢？就是前頭「覺知前念起惡故，能止後念令其不起」，那個一念的始覺智慧，始覺智慧到最後破了業相，跟原具本覺的理，理事相應。理即是事，事即是理，這個境界得入普賢行願，事事無礙，所以叫一念相應。

這得經過四十個層次，從最初發心住，登了初住發心住，初住的發心起，觀那個初住的發心菩薩，才能夠觀眞如理。我們都是說的，我們的觀是觀不到的。

發心住的菩薩有什麼本事？能夠化現在一百個世界裡成佛。一個發心住的菩薩就有這麼大神通，但是這個才相似，還沒有證得，相似明白，還沒有眞正的明白。換句話說，到理事相應的時候，智跟理相結合了，從他最初的發心，一直觀、觀、觀，進入眞如的理，到了十地，地盡的時候，入了等覺菩薩，等覺菩薩以金剛智來破除最後一念無明，最後那一念。

以一念相應之覺悟的心，觀所觀的相，這個相是什麼相呢？就是業轉現的生相，就是生住異滅的生相。所以〈起信論〉說：「依不覺故心動。」心動不覺就是生相，動了就是業，業相。覺就是覺悟，能覺就是開始能覺悟，這一念的始覺，所覺的就是業相的生相。「依不覺故心動」，不覺就是生相，動就是起業了，覺是覺悟，用覺悟的一念始覺智，所覺就是生相，就是觀本覺的理。

從覺心初起的始覺，到最後觀的本覺，初的覺相也好，中的覺相也好，本來沒有，就是心念所起的。心也沒有初相，也沒有本覺相，是在教義上來定這個名字，這個名字都是假名，沒有實在的。不這麼標一下，你怎麼修呢？好比無明、妄動、不覺，有個妄動的相沒有？沒有！現在成就究竟覺了，有個究竟覺相沒有呢？沒有。

這個是很微細的，我們沒有到這個位置也理解不到，只是在文字上說，文字不是實在的；但有言說都無實義，說出話來就不是的，但是他給你指，沒有這個你怎麼進入？這種道理唯觀能入，必須得用你的智慧觀察。

從修的次第，你應當懂得，但是我們現在修的時候，若依著文字，很難進入。你可以一天這樣觀想，想什麼呢？想我一天所經歷的，我的眼耳鼻舌身意是虛妄的，乃至我們這個妄心，這個心也是虛妄的。這個虛妄裡頭涵著有眞義，這虛妄哪來的呢？是從眞裡起的，妄從眞起的，返妄歸眞。

在返妄歸眞這個過程當中，從你最淺近的生活入手，你吃飯、穿衣、涕吐便溺，你從這裡頭去觀察、去認識。你如果沒法觀察的時候，不懂得這個方法，你多讀讀〈淨行品〉（修行的法門就叫行）。

就從你日常生活當中作起，這一天所經歷的過程，聽課也好、吃飯穿衣也好，做些雜務的事情或是大寮工作，可能在大寮工作的小師父們心裡頭有「唉呀！人家還能聽聽，我連聽都不能聽，一天就是燒火、作飯，怎麼能成佛呢？」如果你有這樣思想就成不了。

如果你把思想換一下子，我這是作佛事，作覺悟的事情。燒火怎麼覺悟？燒火，沒有燒火，你心裡另作一個觀想，你把火當成智慧，什麼一切火都化了，用你的智慧火化你的煩惱燚，用你的智慧火把你的煩惱燚化掉了，高高興興的工作，燒火作飯，把這個功德迴向，跟他們在課堂聽經的是一樣的，跟參禪打坐的是一樣的。如果你不這樣想，那就變成煩惱，一年燒火、兩年燒火、三年燒火，燒了五、六年了，還進不了班，還讓我燒火；若這樣想就煩惱了，那就是煩惱的燄，不是火燄。你想：「唉呀！這個時候作起來多好！我也修行了，他們吃我燒火作的飯，我就有一分，誰修行都有我一份。」這是功德了。

特別是在常住當執事的，他的修行非得照經上講的，打坐、參禪、念佛、打佛七，一天念上十幾個小時，這才叫修行。我頭幾天是打七了，現在我來講〈大乘起信論〉算不算修行？這是造業嗎？是在造業，但是這業不同，是善業，不是惡業。

業有兩種，有善、有惡。這個意思就是要你「善用其心」。我們講不覺，又始覺了，是心的觀念。現在社會上叫認識論，看對這事情怎麼認識的。佛經班的有初級班、高級班，人家上了都有智慧，要起觀照了，我還在這裡燒火、燒火有什麼觀照？燒了一年了還這兒燒，從十幾歲燒到現在燒到二十多歲，還在燒火。

佛法就是思惟，思惟就是觀照，觀照就是智慧，觀就是智慧。一切諸法不論你修哪一個法門？都是世間相。你認識這是世間相，我不做別人也得做啊！如果現在我們這好幾百人沒人作飯，大家都餓肚子，那還行嗎？必須得有發心的。

所謂發心者，發什麼心？利益眾生。利益眾生者就是菩薩。初地、二地、三地、四地、五地到十地，怎麼斷無明，他得發心利益眾生，「佛法在世間，不離世間覺」，你把世間的覺悟覺到了就是佛法。你聽佛經或者聽什麼論，到了最深處不能進入，怎麼辦？回到最淺處的地方，從最淺處開始。那個我不懂，你找你懂的看，你不要執著它，吃飯並沒有吃飯，燒火也沒有燒火，這種意念能有嗎？

修行就在你的日常生活中，「善用其心」。這是文殊師利菩薩說的，不是我說的。在《華嚴經》的〈淨行品〉，文殊師利菩薩答覆智首菩薩的問題。像我們提出的這些問題，智首菩薩都問到了，我們這裡頭好多道友們是讀《華嚴經》的，一天一卷，讀了這麼多年，有什麼領悟？能跟〈大乘起信論〉結合到一起嗎？能不能結合在一起。在日常生活當中，從早到晚，上殿、過堂，乃至聽課，你知道這都在法界之內，都在「善用其心」，你用沒用？到廁所，屙屎、撒尿，都是在行普賢行。

這個普賢行怎麼行？到廁所去棄貪瞋癡的，把貪瞋癡變成戒定慧，知道嗎？你把〈淨行品〉一百四十一願，念念都做到，你成了！事實上悟不到，悟不到你可以觀想，每回上廁所，把貪瞋癡都丟到這裡頭，常時這樣想貪瞋癡漸漸就丟了。

若從文字上、從教理上，這一步一步你感覺到困難，可以從生活上，吃飯、穿衣、睡覺作起。人家睡覺在做夢，你睡覺在修行，這兩個相差多遠。睡覺還修行，睡覺就是修行，看你怎麼做；臨睡眠的時候，你的心裡是怎麼想的？當你恢復知覺，又怎麼觀的？如果你在睡覺的時候，在作夢當中：「我這是在作夢，我認識你，這是在作夢。」你就是在生活當中；我認識你，這一天我都在作夢，管他作夢！好的、壞的沒有關係；我是作夢！燒火、聽課一樣的，平等平等，懂得這個道理就行了。

書本、經典是給我們啓發的，我們根據它這個道理，幫我們運用到日常生活當中去，這才是眞實的。別認爲我才坐兩個鐘頭，像我們打七天佛七，一天念了十三、四個小時，就說這是修行，那我們不打了，不打了就不修行了嗎？一樣的。

那個是把你的心鍛鍊一下，把這個心用到日常生活當中去，這樣子你能得到實際的生活。不然你聽課，聽了老半天，說些什麼呢？什麼始覺、不覺？弄得你糊里糊塗的，一會兒始覺，一會兒不覺，一會兒分證覺、隨分覺，覺就覺了！不覺就不覺了！這是講次第的，讓你來判斷你的功力到達什麼地方。

在日常生活當中，你可以跟所學的結合起來，就叫自己認識自己，很難哪！恐怕我這麼說誰都不接受，唉呀！老和尚你胡說八道，誰還不認識自己啊！我說一個認識自己的都沒有！我是說認識自己的本覺，不是認識自己的那個迷，那個糊里糊塗！那就不認識。聽課要會聽！聽課得會學！你不會聽課；會聽課的跟自己生活結合起來，這叫會聽課的，把我聽來的拿來用。用什麼呢？用在你的生活。你不用到生活當中去，學來幹什麼？特別是我們講的究竟覺，入了菩薩地，法身覺，連邊也摸不到。法我執，法執，這連人我執的邊都還沒有沾到！一天就「我呀」、「我呀」，「我的」、「我的」，你的煩惱就是從這裡生起來的。

你觀一觀！有沒有很煩惱？你找找，爲什麼很煩惱？煩惱從什麼地方起的？煩惱又沒有了，沒有了到什麼地方去了，一會兒又來了，又從什麼地方來了。我們一天就是煩煩惱惱，煩煩惱惱，是不是這樣子？我說的對不對嗎？你們做參考就是，一定要跟你日常生活相結合。起心動念，你做一件事，不是給我自己做，都是給別人做。

一切事不會無因的，都有因；有因必須得有緣，緣才能幫助它成熟。有因無緣的不可能，有緣無因的也不可能，因緣和合諸法生起。我這兩天常常想到眞歇了禪師的話：「講古道今實可傷，終朝身臥涅槃堂，門無過客窗無紙，爐有寒灰蓆有霜，病後始知身是苦，健時多爲他人忙。」

這句話對我非常受用，當身體強壯了不去修行，不去了生死，不去斷煩惱。這兒講講、那兒講講，這兒做點、那兒做點，老和尚到我們那兒去一下跟我們講講開示開示，不知天高地厚就跑去了，給人講去了！對我自己呢？當自己生病了，當自己的煩惱來了，沒辦法了，好像盡給別人忙了，沒有想到自己該修行了！想到了，現在已經不行了，健時多爲他人忙，現在不健了，老了，應該放下了，照顧照顧自己。他是後來才照顧自己的，這兩句話就是功夫。「老僧自有安心法，八苦交煎總不妨。」所以叫眞歇了，眞正歇下來了，眞正了。希望大家眞歇了，這個「了」，我們把它解釋了生死、斷煩惱、證得涅槃。

法身菩薩就是登了地，登地的菩薩能夠觀察到心無住相，住就是觀照的時候住於法執。我們讀《金剛經》的時候，《金剛經》教授我們應無所住，這樣來生起我們的觀念，生心就是生起心的觀念，涵義是說你在六塵境界相不要執著，色聲香味觸法，這個比那個深入了。地上的菩薩法執很堅固的，沒有登地之前，在三賢位、在聲聞緣覺的二乘地，對於法的執著是牢不可破的。登了地的菩薩就是現在我們所要講的，他破除法執，所以他能覺察到念住，念住就是心對於五蘊的色心二法。

色心二法。我們開闊來說，心法就是受想行識，色就是一切境界，對於五蘊的色和心，雖然是他不執著爲我，他認爲色心諸法決定有的。《金剛經》上說：「知我說法，如筏論者，法尙應捨，何況非法。」法尙應捨的時候，三賢位的菩薩、二乘的聖人，他是放不下的，這個是執著的。登了地了，認識到世出世間法幻有的，幻有的就不是實有的；若這個能夠不執著，能夠放下，那就叫圓融。

現在我們距離這一道關還早，還沒有達到。因為我們對於人我還沒有放下，但是我們能夠理解到，依照佛的教導或是大乘的經典我們能知道，但是我們沒有證得，知道了沒有受用，沒有受用照樣的執著。

舉個例子說，我看我們普壽寺持銀錢戒的，第一個是持銀錢戒，第二個男眾跟女眾授受不親；若交接東西必須把東西放在這兒或放在地上，完了再來拿，授受不親，這是依法，依法這是對的；對的是對的執著，這也叫執著。現在不說教外，不說佛教外的不信佛的，就是信佛的只有普壽寺，普壽寺的師父們才這樣做，其他你們看見過嗎？對不對呢？在我們現在所處的地位很對，但是要像我們講的法身菩薩，這是絕對不對的了。

在什麼位置說什麼話？我們一學到法身大士，圓融無礙，我們現在是怎麼樣呢？就說這執著上頭，我們是有選擇的執著，不是普遍的都執著，是有選擇性的。怎麼叫選擇性？我們能做到的還是要做，我們做不到的，那就沒辦法。

例如說我現在講課，你們穿著這麼厚的襪子，穿這麼厚的衣服，「偏袒右肩」，沒有一個是偏袒右肩的，包括說者、聽者，我們若是現在偏袒右肩，把我們凍的，可能就是有暖氣也不行，相信不？這個就圓融不了。我們這兒特冷，西藏冷不冷？西藏拉薩還好一點，到後藏日喀則，到江孜、到昌都，上殿的時候必須得偏袒右肩，看見喇嘛披那個沒有？偏袒右肩。是不是常這樣子？不是的，有的人他們一進了殿，凍得很，把披風一披，帽子一戴，把腦殼包得很緊，我說：「怎麼不偏袒右肩呢？」「哎呦，凍得太厲害！」凍得太厲害跟凍的不厲害是一樣的，平等的。

說這個是比喻，有時候現實的情況之下，我們現在在什麼位置說什麼話。我們若把法身大士的境界拿來我們去做呀！你會墮三塗的，地獄、餓鬼、畜生道等著你，你去吧！但是我們知道沒入位，還放不下。

我們往往有些學了佛法之後，把那個境界拿到現前來，對著他不願意做的事，他就可以拿著圓融法身大士的境界，自己來承當；等他願意做的事，不要法身大士了，他就我行我素了，我想怎麼做就怎麼做。所以學法不要死於句下，不要因爲這句話這樣說，就照著這樣去做，辦不到！因爲你現在不是那個身份。

我們現在講的理法界，我們這個理是佛說的，這個理我們有時候講心吧！就是心理，我們講這個理絕對是平等平等的，不管他黑顏色、白顏色，任什麼皮膚，不管多高級的，這個法就是法。

什麼法？覺悟的法。你沒覺悟就是沒覺悟，冒充不行。什麼世間力量都沒有用，覺悟了就是覺悟。當你沒有達到那個情況之下；就是你沒證得的時候，不能拿證得聖人的理來用到你的身上，不相應。我們經常聽人講，對待他自己放逸的時候，他用的是大乘法；看見別人不如理，用的卻是小乘法；就像我們講情理、講道理，可是沒有一個講眞理的。

經常看見跟人吵嘴鬧架，「唉！你這個人不講理。」我聽到的都是不講理，哪個講理？你講的什麼理？符合你的意願，符合你這一幫人的意願，合理了；不符合你們的不合理。古來說：「法不加尊」，國家訂的法律，高尙的人、有權力的、有勢力的，法就沒有了。我們現在講的這個法，可不是這樣的法，我們這個法是眞正平等平等的；如果沒有證到這個位置，你想用這個法，用不上。

爲什麼我說這麼多話？我們最初聽華嚴的時候，好多的同學將華嚴的道理用到現實生活當中，那是絕對錯的，那是墮三塗。如果你能下到地獄裡去，把地獄當成是兜率陀天，或者當成了帝釋天，你得有那個本事，就是你得通了，眞正是通。

我這是先打個招呼，我們學了高深的法，不能用到現在你的日常生活當中，可是爲什麼又說這些話呢？我給你們講是把那最不容易理解的法，在最淺處用，這是觀心的方法，可別用在生活事上去；用到事法界你行不通的，那要犯錯誤的。

你修觀，最深的法入不到的時候，從日常生活當中去體會，這跟那個法就圓融了。你想想本來具足的跟佛無二無別，這是絕對對的；但是你想像佛那樣自在，絕對辦不到。生老病死苦來的時候，你就解脫不了；說的是解脫法，行的是執著法。

想圓融，等你證得之後。因爲法身大士的菩薩，他覺察到念住，「念無住相」，念就是思惟，就是你的觀。你觀一下子，又可以說覺照，你覺照一下子，覺照什麼呢？你若是法身大士是能觀的人，就是法身菩薩。

當他證得眞如法的時候，是以眞如爲身，我們是以色身五蘊爲身，完全不一樣的。法身大士他不執著色身了，所以門鎖不到，乃至二乘你都鎖不到；鎖上他以神通力出去了，因爲他空了。但是二乘人在法上就不行了，我們是什麼樣情況呢？我們是念念不捨的執著你這個肉體。因爲生老病死你沒有辦法了，你念念執著它，痛到你心上去；痛到心上去你就忍受不住了。

因爲你執著色身，把法身迷掉了，這個色身是一切苦的根本，八苦交煎、生老病死，那都能體會得到。愛別離、怨憎會、五蘊熾盛、求不得，求不得包括的很深，所求的得不到，你就苦了，要這樣的來觀照。因爲我們現在是執著色身，迷了法身，所以一切苦你不能夠脫離，怎麼不能夠脫離呢？心脫離不了。

我們經常說的那兩句話，有覺，有知覺覺到了；痛苦，沒有個痛苦能痛到你的知覺上去，叫「有覺覺痛，無痛痛覺」。如果你覺變了；就是你覺悟那個覺變了，法身大士變了，他是法身，你在肉體所受的一切苦，八苦交煎都沒有關係了。在這個時候你經常這樣修觀吧！我們跟諸佛菩薩差的不是很大，就是這一點點，這一點點通不過，通過這一點點你就是菩薩，就是佛。

因爲他捨了假的色身，證得眞的法身，看著他的色身跟我們的色身是一樣的，都是肉體的，但是不同了。他的心是眞心，身是法身，這就是悟得他的本體了，就是我們前頭所說的本覺，無始的本體。

法身大士是有分別的，初地跟十地不同的。法身菩薩他覺察到念住，念沒有住相就是無住。《金剛經》上說：「無住生心」，無住生心所生的心。無住色生，無住聲香味觸法生，也就是不住六塵境界生心，心還有生嗎？無生。這個住念，念也是無念。

十法界的依正二報、生死涅槃，包括世出世間法都是幻有的，都是不實的。如果把幻有當成實有的就不能圓融，這就叫法執，執著法。法身大士他登了地之後，證得了眞空理，知道一切法都是空的，但是他沒到徹底，從二地到九地，他是漸漸執、漸漸破。初地不知二地事，二地不知三地事，他就不能夠知道上位的事情，這是就色心之法來分別的，以法執來分別的。

初地菩薩一直到七地菩薩，他只能斷智相、破色法的道理。心呢？還不行，心必須得到八地，到九地菩薩，破你心法的執著。以前講過九相，那是業轉現，七地菩薩沒有達到。初地到七地只能破到色法的執著，八地菩薩他破了心法執著的一分，他認爲跟佛同等了，他也不度衆生，也不上求佛道了，認爲他已經完全成就了跟佛無二無別。十方諸佛來勸導他，說還沒有，必須還得度衆生，還得再進修。

這可是進一步才能破心法的執著。到智相、相續相的時候，初地菩薩破相續相，只能分別法執。從初地到十地只能破分別的法執，俱生的法執跟起心念動，念動的時候執著相，到心法的執著，這是破色法的執著；到八地，他知道了一切境界相唯心識所變，沒有境界相，這才破的上三相；等到九地菩薩，他知道一念不覺那個轉相也是唯心的，但是我們講到生住異滅，那個生相九地菩薩還沒有破，還沒有徹底，這是心法。總的說來不這麼分別說，就叫法我執。

三細相對著六相來說，智相、相續相都叫粗相。業轉現叫細相，轉相對著現相說，或業相對著轉現來說，對著業相來說；就是剛生起一念不覺生三細，業相生起那個時候，通通都叫分別粗念相，不是細的，分別的粗念相。細念相到十地菩薩地盡了，「方便滿足，一念相應」，頓覺；頓覺那個是什麼呢？那個是佛佛相應，覺他這個心起的時候，沒有個起的相「心無初相」，遠離了微細的心念「得見心性」，這個是得到的，這叫究竟覺「心即常住」。

九地跟十地菩薩相差的就很大，後頭這幾句話講的是十地菩薩，十地菩薩跟等覺菩薩叫地盡，「菩薩地盡，滿足方便」，這個方便，方者就說的法執，便就是用，他執著在六度萬行裡利益眾生的法滿足了，行滿了。

「如菩薩地盡，滿足方便，一念相應。」這一念在教義上來講，就是等覺最後的心，把它比喻成金剛的智慧，這叫最後的金剛智；以這個智慧才能破業轉現三相最後的一相，破業相。業相是什麼呢？這個業相就是我們所說的無明，生住異滅那個生相，一念不覺生三細那個一念，跟這一念相應了，覺了。

我們不是講不覺有始覺嗎？這始覺的智慧跟本覺的理，相應了就叫一念相應。這一念相應是指到這個地位，始覺的智跟本覺的理相應了。

我們經常說「初發心時成正覺」，初發心就是登了初住的菩薩；初住的菩薩叫發心住菩薩，他能觀眞理了，觀眞如的理。從那時候開始經過十住、十行、十迴向、十地，到現在這個位置上，十地滿心了，就是「得見心性，心即常住」，這叫究竟覺，才叫圓滿，跟它本覺理相合了。

覺的那個心起了念，又觀所觀的相，一觀相就起了念，這一念不覺生三細，業相就是生相。念頭，一念不覺心動，心動就是那一念不覺，不覺就是生相。動就起業了，坐著不動什麼事都沒有。一動，這只是說心；心一動就叫不覺了，這叫業相，這個覺就叫覺悟。

從開始說，本覺的不覺，因不覺而產生了始覺智；一念始覺，所覺的就叫業相的生相。這個念跟那個業相都是本空的，本覺也是空的，所起的這個念還是空的。所以說心初起的時候，無有初相，它若一起辨別利益關係；或者一生了再去分別，這叫無明不覺了，這是妄動的初相，無明，這個很難得理解。

大家想想看，我們都有無明，我們這個煩惱是粗的，沒有這麼細。你想想為什麼煩惱？當我們不高興的時候，這煩惱有從外面境界相來的，有從自己內心起的，這是內五蘊。當你心裡煩惱的時候、病痛的時候，外境引你心裡生起了不安的時候，你可以靜下來；用功夫的時候，你就坐下吧！你就想「這打那兒來的？煩惱從何起？什麼是煩惱？何者是煩惱？」你找找吧！你要是一找，一觀，沒有了！

每個道友都可以試試看；當你不高興了，查查原因吧！從什麼地方起的？追追它的根。我們可以藉用剛才說的話，煩惱從什麼地方起的啊？什麼是煩惱呀？你察一察吧！一找，沒有了，沒有就悟了。煩惱沒有了就清淨了，一會兒又來了，我們煩惱不斷的，有的是外頭環境色聲香味，有的是內五蘊受想行識來的，受想行識來的你還不覺呢？我們說粗的，不說細的，煩惱很不可思議；我們都講深奧的佛理，煩惱也就是很深的佛理，常常這樣想。

再簡單說，你心裡不高興或者心裡很喜歡，在你最高興的時候，靜下來千萬別高興，你想一想什麼促使你這麼歡喜啊？等你不高興的時候也坐下來想想，無緣無故的為什麼心裡突然間就煩惱起來不高興了，找找爲什麼不高興？高興從何起？不高興又從何起？不追則已，一追全部都沒有。

當你覺察的時候，能覺察的心，覺察你這個煩惱，覺察你這個不高興，因病引起的，再找找病的根。因什麼有病，病是怎麼來的？你這麼一個一個追，這都是妄想的動向。妄就不是眞實的虛妄的，爲什麼我們把虛妄當成眞的？我們所追察的，還是從人我執開始。

現在我們講這個業相，這是細裡頭的細，極微細的相，所以遠離微細念。要遠離微細念，你必須得從遠離粗相開始，粗相還沒斷怎麼能達到微細呢？五欲境界還沒有觀破的時候，你這個能覺悟的心還是非常的初步。

因爲學佛法了，從現在開始覺，我明白了過去的生死、過去的業，但只能在業報的時候明白，還不能明白惑，業報是你起惑才造成的。惑業苦。你不起惑怎麼會作業？不作業怎麼會受苦？你在苦上想斷，斷不了的。要怎麼斷呢？在惑上斷。

斷了惑業沒有了，業沒有了苦就不受，完了再能一步一步來，到了修到菩薩地盡了，方便滿足，一念相應了，在你找原因的時候找到了，心初起的是什麼？我們還觀察不到。菩薩歷多劫修行，達到十地滿心的時候，滿足方便，布施、持戒、忍辱、禪定、智慧，所有前修行的方便，用前頭修行那些積累的智慧、積累的斷惑，他才能達到一念相應。

從教義上來講，我們才知道什麼叫究竟覺。我們給他加一個，像十地法身大士，他是次第的，一地、一地、一地，有沒有頓悟的？我認爲沒有，過去的經論上都說頓悟，頓是頓的漸。舉個例子說，你看裝訂書籍，最初是雜亂的一張紙夾在一塊兒，拿刀把它切成四邊，刀非常的鋒利，這麼一割，切了切齊了；它得從第一張紙才切第二張紙，不能跳過去，看的可是一刀切下來，一刀切的一百張紙，有沒有次第？一刀切來的好像沒有次第，其實是隔一張也不行，第一張紙切完了，才能切到第二張紙，第二張紙切完才能切到第三張紙，它還是漸次的，不過那個漸次太快了，一下子就沒有了。

人的死亡、一切事都可以用這個理解，沒有頓的，頓即是漸。頓的是頓那個漸，漸次不能丟啊！能丟過一個嗎？從二地就跳到五地去了，不可能絕對辦不到。從凡夫地一下子跳到聖人位了，有沒有？有呀！我們歷史的祖師，六祖大師大家都知道，頓悟。說他頓悟成佛，依教理說不可能。頓悟是頓悟的理，事上不可能。佛教導我們，教授的方法，理隨頓悟，理上你可以頓悟，事須漸除，事上非得一步一步走。

我們看飛機在天空飛，是頓的吧！我們若是想坐船去美國的話，要好幾個月，就看船開的速度如何！飛機呢？十幾小時就過去了，它是不是要經過一地一地的飛過去？它能跳過去飛嗎？頓者是把那些漸的超越，不能跳躍的！你看著沒次第，實際上都有次第。

我們看見釋迦牟尼佛在印度降生，夜覩明星，頓悟就成佛了，他是從兜率天降下來的，是等覺菩薩降到人間的。你只能加行功力，超越的速度，超越三昧，實際上並沒有超越，他是過去積累的。我們就拿好多人來比，看他智慧聰明很大，一聞就會了，有的學十幾年還不會，他也是從那十幾年過來的。我們只能夠看他的現實，不能看到他所有走的歷程怎麼來的？你不知道。

看的是頓，實際上頓就是從漸來的，沒有漸怎麼有頓？想方便取巧；走直路，你必須得走彎路，沒有你直路走不成。修行是一步一步來的，不是急躁冒進。現在我們很多道友找方便，想學密宗即身成佛，能辦得到嗎？我們只看到釋迦牟尼佛在印度即身成佛，一生就成佛；他是等覺位菩薩。

看對哪一類根機說？對哪類根機說，就觀察他過去的漸，走很長的時間所以積累他的智慧，到今天才一點他就破了。你念佛要一心念，把你的功行積累，惑業消了，極樂世界就現前了。障礙沒有消除，去不了的，都如是。

法身大士也經過多生積劫修來的，他的惑是一個一個破的。教義上有句話，「禪門一炷香，頓超直入，立證菩提。」現實的境界講是這樣子，事實上他是積累的，已經積累的一步、一步、一步的，不是一生的。我們看那個人很聰明，一學就會；看那個人很笨，這個就是個人過去的歷史、過去的惑業，因爲我們不能看因緣，爲什麼佛要觀機說法呢？就是這個意思。

學佛法就是學覺悟的方法，學明白的方法，他有時候這樣說，是對這批機說的，有時候佛說法又對那批機說，又那樣說。例如說：佛最初對五比丘說法的時候，五比丘就證了果，一說他們就開了悟，只是五比丘。佛在世時候是不是佛弟子全都證阿羅漢果了？也不是這樣，有的見佛聞法，聞法開悟，頓悟無生，他那個無生只是二乘的境界；他只能斷到人我執，法我執連知都還不知道。

是故修多羅說，若有衆生能觀無念者，則爲向佛智故。

佛所說的修多羅，在大乘經典裡，「修多羅」翻「契經」，契合的意思，上契諸佛之理，下契衆生之機。理跟機，機就是觀機說法，機就是事，事跟理必須得相合。「若有衆生能觀無念者，則爲向佛智故。」不論男女老少，能依本覺的理才生起了始覺的智慧，以這個智慧再觀那個理，念佛也如是、修觀也如是，參禪打坐就像我們學習也如是。

觀想你的本覺，本來面目是什麼？禪宗就是參這個話頭，「打得念頭死，許汝法身活」，這是向無念處，以有念達到無念。讓你觀、讓你參就是這個觀，參就讓你產生一念的正念。

一念！若有第二念，不同了，只是一念。爲什麼我們拜佛的時候，前頭加個一心？二心不行。只要一心，這一心還是有心，從有心達到無心。一念，這個念是正念。一念正念，念什麼？向無念處去；這一念向無念的念，一念要達到無念，連這一念也沒有了；若有第二念達不到本心了，那跟心源跟本覺不相應了，大乘經典是這樣說的。

若有衆生能觀無念，才是眞正向佛的智慧。只是一念，一念成佛，一念是達到，連這一念也沒有，就無念了。如果你念佛能這樣念的話，達到無念處，成了；若是有第二念就跟本覺，跟你的心源相反，一有第二念就相反。這一念的正念，念到成佛的時候，究竟就成就了，一切的方便善巧都沒有了。方便善巧是你不能達到一念，想一切方法來度你，使你產生達到這一念，一念而達到無念；無念是佛智慧，佛智慧是無念。

我們這裡講的本覺，也就是本覺義、也可說眞如、也可說一眞法界、也可以說佛性，都如是。所以你是從十信開始，覺知前念起惡，止其後念不起；再經過十住、十行、十迴向，經過三賢位置，再加上初地、二地到十地，都是一念觀無念，這就是正觀，用這個來照。這時候先破滅而後又消滅異；滅、異破了，再破住，最後是消滅生，這叫還原觀；生住異滅叫生起觀。

生起一定要還原，不論哪部經哪部論，說到究竟處都讓你觀無念。我在念呀！念即無念；拜佛，拜即無拜，好像我們這說話是圓融的，好像聽起來不合道理的，無念還念什麼？必須有念才能達到無念？從你開始的發心，才能達到佛的智慧。

這個智慧是屬於修行人的智，修行人用觀智觀照的，觀照什麼呢？觀照是我向，這個向是能向，向什麼呢？向佛。第一屬你能觀想之觀，第二就屬於佛。觀無念的這個觀就是能向；無念達到佛的智慧那就是所向。現在我們這一部論只講生起信心，這不是你能修行得到。現在還沒有到這麼程度，只是你能夠信，認為佛的教導是對的。

我們最初講體大、相大、用大，無念就是那個體大就是本體。向無念去做，向著本體去做就用觀想、用念，念即無念，用觀想；觀即無觀，這屬於方法，這屬於相跟用，體相用。懂得這個道理了，《大方廣佛華嚴經》你明白了，不論他說好多，一百卷、一千卷，《大方廣佛華嚴經》就是這樣，大方廣這是體相用三大。

爲什麼佛在《法華經》上〈授記品〉，都給我們授記了？給我們在位的都授記，未來一切只要受個三歸依的佛都授記了，因爲你本來都具足，佛不授記你也是，人人都具足本覺智。

這是無念，無念無住。無念無住就是你體大，向無念上去觀想的就是相大、用大，體相用都在其中。所以沒有信心沒有願力，你辦不到。有了信了、有了願力了，再加這個觀行，這才具足修行的資糧，成佛的資糧，信願行三者這是一切修行人必備的資糧。

智者大師經常講信願行，印光老法師也是講信願行，你先得信；信了之後你才發願的，不信你能發願嗎？三個聯合起來，資糧具足了，成佛就有份了；若沒這個，生西方極樂世界也辦不到，生西方極樂世界這三個必須得具足。你發願生西方，先得信你才發願啊！信西方極樂世界阿彌陀佛現在正在說法，我生到那兒去聞法去、求法去。

在娑婆世界你想遇到一位善知識，很難哪！你到極樂世界去那太容易了，蓮池海會每一位都是善知識。你在當前這個時候，我們現實境界就是現在這個時候，雖然這個時候還是末法的初期階段，到了末法的中期階段，到了末法的後期階段，現在我們所說的這個聚會，這部經沒了，連個假的生相都沒了，那才是眞正的末法。

在這個世界求善知識，趕快生到他方淨佛國土去，到處都是善知識，在這個世界求，眞正的沒得了。我小時候學法，像諦閑老法師、月霞老法師到處都是，那些大德都在那個時期；再往前到明末清初的時候，像蕅益、蓮池，蓮池大師到北京拈花寺去參遍融老和尙，大家都說他是地藏菩薩化身，平常一句話都不說的。遍融老和尙，你去參他，他就告訴你「老實念佛」，念「地藏王菩薩」。他的樣子就像地藏王菩薩，因爲他就是地藏王菩薩化身，他圓寂的時候現的聖德現相，就是地藏王菩薩化身。

像這樣的大德，我當小和尙的時候，虛雲老和尙、弘一法師、慈舟老法師、印光老法師都在的，現在你要再找這樣一個大德，有嗎？你在這個地球上找去，說的時候很容易，做的時候很難。

其實我常跟道友講：「你打開經本，打開〈普門品〉，觀世音菩薩就現前。」你別把經輕易看！那不是觀世音菩薩說的話嗎？他說的話你照著做，你不就對著觀音菩薩負責了，觀音菩薩就把你攝受了！你打開〈普門品〉，觀世音菩薩就在，你打開〈普賢行願品〉，普賢菩薩就在。那不是大善知識？哪兒找善知識去？你打開一切經，釋迦牟尼佛就在；你若分開，經是經佛是佛那就錯了。

如果我們每個人都有這種慎重心，你打開哪一部經，哪部經就是你的本尊，打開〈普賢行願品〉普賢菩薩是你的本尊，他就現前。以這種的觀想、這種觀力，像這裡所說的，到十地以上菩薩的這個境界，不是我們的境界。讓你信哪！你做不到也行不到，只是讓你信哪。我們這是大乘起信，能達到信的目的，你已經成就了，聽這部〈起信論〉就是你最大的收穫。

依著這個信，再回顧你所學的；無論觀音、地藏、文殊、普賢哪位菩薩教授，你學起來，就認為他現在面前，不要隔離開。你哪找善知識去？你面前的善知識都在了。所有一切法，法就是佛的法身也是諸菩薩的法身，不要胡思亂想，不要東求西求，求誰都不如求自己，懂得嗎？求自己。

我經常講蘇東坡跟佛印禪師的故事，他倆到廟裡散步去，一看見觀世音菩薩拿個念珠，蘇東坡就問佛印禪師說：「觀音菩薩拿念珠，他念誰呀？」佛印禪師說：「觀音菩薩念觀音菩薩。」「觀音菩薩還念觀音菩薩？」「是啊！不然手裡念珠，念誰？」他說：

「我不明白，你開示開示吧！」佛印禪師說：「你自己去參去吧！我開示什麼？」那就繼續再參觀吧。這個時候蘇東坡也參觀不下去，就心裡想「觀音菩薩拿念珠念觀音菩薩」，等到都參觀完了出廟門了，他開悟了！他跟佛印禪師說：「不用你說了，我知道了我明白。」佛印禪師問：「你明白什麼了？」「求人不如求己」。

求誰？求善知識？就算是釋迦牟尼在你面前，你不信、不發願、不行，辦不到。釋迦牟尼佛不會替你成佛的，不會替你消災的。你自己作的業，起的惑、受的報，得你自己去消。誰能幫助你？求人不如求己。

因爲你自己具足本覺智。我們講這個就是求自己，把自己本覺發明出來，讓它發現出來，把迷惑都去掉，你不就成了。還找誰去？現在在這末法時候，找個像倒退一百年的善知識，倒退五、六十年的善知識都沒有了。像我這樣的二百五能算善知識？太遠了！不過比你們早學幾天，佛菩薩加持，我的記憶力還很好的。九十歲了，我跟你們講的都是我過去隨時看的小故事而已，我沒有這個資格。

能善知一切諸法，諸佛的教法最重要的還要善知機。面對能聞法者，可是不對機呀！怎麼不對機？我也不曉得你是什麼根性？若知道根性對機了，我一說你就開悟了，前生修來的。你現在遇到佛法，對你的因緣該說什麼法．對你的因緣不該講〈起信論〉，我們這是不對機怎麼辦呢？就把佛所說的教法拿來讓你們大家自己去找！今天講〈起信論〉，明天講《金剛經》，再來一段時間講地藏菩薩的《占察善惡業報經》，東講西講的都不對你的機。講了老半天你也沒開悟，你跟我聽了好幾個月或是聽了好幾年，把你耽誤了，本來是依著你對你那個機，你一聞法完了一修行、一發願就成了，不對機的就在那兒摸索吧！

必須明理，〈起信論〉叫你對大乘相信；相信你的心起處。你能找到你的心起處嗎？在什麼地方起的？就像我們剛才說的，無明從何起？什麼叫無明？無明有個相嗎？有個樣子嗎？有這個名字嗎？任何事情就把你刨根問底，若刨根問底沒有了，那才叫眞正明白。

下文講：心起是什麼樣子？

又心起者，無有初相可知；而言知初相者，即謂無念。是故一切衆生，不名爲覺，以從本來，念念相續，未曾離念，故說無始無明。若得無念者，則知心相生住異滅，以無念等故。而實無始覺之異。以四相俱時而有，皆無自立，本來平等，同一覺故。

你的心起是什麼樣子？沒有初相可知。初相就是無念，無念還說什麼？無念就沒有說，說了就不是無念了。所以禪宗說參話頭，話頭是無言沒說，有說還叫話頭嗎？那是話尾巴了，一說出來就不是話頭。

因這個緣故一切衆生就是不覺。不名爲覺就是不覺，不能說他覺，從本以來念念相續，未曾離念，你不離念所以這個叫無明，這個叫無始無明。若能是無念了，你就知道你的心相生住異滅，不能達到這個。

一切諸佛覺悟了，究竟覺悟證得了心源、本覺、無念，那也就知道了，知道一切衆生的生住異滅相，從無念而有念，是從有念來的。

既然說到無念了，又怎麼知道有念呢？有念是無念等；有念跟無念是相等的，那是幻化的相，因爲衆生心裡有了生住異滅相，這幻化相就出來了。老眼昏花，眼睛還是一樣的，他花了看不見，眼睛是有毛病了，老眼昏花也不一樣的。現在我的眼睛不花，還看得見，但是老的跟老的也不一樣，一切法都不一樣，那叫差異。法因爲差異多，你走的岔路岐途越多，就是這樣涵義。

若能夠得知無念，你才知道，等你證得無念了才知道，有念就是無念，生住異滅相跟無念相平等平等，這是翻過來說的。我們經常說煩惱即菩提，不錯啊！煩惱即菩提，你即得了嗎？菩提是覺，煩惱是不覺，不覺就是覺，覺了才有不覺。失掉一邊，一切相對法、一切名詞法、一切言說法，失掉這一邊，那一邊不成立了。相對的那一邊沒有了，對不起來了，對不起來了就都沒有了。這個需要琢磨，琢磨是土話，正式的話怎麼說呢？要你去觀，觀就是思惟修。

復次本覺隨染分別，生二種相，與彼本覺不相捨離。

我們上面講始覺，以下解釋本覺。本覺隨著染的分別而產生了不覺，在不覺當中生了兩種的境界相，生二種相就叫境界相，跟本覺不相捨離。本覺隨緣，隨染淨之緣生起了二種相，哪兩種相呢？

云何爲二？一者智淨相，二者不思議業相。

「云何為二？」徵啓的意思。「一者是智淨相，二者不思議業相。」這都是標題。本覺隨染的分別因緣，生出兩種相，哪兩種相呢？一個智淨相，一個不思議業相，但是這兩種相跟本覺不相捨離的。染依著淨而生起的，這兩種相就是起惑造業；破了惑，消滅了業，又恢復了本覺的清淨本覺相，這樣令我們生起明白我們的心。

依起信義，馬鳴菩薩給我們的啓示，依著這種啓示能生起大乘的信念，相信自己眞心的本覺義，相信你自己，有沒有信心？我們的答覆都是有信心，但這信心怎麼信的？那就有問題了。因此你必須要通過學習，知道我們本具清淨的妙明眞心，隨著染法的緣，生起了一種意念；這種的意念把他說成兩種相，它跟你的本心是不相捨離的，解釋這種的涵義又分為兩種，一種叫智淨相，一種叫不思議業相。以下就一個一個解釋。

智淨相者，謂依法力熏習，如實修行，滿足方便故。

哪兩種相？一個智淨相，一個不思議業相，就是業相。先解釋智淨相，智淨相依著法力，能依著法力修行的這些眾生，把自己內心本具的妙明眞心作為一個內熏的因；佛法僧三寶這個法作為外熏的緣；因能生起，緣能促成，假三寶熏習的力量就是你學佛、學法、學僧。

因為僧人傳達法，法是佛所說的法，三寶是一體的，依著三寶作為你恢復妙明眞心的外緣，依著這種力量來熏習，使你能生起清淨的信心，內外相熏，這個時候能斷你的根本惑；轉無明為明，從不覺當中產生你的始覺智，這個智就叫智淨相，能夠觀你原來本具的妙明眞心，就是本覺。

依著佛的教授教導，你再兼修六度行門，布施、持戒、禪定、忍辱，不是六門俱修，你依著一門修都可以，照這樣子的來修習，從初開始，現在依著本覺而產生不覺，依著不覺而有始覺，就是依著始覺和本覺；本覺的內熏，始覺的外熏能來對治你的無明。

大概是諸行相這些菩薩，三賢位的菩薩都是依著這法來熏習的。若是登地的菩薩，他就正修六度，不是兼修了。正修的時候就能夠證得眞如理，這是指地上菩薩說的；破一分無明，證一分法身，就是地上的菩薩。

無明是一分一分的破除，法身是一分一分的顯現；這時候再起修，叫如實修行。如實修行就是乘眞如的本體，乘本覺智而修行，如實修行。滿足方便是度生弘法的方便善巧智，就是六度萬行修行圓滿了；六度萬行是方便，六度圓滿了你就成就佛果了，福慧兩足尊。這是解釋智淨相，依著法力熏習，如實修行，滿足方便。

破和合識相，滅相續心相，顯現法身，智淳淨故。

和合就是我們的八識，八識是眞妄和合的，眞妄和合這個是什麼相？是無明相。無明相依染法說，「一念不覺生三細」，這是無明，以下就開始講業相、轉相、現相。

現在說破這個，滅這個相續的心相，相續心相是什麼？就是第七識末那；眼耳舌身意，前六識加七識，消滅這個，使你這個妄想心不相續。破和合識，和合識是眞妄和合的，這要破他的妄分，可不是破眞分，眞分是不可破的；正因爲破妄，才能夠顯你眞正本來的本覺。我們經常說三德，這個就是顯現的法身德。

破，用什麼來破呢？用智；前頭的智淨相來破，因為你的智淳淨了，能破和合的妄分，這個顯現了就是法身德；我們經常說三德，這個就叫法身德。智淳淨相就是般若德，法身德跟般若德，這個是所顯果上的智淨相，這一段是講智淨相。

此義云何？

這種有個問題，若是這樣講起來的話，〈起信論〉有辯論的意思了。他說這「此義云何？」前面所說的，生滅跟不生滅和合就叫阿賴〔黎〕耶識，現在要破和合識，破是都把它們破除，那不是眞妄都破了嗎？妄是虛假的，眞是不虛假的，但是你破這個和合識，眞妄不一起都破嗎？徵啓是這樣徵啓的。以下就解釋，妄不是眞，解釋的時候就妄不是眞，破妄是為著顯眞才破妄，並不是把和合識的眞分也破了，不是這個意思。

以一切心識之相，皆是無明。無明之相，不離覺性；非可壞，非不可壞。

「以一切心識之相，皆是無明」，但是無明是不覺，不覺可是依著本覺而生起的。它沒有離開本覺性，沒有離開覺性，它是不可壞的。既然不可壞的，破妄顯眞的時候，不但不破眞而且還顯眞。破是因，給眞做障礙的，是破這個的。

你一切的心識之相，心也好，眼耳鼻舌身意、末那，這七識是指這個說的。心識之相，一切現在說都是無明，無明不離開覺性，覺性是不可壞相。就眞如的法來回答這個問的，以下要講三細六粗之相，業相、轉相、現相、執取相、計名字相、起業相、業繫苦相，這些全都是三細六粗之相，都屬於無明的。無明本身也沒有相，它是依本覺而起的迷，迷了產生的幻有，幻有非有，幻化的。這個我們都懂了，幻化就不是眞實的。但是這幻化依著什麼起的呢？它依覺性而起的，因著覺而產生的不覺，若離開了本覺，那個迷從哪建立起來呢？就是說妄是不離眞的。

妄不離眞，假這個意義來說和合識，眞妄和合是假這個意思說的，眞的還是眞的，所以它是不可壞，妄不是眞的，所以它是可壞，能壞什麼呢？這是幻化的。可壞不可壞是在名義上這樣說，使你學習能夠有入處。眞妄和合了，兩個必須得同等的才能和合；兩個不同等，妄無自性，說它可壞的。眞隨緣了，它隨緣還不變呢！所以說不可壞。

一切心識之相全是無明，無明之相不離開覺性。這個說壞也可以，說不可壞也可以，說非可壞，非不可壞都可以，假名安立的；懂得這個涵義就知道，眞是永遠不可壞的，妄是永遠沒有的，虛幻不實的。說個壞，就表示可以把它消滅掉，可以轉化爲沒有了，幻化本身就沒有。

如大海水，因風波動，水相風相不相捨離；而水非動性。若風止滅，動相則滅，溼性不壞故。

馬鳴菩薩恐怕未來的衆生不懂得，假個比方來說，「如大海水」，它是因風吹動的，因風吹動就有浪，因風才起波浪才動。你說是風吹的嗎？還是水自己動的？無風不起浪，當然是因風而顯現，風相跟水相，離開水相你看不見風啊！風是無相的，水相、風相不相捨離的。

水本身不是動性，風止了滅了，動相也沒有了。因此來形容本覺義跟無明義，動相則滅了。但是水的濕性，濕性是不壞的，濕性不隨著風止浪息；風動浪起，風動浪起濕性也如是，浪止風息了濕性還是如是，這形容著本覺義不可壞的。

如是衆生自性清淨心，因無明風動；心與無明俱無形相，不相捨離；而心非動性。若無明滅，相續則滅；智性不壞故。

這是假大海的水比喻心相。前頭說的是法，大海水這個比喻是喻，法喻和合了，形容我們本覺自性的清淨妙心是清淨的。形容大海水因爲無明的風動，因風動而浪起，因無明而動，你的眞性隱沒了，不是消滅而是隱沒了。

風是比喻，比喻無明法的意思。無明動，清淨心生起了粗細的九相；因爲風動這個浪才有大浪小浪，因爲無明而使這個本覺，因無明而產生的九相。我們現在要找一個無明的什麼樣子？沒有的，就像我們昨天講的譬喻，煩惱從什麼地方起？無明從何起？何者是無明？罵他這麼一句話，他一生起煩惱，無明從這兒起的，這就叫無明，心跟無明沒有形相可得的。

這兩種，本覺心我們本具的，現在迷了就是無明，我們現在還沒有到這個境界，還不能認識無明。我們還在三細相的業繫苦，這是九相最粗的相，就像水和波那個比喻，明白這個涵義了。因爲無明風動，心和無明沒有形相可得的，但是又不相捨離，心是沒有動的性，無明滅了，相續相就沒有了，相續也就滅了。本來具足本覺的義，屬於自性的它永遠不壞的。

例如說一面大鏡子，鏡子上落灰塵太久了，沒人去擦沒人去管，照什麼也不顯現，你把灰塵擦掉了呢？纖細的、微毫的現相都現出來了，塵垢就是無明。鏡的本體就是實相，這樣來顯。迷了，一念不覺，不覺那個迷了，無明跟本覺是不相捨離的。這兩種相，我們現在解釋第一種，還有一個不思議業相。

不思議業相者，以依智淨，能作一切勝妙境界。所謂無量功德之相，常無斷絕；隨衆生根，自然相應，種種而現，得利益故。

什麼叫不思議業相呢？「以依智淨，能作一切勝妙境界。」我們講大方廣的時候，大是體，智淨就是相大，所產生一切勝妙境界就是用大，這是三大。必須依體才能顯現出相，依著相而顯現用，這個用是依著相，相是依著體，三大一體。大是包括一切的，相跟用是依著大而生起的，拿什麼表現這個大呢？相和用。

這個不思議業相依著智淨相(智淨相就是體的相大)，能作一切勝妙境界(就是體的用大)，體相用三大一體的，也就是一個。把無明、煩惱、人我執、法我執這些惑業，把它轉變成智慧了。這個大就說是它本具的法身，我們說三德的時候就叫法身德；把無明、煩惱、人我執、法我執，一切都翻過來成了智慧了叫般若德，這就是法身德、般若德。

不思議業相依著淨相能作一切勝妙境界，這是把染轉成淨。我們前頭講的智淨相，就是眾生的清淨心而顯現的不思議業的作用，也就是不思議業。勝妙境界就是三德、六度萬行、一切功德，佛的法報化三身，德相。德相是什麼呢？就是無量功德之相，永遠如是，常無斷絕；隨眾生根，自然相應，種種而現，得利益故。

前頭是總說，以下是別說。無量功德之相，永遠如是的常無斷絕，就是把前頭不思議業相，擴充擴大，佛利益眾生都是不可思議的，不用你的意識去揣度，這就說顯現如來殊勝的勝妙境界，顯現他無量的功德之相，這是善的。

翻過來惡的呢？所有眾生一切罪惡、煩惱、生老病死苦，這都是一切眾生的相。世間相，跟佛、菩薩、利他、自利、戒定慧、解脫、解脫知見，功德德相，是無量的功德德相，永遠不斷絕的。我們經常說豎窮三際、橫遍十方，對於過去的無量眾生，現在的無量眾生，未來的無量眾生，度生的功德也是無量的；但是隨眾生的根性不同，他哪一根就對哪一類的法？相信產生一些功德相，自然相應的。

諸佛菩薩的妙用是隨順眾生的根器而來的，你的善根深厚者顯現不同，你的善根淺薄者顯現不同，這叫不思議業相。他是與一切眾生善根相應，這就是諸佛菩薩的智慧德相，就在眾生心中顯現。

廣說呢？太多了，總的來說，身業現相，佛是眾生應以何身得度者，即現什麼相。他是契機說法的，現相也是契機的。一切時一切處，他是同時顯現的，《地藏經》第二品，佛對地藏王菩薩說，「我不是以佛身顯現在這世界度衆生的。」那應以何身得度者，佛就現何身，是從這個意義上來說。釋迦牟尼佛現的佛身是入滅了，他又現許多的身相，我們不得而知。不了解不認識，只認識佛現的釋迦牟尼佛的佛身，在印度入滅了。我們認爲釋迦牟尼佛是入滅了，只有一個釋迦牟尼佛，但是在歷史上的古德確證實佛沒有入滅。

唐代道宣律師是弘揚四分律的，他的智慧德相感得天人給他送供，他問天人：「釋迦牟尼佛入滅之後，又到哪裡去度衆生去了，又現什麼身？」天人感覺這個問題很奇怪，他問說：「你說哪個釋迦牟尼佛呀！」道宣律師說：「我說的就是在印度降生那個釋迦牟尼佛。」天人說：「沒入滅啊！我來的時候釋迦牟尼佛還在那兒說《法華經》。」我們所了解的釋迦牟尼佛入滅了，這是世間現相。

又有一次窺基大師參拜道宣律師，道宣律師就跟他說：「我今天招待你，這是天人送供的飯。」窺基大師就等著天人送供來，等過了午了天人還沒有來。第二天，天人又送供來了，道宣律師問他，「哎呀！昨天你讓我打了妄語，讓我失信了，我請一位大德在我這兒共用齋，享受你的供養，怎麼沒來？」他說：「昨天我來了，可是進不來！無量菩薩化身在這兒圍繞著，我不知道你這兒是怎麼回事啊？」完了，天人跟他說：「你只是個阿羅漢，我只是個天人，面對那些大菩薩境界，我們進不來！」這時候道宣律師才對於學教義的、學翻譯的法師產生尊重想。

因爲大菩薩不講究小知小見的這些戒律形式的事。從這裡就證明，覺體之相是不可思議的。這個不可思議的業相，在《地藏經》第二品，佛跟地藏菩薩說，「我不是僅以佛身來度衆生，什麼身都現。」看著佛身入滅了，他現著別的身還在度衆生，這樣理解了不思議業相，這是佛的不思議業相。那些大菩薩我們不說了，我們說我們不思議的業相，每個人都有很多不可思議的業相。

我們這兒幾百人，每個人有一個人樣，他的動作、內心的表現，表現到外皮了這都叫相，但不是德相，而是業障相。業障相什麼相都有，業有深有淺。現的相各個不同，隨他內心的境界相，來顯現表達身口七支。我們說諸佛菩薩功德相無邊不可思議，我們衆生的惑業相也不可思議。

你看你發脾氣心裡生起煩惱的時候，自己不認識自己了，你那個相非常的難看，這個事實很多，若懂得這個涵義你就知道。不可思議有兩種，有惑業的不可思議；有淳淨的功德、福德、智慧德相不可思議，衆生的業相很不可思議。如果你看海洋生物，你看看那種相複雜得很，說不出種類，染淨都有兩方面的。

馬鳴菩薩爲了顯示這種意思，以下再加以解釋。

復次覺體相者，有四種大義，與虛空等，猶如淨鏡。

「復次」就是再說，「又」的意思。「復次覺體相者，有四種大義，與虛空等，猶如淨鏡。」這個標題，下文就解釋。

云何爲四？一者如實空鏡，遠離一切心境界相，無法可現，非覺照義故。

「云何爲四?」哪四種大義?徵啓的意思。拿鏡子做比喻,「一者如實空鏡」,鏡子是比喻的意思,「遠離一切心境界相」,心的境界相,「無法可現,非覺照義故」,不是覺照義。遠離一切諸境、一切心的境界相,如實空鏡是什麼?形容著清淨的本覺。所以依正二妙的十法界所現的,粗相細相微妙的五蘊境界相,全是假的。

清淨的本覺如實空,如實空就是什麼呢?十法界的粗相、細相、依相,依相是依報的所有現相,正報所有的現相都是粗妙五蘊的色心諸法這一切相。在這些相上執著,什麼是我法?我法是屬於偏計執的,全是執著的情境,迷失了如實空的清淨本覺。有智慧者若拿眞空的絕相來觀想來對照,再來觀這個本覺,一切的粗細的妙五蘊、粗五蘊、色法、心法、一切境界相空的。空的是沒有,本來是空的,所以說非覺照義,不是覺照義。

「遠離一切心境界相」,什麼法都不現,如實空,沒有!這就是我們所化的大圓鏡智,它不是覺照義。日月星辰、山水人物,一切都沒有,這叫如實空。

二者因熏習鏡,謂如實不空,一切世間境界,悉於中現,不出不入,不失不壞,常住一心,以一切法,即眞實性故;又一切染法,所不能染,智體不動,具足無漏,熏衆生故。

「二者因熏習鏡,謂如實不空」,前頭講如實空,現在如實不空了。不空又是什麼樣子?如實空什麼都沒有,什麼樣子也沒有,什麼相也沒有。

如實不空呢?「一切世間境界,悉於中現」,一切的世間境界於中顯現了,就是十法界的依正二報的現相，依正等法，它的體不是這些相，但是它又不拒絕這些諸相的發揮。這個涵義就是，本覺是因，這些境界相是緣；十法界依正的這一切相，宛然不失，如實不空。一切的世間境界相都以這種顯現，「不出不入，不失不壞，常住一心」，爲什麼？「以一切法，即眞實性故。」但這是約本體來說，能現這境界相的叫因，所現的境界相叫緣，緣能生起；因爲生起這些境界相，這就叫不空。

能空的跟所空的；能空的是慧，所空的是一切相。這種觀，學〈中觀〉的人他就懂得，用中觀的智慧觀，常住一心，中道義。一切諸法都有他的眞實性，這一切境界相的眞實性能現，現出所現的諸相，現出來一心不二的法門。

因熏習鏡。鏡子本身就是我們觀的智慧本身，不是山水人物，但是能現山水人物。鏡子不是諸相，像我們一個大鏡子照我們法堂，法堂境界相就在中間現，但是它不是法堂，就是這麼個意思。

你那個心能現一切諸相，心非諸相，相不是心，但是它能平等的顯現。心，這個心本來不是諸物，它能顯現諸物，顯現了這裡頭是無能無所，一個因一個緣。因熏習鏡是什麼樣子呢？如實不空。不空是什麼？就是一切世間境界相都在鏡中顯現，「不出不入，不失不壞」，不常不變的「常住一心」，一切法就是眞實性，依眞起故，眞不壞故，所以說它是眞實性。

「又一切染法，所不能染，智體不動」，我們儘管流浪六道、流浪生死，不管你如何流浪，你變人、變狗、變畜生、變魚鱉蝦蟹、變飛禽走獸，隨便你變什麼，「智體不動」。你那個覺心，所具足那個本覺，不動。它具足的都是無漏性功德，但是它可以熏衆生那個染，翻染還淨，性寂本覺的意思。性是清淨的，它隨緣了，隨著色受想行識的五蘊之緣，對染心所觀外頭的染境，不被它所染污。不但不被它所染污，反而用那體相的二大來熏習衆生的無明，熏習衆生的無明就叫用大。把衆生的染翻轉爲清淨，本身是不動的，所以「智體不動」。

「一切染法，所不能染，智體不動」，爲什麼呢？具足無漏性功德是妙用，用這無漏性功德來熏習衆生，這叫「因熏習鏡」。這種意思很深的，淺顯一點說，諸位道友在普壽寺從創立到現在，這裡頭就是熏習。你到這裡頭熏習十年，你起了變化了；也有三年走的，也有五年走的，也有兩年走的，現在也有學六、七年走的，也有現在走的，回想這一段時間，這就是熏習。

集體熏習，大衆的威德可以消滅很多習氣、妄染；但是根深柢固的習氣，他動不了的。煩惱特重的，他不接受這個熏習了，到外頭去熏習，外頭一熏習又變了樣子。他感那兒熏習不好再想回來熏習，這邊又不讓他熏習了。因爲他在外頭熏習了很多習氣，要在我們這裡重熏，我們沒熏習到他，他倒回來把我們熏習到了，就不讓他來了！這都叫熏習。

有內因的熏習、有外因的熏習。我剛才說的是外因，假外緣的熏習，因爲他自己心裡內因沒有，外緣修習不成他會離開的。爲什麼？我們二衆道友們應當常住常住，假熏習力量，你入一個好環境大家互相影響，那就是不同的；如果壞環境，不用說諸位道友了，我今年九十，我去到壞環境，一天就懈懈怠怠的；若在麻將堆裡頭，我也想打麻將，看一看、摸一摸是怎回事兒？你遇到什麼環境，境能熏人；等到人能轉境了，那功力就高了，不但不被他熏，還要轉化他，那得好大力量。熏習有兩種的，剛才我們上來講只是內因的熏習，還有外境的熏習，我現在跟大家講外境的熏習。

大家知道孟母三遷，起先孟子的鄰居是屠宰的，他一天就熏著怎麼樣宰？怎麼樣殺？之後搬到學堂旁邊，讓他學著讀書，這就是熏習。不論現在男眾女眾，現在社會的熏習很複雜的；小孩子看那電腦，平常坐不到半個鐘頭他要跑了，坐到電腦前，哪管幾歲小孩，他玩起來看那電腦他不動，性相近，他特別高興；有些小孩到我們這裡頭來，他就感覺很興奮，性相近，懂得這個道理了，熏習非常重要，但是有兩種熏習。一個是淨熏染，染就成淨；一個是染熏淨，淨就變染，但是他的本體是不動的。四種熏習當中，這是第二種。

三者法出離鏡，謂不空法，出煩惱礙、智礙，離和合相，淳淨明故。

「三者法出離鏡」，這四種都用鏡子來比喻，現在諸位道友都不帶鏡子，特別是女性的道友，妳們在家的時候，每天出門前要先照照鏡子，看看我漂亮不漂亮？不漂亮化妝一下，現在沒有了，這也叫熏習。現在連想都不想了，斷絕了，熏習就是這個涵義。

第三種法出離，什麼法呢？不空法。不空法我們前頭講的是空，現在這不空了。什麼叫不空法？「出煩惱礙、智礙，離和合相，淳淨明故。」這解釋法出離，清淨的意思。

法，上面我們講了，空也講了，有也講了，空有不二，中道妙理，這個法是中道妙理。這個法從障礙、染污、無明，最後是無明。出了、離開了，離開這些法，成了什麼呢？淳淨的、清淨的、光明的，這就是法出離。上面所講的空有不二、中道的、不可思議那種妙理，從煩惱障、所知障的障礙之中離開無明出來了，成了什麼呢？淳淨明，所以叫法出離；成了一切清淨本覺的，還原了，法出離。

依著人我執所起的見惑思惑，十使煩惱，貪瞋癡慢疑身邊戒禁邪，這十種從這裡出來，能障礙著你是這些見惑，它障礙不住了你出來了。以前是被這些障礙住，障住中道妙理，什麼是生死的障礙、煩惱的障礙？所以你不能產生智慧，反而產生種種障礙，這叫智的障礙。乃至眞、俗、分別，總說叫所知障。障就是被上來所說這些染污法，障礙住你眞實的智慧，本來你什麼都能知道，就是障礙不知道了，這叫所知障。

因爲你所知道的理法、事法就是理法界、事法界，不能夠理解，不能夠究竟的明白，就被這些障著，這是智慧上的障礙。但是智是不是障礙呢？智不是障礙，是被這個障把你智慧障住了。經常這樣說所知障、所知障，所知不是障；被障障所知，障住你不知道了。對眞諦、對俗諦分別都起執著，是因爲沒明白眞理，沒明白俗的諦理，這些都叫所知障。障住你所知的理法界，障住你所知的事法界，你什麼都達不到究竟，不知道的。

這裡頭分兩種，一種人我執的障，一種法我執的障，這個就法我執的障，這樣來解釋的。法與智慧，法不是障，智慧也不是障，什麼障住的呢？我執、法執這樣障著你。障事不障理的，障理不障事的，這種解釋都不是究竟的。實在是我執障也好、法執障也好，既障理也障事，在事法界它給你做障，你不能了解一切事法界，在理法界上它跟你作障，不能達到眞理，達到你淳淨的眞心，所以它們都是作障礙的。

我執、法執就是能障的，障住什麼呢？障住你所執的理，障住你所執的事，都是不究竟的。不論我執障也好、法執障也好，對事、對理都生障礙，障住你的智慧不能顯現，這個叫法出離鏡。必須出離了，你雖然沒有脫離衆生界，但是你理解到了，理解知道了中道的妙法，是可修、可證的。修的時候觀空觀、觀無礙觀，空觀、無礙觀一齊修，如果不能一齊修，先修空觀後修無礙觀。能、所，能修觀的能，所修的觀理，能障的是這些煩惱、惑業、我執、法執，所障的是理體，你自性本明的那個明心。

我們現在有些塵垢，塵垢就是六塵境界相，清淨相就不現了，有些垢染了。法出離之後，一切都不能障，出離了。我執出了、法執出了，一切都不是障，就是不空的法。出了煩惱礙，這就是我執消滅了，證得空理，不煩惱了；智障消滅了，離了和合相，淳淨清明，法出離鏡。

四者緣熏習鏡，謂依法出離故，徧照衆生之心，令修善根，隨念示現故。

這是緣熏習。「四者緣熏習鏡，謂依法出離故。」前面講了第三種，法出離了，「徧照衆生之心，令修善根，隨念示現故。」這就解釋你怎麼樣的明？怎麼樣的照？假外緣的熏習，緣熏習。內熏習呢？就是本覺熏習衆生，本覺熏習衆生這叫緣。因爲依此起的，熏習鏡依法出離，就是本覺熏習了衆生的妙用，這個名字就叫緣，助緣的意思。

依出離的體相而起的，這叫緣熏習，「謂依法出離故，徧照衆生之心，令修善根」，這叫緣熏習。身口意這三業，依著這三業你去修行，因爲修行故增長你這個緣，又增長你本來具足本覺那個緣，來照一切衆生本覺心。觀看一切衆生的根機，這樣的示現給衆生說法度衆生，使衆生修行能成就善根了；隨衆生善根的大小，善心的大小，諸佛菩薩就現身說法，這就翻前頭的染成了淨，這個緣熏習的使你本來的面目顯現了。

在性淨妙門本體之中，這就是諸佛菩薩用大，也是被度衆生的用大，能出離塵垢。就像你取鏡子一照，就知道你的前因後果，你的醜惡面目或者妙明的眞心都顯現了，這就是給你做發心修行的緣，就叫緣熏習。

所言不覺者，謂不如實知眞如法一故，不覺心起，而有其念。念無自相，不離本覺。

下頭要講生滅門了，我們前頭總說的時候講生滅門、眞如門，總說生滅門裡頭的阿賴〔黎〕耶識，阿賴〔黎〕耶識是和合識，和合識就什麼跟什麼和合的呢？有覺跟不覺兩種義，就叫阿賴〔黎〕耶識。

什麼叫覺義呢？前頭約淨法，明心的生滅。前頭講過淨法，明你這個心的生起生滅，那是約淨法講的。現在約染法來講，染法講明你這心的生滅，依著淨法講就是覺義，依著染法講就是不覺義。覺義的講完了，現在依著不覺義來講。

「所言不覺者」，什麼叫不覺？「謂不如實知眞如法一故」，就是根本不覺。開始的時候不能夠如實的知道，眞如法就是一；一者就是無，無者是不動，一念不覺而心妄動。一動了，動則生變，一變了就有念。一念不覺就是念頭起了，起了念頭。用很粗顯的講，我們在靜坐的時候，忽然想起來那個事沒辦好，馬上起來就去做那個事，就動了。這一動可就不清淨了：不動則已，一動就不停，一動它就不停歇了。

心起而有念，這個念沒有自己的體相，這個念不具體相，叫因覺成迷。一念妄動開始迷了，僅僅是開始迷了，但是這個還沒有離開本覺。不覺是依著本覺起的，他不如實知眞如一法，不覺雖然起了，這個妄念是因著覺才迷了，因覺成迷，但是還不離本覺，念無自相，念沒有自相，不離本覺，就是還不離開本覺的體。

過去有這麼句俗話：「夜夜抱佛眠，朝朝還共起」，每天跟著佛一起就睡覺，早晨起來也跟著佛一齊起來了，「但認五陰身，不認本覺體」，光知道這個五蘊的色身，本覺的體就不知道了。從此就迷了，這一迷就不停歇，一直到現在，我們都是這樣子，這個很有意思的。你經常觀這四句話：「夜夜抱佛眠，朝朝還共起；但認五陰身，不認本覺體。」佛是本覺，只認識到五陰身；妄了，不如實知眞如法一，不覺心起。

所以古人說入信位的時候，不怕念起，你不能制止你念不起。但怕覺遲，若覺悟快點，一起就知道，妄！別讓它相續，別讓它發展，只是起個念！這還是等覺菩薩。十地以上菩薩斷最後的微細無明，就在這一念，現在愈染愈烈，越染越糟糕就墮落到深處了。

猶如迷人，依方故迷；若離於方，則無有迷。

就像迷人似的，到了五台山，哪兒是東台、哪兒是北台、哪兒是南台、哪兒是西台？東西南北都不知道，找不到方向了！這個事就講這個的；迷人迷了方向，不知道東西南北了。因爲有東西南北，他辨別不清楚才叫迷了，如果沒有東西南北，哪還有迷可說？東西南北誰定的？從什麼時候定的、怎麼定的、有東西南北嗎？這是要參的。我東邊、西邊、南邊、北邊，這是迷方，但事實上有沒有東西南北？問題在這兒。

執著這是東方，我們站在西邊上才知道這是東方，站在東方的時候往東看，還有個東方，東方還有東方、東方還有東方，西方還有西方。例如我們念極樂世界，念生極樂世界，一個老修行問一個念佛者，你要生西方極樂世界，哪一個西方極樂世界？西方就是西方那個西方極樂世界，他說釋迦牟尼佛說的，念一聲佛等於念無量聲佛。

一個佛，一個西方佛就有一個西方極樂世界，站在現在的西方極樂世界，再往西邊看，還有西方無量世界，還有西方極樂世界。我們說念阿彌陀佛，上回我們講的故事，南無西方極樂世界，三十六萬億一十一萬九千五百同名同號阿彌陀佛，就有同名同號的西方極樂世界，一直往西方走，永遠不盡的都是西方世界。還有西方極樂世界，阿彌陀佛，還有阿彌陀佛，無窮無盡的。

方無定方，法無定體，因爲有了方向才迷了，若沒有方呢？根本就沒有方，那就沒有迷了。這形容什麼呢？無明本來不離開本覺，這個道理很難得理解。所以拿這方來比方。猶如人迷了方向，原有的東西南北位置，他迷了搞不清楚了，認東爲西，或者拿南邊當北邊，原來就沒有東西南北，那還有什麼迷可說呢？這是形容詞，因爲衆生也是這樣，依了覺才說迷，離開覺還有什麼不覺？離開本覺的衆生就像迷方的人說；依著方才迷了，因爲不認本覺，若還依本覺呢？還回來，迷就破了。相對的，有覺才有不覺，根本就沒有覺，不覺也沒有了。

衆生亦爾，依覺故迷，若離覺性，則無不覺。

衆生也是這樣，「依覺故迷」，若離開覺性就沒有不覺了。迷了本覺的衆生，就像迷了方向的人，「依覺故迷」，不認得本覺，若還回來，還依本覺他就不迷了。若是我們離開方向，還有什麼東西南北方呢？沒有這些方向。

以有不覺妄想心故，能知名義，爲說眞覺。若離不覺之心，則無眞覺自相可說。

這只是標題。以下要講九相，先把覺跟不覺弄清楚。現在大家若是能先把〈起信論〉從頭到尾看一遍，你再來聽就容易一些，能夠念上兩三遍，心裡有個底子再來聽課，很容易理解。但是也必須得跟你的現實生活結合起來，明白跟不明白我們懂吧！本覺跟不覺有時候還弄不清楚，說的名詞太多了，但是明白跟不明白你該懂。法堂在哪個位置？起居飲食在哪個位置？你應該知道吧！

這個你懂，這個跟那個意思是一樣的，你別把它想得太深了。你從最淺處，從生活之中體會，我們有病了，你連離開寢室到法堂往哪邊走你都不知道了。我這麼說大家可能不相信！沒有一個說我在寢室出來，在那個院到法堂，到那兒去還不知道啊！腦殼昏了，等你有病的時候才知道，糊里糊塗就不知道了，發高燒燒得什麼都不知道了，那叫病態。我們也如是，我們現在都害病啊！害什麼病呢？這個大家都能回答，不說了。

復次依不覺故生三種相，與彼不覺相應不離。

因爲不覺妄心動了，離開眞覺，妄心一動就叫不覺。不覺生了眞覺就隱了，隱到什麼地方？隱到不覺的心中，這種只是不覺的因。得遇諸佛說眞覺之法，眞覺之法就給這個作緣，兩種因緣和合，從不覺再顯本覺，不覺怎麼生起的？現在是講不覺的生起，不覺的生起有三種相，這三種相都跟不覺相應不離。

云何爲三？

一者無明業相，以依不覺故心動，說名爲業；覺則不動，動則有苦，果不離因故。

哪三種相呢？「云何爲三？」徵啓義，前頭都是標題，標題以後再一個一個加以解釋，這三種「一者無明業相，以依不覺故心動，說名爲業」，這叫無明業相。

不覺是對著覺說的，覺就不動，動則不覺；不動沒有苦，動就有苦。「果不離因故」。假使說你現在在普壽寺不動，就是不離開不走，清清靜靜的，一天生活起居有一定的規律；誦經、念佛、聽課都有一定規律，但你一動這些全沒有了，「動則有苦」，趕車、找地方住，到陌生地方做客你就不安定了，很簡單，這個該懂了。「動則有苦」，不動就不叫業，一動就叫業；一動就無明，無明叫業相。因為不覺心動了，動了就是個業因，有了因了一定有苦果，所以我們叫業。

業是造作義，最初開始的時候造作得非常輕微，只是動，所以由動而後才產生變異生死、分段生死，才翻染還淨，這一動要經過無量劫。動是對著不動說的，業是作著無作說的，對著淨說的。「動則有苦，果不離因」，這就開始這個業相，它動就不停止了。拿這個例子說，你這一動另找地方住，到這兒住不相應，又跑那個地方，不相應，你再想找一個比普壽寺更好的地方，沒有了；就動吧！就到處找，這一找越找越苦，越動越粗，這是細相，這一動就起了分別。

二者能見相，以依動故能見，不動則無見。

前頭說動必有苦，這個苦還沒有結果，必須先有因，因才能結果。有能見就要有所見，動就能見，「不動則無見」，這就是我們說的業相的轉相，能見相就是轉相。因為業就起了個見相，「以依動故能見」，反過來說不動，「不動則無見」。見要產生分別，能見是動的思想妄念，它要見境界，所以第三者就叫境界相。

三者境界相，以依能見故境界妄現，離見則無境界。

有了見相就產生所見的境界，但是這個能見的境界是妄現的，沒有眞實的，離了見境界，相也沒有。業轉現，這三相叫三細相，還沒有離開，雖然不覺，還沒有離開本覺，所以叫細相。

以有境界緣故，復生六種相。

因爲有境界的緣，越變越粗，有境界緣的緣故，無明就給境界的緣作因，境界就緣這無明的因，因緣和合又生出六種相。

云何爲六？

一者智相，依於境界，心起分別，愛與不愛故。

云何爲六呢？

「一者智相」，簡略說什麼叫智相？「依於境界，心起分別」，一起分別有愛好，有愛必有憎，憎就是不愛，就產生「愛與不愛故」。這個境界我喜歡，那個境界我不喜歡，喜歡的就愛，不喜歡的憎嫌就想捨棄，這都是沒有實體的、幻化的境界。

依於第三的境界相，現相就現境界相，這就產生了十界的依正二報，虛幻的妄想心叫智相，這個叫智相不是眞智。把虛幻不實的，而取其起執著計度、起分別，違背他的思想不如意的，他就憎惡；順著他的思想情感相應的，他就喜愛，那就有憎愛。依著這個智相，這種憎愛的心，相續不斷的心相，這叫相續相。

二者相續相，依於智故，生其苦樂，覺心起念，相應不斷故。

「二者相續相」，六粗的相續相，生起了苦和樂。樂的就喜歡，苦的就生厭離，就有這種的感覺，所以妄念相續不斷的。

三者執取相，依於相續，緣念境界，住持苦樂，心起著故。

在這妄境界相中執取，依著相續而產生執著取捨。緣念這個境界相，住持苦樂的境界，這心起執著，愛者就喜歡、留戀，不愛者就憎嫌、想脫離，這就是執取，執著取捨。

四者計名字相，依於妄執，分別假名言相故。

因為執著取捨了，他就標個名號，就叫計名字相。依於前頭的妄執，妄想的執著，分別假名的言相，因此就對外頭境界，起執著取捨，分別假名言相。那就想辦法，好的就想得到，不好的就想捨離，那就起業了。

五者起業相，依於名字，尋名起著，造種種業故。

三細相不說，六粗相的前四種屬惑，惑是指思想上的問題，不是指行為，只是意念當中生起的惑。但是起業就不同了，起業就叫眞正的造作義，起業就造了，好的得不到就想辦法得到，得到就造業了，「尋名取著，造種種業故」。我們現在都在造業當中，看你造的是什麼業。

六者業繫苦相，以依業受果，不自在故。

你一造業，業就把你繫縛住了，想跑也跑不脫，叫業繫苦。依著你造業的因，一定隨著你造的業要受苦果，一受苦果可就不自在了。假使說翻回來你要觀照，認識到不造業了，業就繫縛不住你。你不造業，它怎能繫縛住你？

當知無明能生一切染法。

由一念不覺妄動而生起了無明，無明生起這一切的染法。要知道無明是根本，業轉現、執取、計名字、起業、業繫苦，這叫枝末，枝末沒離開無明，叫枝末無明。這個枝末無明是從根本無明而生起的，你若想除枝末無明，必須得斷除根本無明。

以一切染法，皆是不覺相故。

復次覺與不覺有二種相，云何爲二？一者同相，二者異相。

這是總說了，「以一切染法，皆是不覺相故。」我們前頭講覺，不覺產生始覺，始覺完了就是相似、分段、究竟，上來所說的叫一切染法。不覺是什麼樣子？不覺就是業轉現、智、相續、起業、業繫苦就是這些染法，這都是不覺的相。把覺與不覺總合起來有兩種相，「一者同相，二者異相。」

我們在生滅門中，前頭不是說一心二門嗎？眞如門是無言，生滅門講是生滅心；生滅心有兩種，一種淨心的生滅，就是始覺跟本覺，本覺不覺，不覺產生始覺，始覺就是染心的生滅。在生滅門裡頭講要辨別什麼是覺與不覺，相同的意義？就它的本體上來說叫同義，同於本覺。還有異義、異相，就是不同於本覺，染不同淨；淨也絕不是染，這就是不同。染即是淨，淨即是染，這是同，同一個本覺。

這是一層一層的分別來解釋。就像剝大蒜，或者蔬菜剝的皮，有粗皮有細皮，一層一層剝，完了才到心裡頭，跟那意思是相同的。從淨到染，從本覺產生不覺，不覺又產生始覺；始覺到相似覺，相似覺到分證覺，分證覺到究竟覺，究竟覺了還回來不？成了佛，以後還染不染？不會再染了。

現在大家說發心，發菩提心說得太高深了，就我們發了善心所，發了淨心說，發了心，或者受三歸，乃至更發大心。所謂大心者就是依佛教導而出家，落髮，受三歸五戒，乃至受沙彌戒、受比丘尼戒、比丘戒，一步一步的，這是從染返淨的道路上走。現在我們走到什麼地位呢？在信心當中，信心所還沒有完全成就。我們現在在這個位置上，把信心成就滿心，成就我們這個信心了再不造惡，成就信心。惡止，善行，止惡行善了。

但是善裡頭有很多的差別，你們學比丘尼戒，乃至於五戒，五戒就有很多差別，根本的義是相同的。但是你把這五戒貫串到沙彌十戒裡頭，乃至比丘、比丘尼的五戒，他要求你的更高，這就叫次第；這個次第也是停止你染污的業，淨業的增長，逐步逐步往前增長。

如果我們信心堅定了，相信本覺的義，相信自己一定能成佛。自己本具的有佛性，那是我們的本體。依著本體我們還能恢復，把染污洗刷乾淨，恢復了本覺的清淨妙明眞心。如果信位堅定了，相信自己，相信這過程確實如是；你在修行當中，就修行這個信心，要經過相當的時間，但是有速有慢。

言同相者，譬如種種瓦器，皆同微塵性相。

我們這一班同學，大家都在普壽寺住，穿衣、吃飯、規矩，好像是一樣一樣、平等平等的，其實每個人的心裡狀態不平等了。就這個信說是十個位置，次第太多，等達到十信滿心，登了初住，你恢復這個淨業，才眞正上了正規的軌道。「軌生物解，任持自性」，你才能夠隨著你的性走，爲什麼呢？相似覺悟了；相似覺還不行，還不踏實，但是它不退了，初住不退；這個時候發菩提心，他確實厭離世間，厭離世間不捨離世間，這叫大悲心。同時有智慧，有般若的智慧，指導自己的大悲心，去行佛道的事業，逐步逐步的從相似覺到分證覺。

覺和不覺之間的差別，從時間上來說要經過三大阿僧祇劫，有時更長一點，有速有慢；迷的也有深有淺，各個不同。以下講覺跟不覺的兩種相，哪兩種相呢？「一者同相，二者異相。」

同相，作個比喻，譬如種種瓦器，都是微塵、都是泥巴；泥巴是微塵所形成的，它的體性就是微塵。我剛才沒拿微塵做比喻，就拿我們道友們來比，看到大家都一樣同相，腦殼一剃走在一起，分別不出來是男是女，老了可以分辨出來，像那十幾歲小孩子，在一塊堆裡你分辨不出來的，同是出家人，這是同相。

這兒比喻作瓦器，同是泥巴同是微塵，那是比方。例如說我們同是出家人，同是發心修道者，成佛的先後回復的就不同了，看的是一樣，其實不一樣。這個瓦器我們可以把它作成瓦，作成糖罐，作成大缸都可以，大小不同。或作藝術品、作花瓶，就是泥巴燒成瓷器，瓷器也是泥巴來的，瓦瓷同一個性質的，那是它的體性，就是同一個微塵的性相。

如是無漏無明種種業幻，皆同眞如性相。

法上的無明、種種的業幻，這就是無漏的無明，種種的業幻跟原具的本覺，是依本覺而起的；本覺產生不覺，原來的微塵變成陶器，陶器是不是微塵成的？是微塵成的，但它不是微塵了。拿窯去燒作瓦，你可以喝水作煮飯鍋，拿陶器來作飯，那就不同了。

「無漏無明」，無漏就是始覺，依著本覺而產生始覺；始覺產生不覺，因不覺產生始覺。始覺也好、不覺也好，還沒有離開本覺的性。本來性淨的本覺，隨著本覺是一切淨法；隨著本覺而起的無明，無明又產生種種的業幻，那是染法，染法是依著淨法而起的。根本不覺是個無明，枝末無明就是變成有漏染法，根本的無明跟本覺是相合的。這時候沒有相沒有言說、沒有語言也沒有文字，感到枝末的不覺就是有漏染法，這些有漏染法種種是造業幻有出來的，不是眞正實有的。

眞如就是我們本覺眞如、本覺的性，隨著幻化的染法，又回轉修行淨法，修行淨業，再恢復一切覺悟的覺相。但是隨著幻染造種種的染業，我們上來所講的九相都成了不覺了。這裡頭染淨淺深的各個不同，你觀察它的本體、性體，還是個眞如性，因爲相不離性、相不離體；同是眞如相故，這就叫同相；起了種種的瓦器，那就叫異相，但皆同微塵，那就叫同相；產生種種的器皿，就叫異相。

是故修多羅中，依於此眞如義故，說一切衆生，本來常住，入於涅槃，菩提之法，非可修相，非可作相，畢竟無得。

修多羅就是一切契經，大乘裡一切教義、教法都是依著眞如，「說一切衆生，本來常住，入於涅槃」。菩提，覺悟的覺法，菩提就是覺，這個覺也不是可以修的，也不可以作相的。根本無所得，法身德、智德、解脫德，這三德你本來就具足的。

返染還淨不是外頭得到，是原來本具的，這是約理上來說。約事上，可經過一番曲折，這個曲折時間非常長，在曲折當中，這說深義了。修，無所修；作，也無所作，爲什麼？這是眞空妙有的涵義。有，一切諸法有，是妙有不是眞有，妙有非有不是眞有的；眞實的體性是空，眞空不空，成立一切法。

因此你當成這些幻有都是病，病是自身起的，你用藥，吃完藥病好了，病到哪兒去？

病從什麼地方來的？你找這個原因，不論從人天道、畜生道，乃至二乘道、菩薩道、乃至究竟佛道，都是自己的妄計分別。

若想在修多羅契經裡面講眞如的義，眞如義就是本覺的義，「說一切衆生，本來常住」，也沒有什麼菩提佛法可以求？也沒有什麼涅槃法我們可以證？我們修，修無修相，不是可作相，是幻相。修到最後無得無證，最高的境界是無得無證無求。

你一進入佛門是三門，每個廟修門都修三門，小精舍不同，只要修寺廟就是三門。三門代表什麼意思呢？也代表三德。

亦無色相可見。而有見色相者，唯是隨染業幻所作，非是智色不空之性，以智相無可見故。

空、無相、無作，一進門就告訴你空、無相、無作。沒有色相可見，所見的色相是隨染業，隨著無明的染業幻有的，別把它當成實有，不是智慧的色相不空的體性，「以智相無可見故」。可見的色相是幻化的不是眞實的，實際上是沒有色相可見的。

這個道理是講同相，跟本覺智相同的，異相就不是這樣。假使說有這樣的懷疑，生死就是涅槃，生死若即是涅槃的話，報、化、生相都是幻化不實的。衆生沒有果報的相，也沒有業報的相，諸佛也沒有報身相也沒有化身相，同一法身故。而在事法界裡頭，諸佛有報化身，怎麼會說沒有呢？這也是幻化的，諸佛的報化身隨衆生的業而現的，但是翻染業；染業所作的化身之相不是眞實的，因爲不是眞實的，說這個色是空的。

大家讀《心經》的時候，「色即是空」，但是這個空又顯現不空的性體，性體不空。染緣所起業、造業受苦，我們開始明白了，始覺了就發心修行斷了惑業了，改成淨業，你認識到這是幻化不實的，又變成妙相。妙相沒有眞實的，妙相非相，這是眞如自體的，妙有非實有。

如果把妙有當成實有，又落入凡夫境界就是徧計執了，又怎麼知道智色是空？前頭我們講九相，三相自體的業轉相我們不說，智相跟相續相，智相是不可見的，智相是法性理體所顯現的，它具足大智慧光明，到七地菩薩了得到這種境界，證實這種境界，他是自在不變的，肉眼是看不到的。「肉眼通非礙」，天眼也見不到，是法眼觀的，法眼就觀空義。從智相的法性理體所具的智慧光明義，知道這是遍照的，知道它是清涼不變的，智相是不可見的。

以上都講同，同什麼？一切的世間，一切諸相同於本覺義，生死即涅槃，生死就是涅槃，因爲沒有生死也沒有涅槃，相對而說的，這叫相對法；相對法不立就是同相，相對法立，就是異相。

譬如從瓦礫到陶器，那個瓦器，它的本體是微塵，微塵沒有什麼異相，同是微塵，但是你作出瓦器各個不同，它就有異相。

言異相者，如種種瓦器，各各不同。如是無漏無明，隨染幻差別，性染幻差別故。

以下是講同相，這個意義學很久的可能會理解。但是初學的，沒學過大乘圓教義的，聽的是糊里糊塗的，還是不夠明了。如果你明了，明了不說是明心見性，起碼你理解力是理解到。這個不是你十年、二十年、三十年、五十年就學會的，這要靠你好多劫，產生這分信心都不容易！我們這是〈大乘起信論〉，剛讓你起信，從辯論當中讓你產生信。堅定你的信心，相信自己是佛，相信自己一定能成佛，只達到這麼一個目的，這就是目標，懂得這個涵義吧！要求並不過高，只要信就好了。說我信哪！你不講我也信，那個信沒有根據的。信根據什麼呢？跟你所作的、所為的、所行的，你要從事實上來證明，眞正這樣信了，你還去造粗業嗎？粗業不會造的。

雖然見思煩惱不能斷，你的執著就輕微了，貪戀心就少了，煩惱心就沒有那麼重，你自己可以驗證自己。煩惱心很重，一天妄想貪瞋癡不斷，名利心不歇，財色名食睡，這現實境界相你自己去體會。

諸位道友都是佛子，雖然不能斷，但是我們能降伏；在惑上不能斷，在業上我們降伏了，不作了。現在我們都沒作，起碼殺盜淫我們現在都沒有；但是說到細的，我們是沒斷，那是以大乘來要求的。我們若對大乘起信，大乘所要求我們的，現在我們只是能生起信，有了信了根本有了，我們逐漸在信位裡修行，修行信位成就了，信不退就住。

在住行迴向的時候，雖然三十位，最難的是初住，只要入了初住了，這三十位的次第順序而成，達到十迴向境界。登了初地那個信心，達到初地的菩薩他生大歡喜，因為他見了法性，見了眞如實體了；雖然見了一分，他證實眞實不虛。

這是辯論的意思，大家都可以討論，你有不同的意見也可以對馬鳴菩薩說，這個道理你有你的看法，你可以說也可以討論。論是大家可以討論，不是佛說的，佛說的你就只有遵循、信受、默契。但是他是把百部大乘經典來作這個論，也就是對百部大乘經典越辯越明，你信的越紮實，信力信根信得紮成根了，那就再不退了，根生葉茂進入初住。

初住才叫發心住，眞正發心菩提心了。那個發菩提，眞正的是對著十信位前，對著凡夫說的，實際上他相似了不是眞實的。那時候他的菩提心就比我們這個信心，我們現在發的菩提心就眞實多，但是還是相似的，相似的成就了，眞實證得一分法身才眞正成就。

我們現在就是在摸索當中，從辯論使我們這個心更能明白一點，討論怎麼樣對大乘生起信心，信而不退。我們現在沒有證得信位，沒得到住還退啊！所以我們裡頭有還俗的、罷道的；一轉轉個面目，死了之後再回來，來一生又沒辦法，又得從頭開始起。還不曉得遇到因緣遇不到因緣，遇不到因緣又沈默好多年，等你這個善根成熟了，又來了再開始吧！又得從頭來作。

染幻的差別無窮無盡，這還沒說人家干擾你，等到〈起信論〉後面講魔業現前的時候，道高一尺魔高一丈。那是內五蘊，你的色心二法，自己給自己起障礙，內五蘊的魔障。《楞嚴經》有五十種，色受想行識，每一種有十種陰魔，叫五蘊魔，自己的魔障，自己給自己做障礙，完了自己還不認識。

我們這些道友，六親眷屬，現在就有好幾個著了魔了，著了魔了迷迷糊糊，神精失常。魔障是有的，有時是你內心的，有時是外境的，你過去欠人家債，因緣成熟了找到你，魔是這麼來的。現在他不容易找到我們，爲什麼？三寶加持力，護法護持力，你在寺院裡頭的護法神很多，你看見也好、信也好不信也好，自然如是，法爾如是。爲什麼要住常住？大家加持力。

你懂得這個異相了，懂得種種的差異。個人的業，就像瓦器造成各種的器皿，樣子不一樣了。現在我們這幾百人，沒有一個相貌相同的，你看那雙胞胎，總有差異，他有個特點不同，心理狀態不同，感到他成長起來就不同。就像吃飯一樣、穿衣服一樣、守規矩一樣、學習一樣，一樣嗎？這叫異相，不一樣。

每個人的面相、每個人的行動、每個人的坐臥，他跟他內心相應的；他內裡頭有什麼思想，外頭就有什麼表情，絕對不一樣。他自己跟自己從早晨到晚上，就這十幾個小時變化很多，你要注意！光注意別人不行也注意自己，想你這個心起多少個念頭？本來是一心，妄想差別起好多念頭。這就是從你無漏無明，隨外頭所遇環境，還有內心五蘊所起的變化，性具本體的染幻差別。

復次生滅因緣者，所謂衆生依心、意、意識轉故。

不學佛的人能懂得這些道理嗎？這個心是肉團心？不是的，還有個意，還有個意識。生滅門的因緣就複雜了，不像本覺那個因緣分的生滅門，眞如門沒有可說了，生滅門的越染越粗。現在到麤相，這是講生滅門，就講心生滅的因緣，生滅因緣是什麼樣子呢？下頭就要講生滅因緣的相，現在我們講生滅因緣就是衆生心，心、意、識，隨時轉化。

我們現在講大乘不是小教，小教的心都是指著第六意識集起的。集起的心，集一切種子起現行，這就叫心。我自己想法思量，時間、處所、地點、條件、事，就是這個意，了別現前境界，這叫名識。

大乘始教才講八識，佛在世給阿羅漢說小教的時候，只講一個意。講始教的時候才講心、還有識、還有了別，這是講生滅的意思。從集一切種子生起你的現行，七識的傳送，執八識為我，意識就是眼耳鼻舌身意六識，在法相部份，分成這三部份。

在〈大乘起信論〉講心的眞妄和合，只分唯識，意是生長的義，也是能依義，業、轉、現、智、相續。業轉現八識之中的一分生滅相。智相、相續相這就是小中大三乘意識，三乘法有時候是指著聲聞法、緣覺法，始教的菩薩法。

〈起信論〉講心的眞分和妄的部分和合了，這個叫識，這是〈起信論〉上講的；依著識的意識來開為五個，業、轉、現、智、相續，九相的前五相。

業轉現雖然是與本體相合，但是它也在八識當中的阿賴〔黎〕耶識的一分的生滅。智相、相續相，這是三乘人的意識。聲聞、緣覺、菩薩三乘人的意識，以這個意識跟凡夫的第六意識，乃至眼耳鼻舌身前五識，跟這意識相合的就叫六識。

轉呢？這個轉不是前頭那個轉，這個轉是展轉的。五種意識依著心而起的，意識是依著意而起的；意不是意識，把這個開闊來說，業識是依著心，轉識是依著業，現識依著轉，智識是依著現相的現。續就依著智相，展轉生起這樣叫生起因緣，倒轉過來叫還滅因緣，記得這麼兩個就行，一個生滅因緣，一個還滅因緣。

現在講生滅因緣者，依著衆生心；依著這個心產生意，意生識，心意識轉。

此義云何？

這都叫標題，這個因緣道理怎麼解釋呢？以下就解釋了。

以依阿黎耶識，說有無明。

這個時候總所依的心，不是本覺心了，總所依止的心叫阿黎耶識。前頭講的阿黎耶識眞妄和合，就是一切衆生爲能依，這個心阿黎耶識就爲所依。像我們前頭所說的意，意跟意識是能依，心是所依，這個心是八識心，阿黎耶識心，所依的心就是阿黎耶識心，這跟法相宗講的不同。

把阿黎耶識定爲眞跟妄，兩個和合的，從阿黎耶識眞的部分，說有隨緣義，隨著前七識的緣它有不變義。隨著那個本覺的心，現在我們講的生滅因緣，專講隨緣義就是一切生滅的因；阿黎耶識眞的部分隨緣，在隨緣義說，說有無明，無明無性而能成就一切事法界。事要理成，就是阿黎耶識眞的部分成就這個事法界，成就這一切世間種種因緣，也就是生滅因緣。這說明什麼呢？無明。這個無明可是根本的，指無明根本。從根本無明產生了意、意識，乃至前五意識，那叫枝末無明。這裡頭就分別什麼是根本無明？阿黎耶識；無明是阿黎耶識妄分；什麼是枝末無明？就隨著轉，前七識所生起的都叫無明，那叫枝末無明。

不覺而起，能見能現，能取境界，起念相續，故說爲意。

講意識，先講意。色心二法專講心法，心法五意展轉生起，這個叫意轉。它是不覺而起，就說明了沒有個能覺。不覺而起是什麼？我們前頭講了很多就是業相；能見，業相不覺而起。能見是轉相；能現是現相；能取境界是智相；起念相續，相續相，這是五相。總的說來就說一個意，意就包括這五種相。

我們平常講意就是指意識，想一想，那是粗的，達不到這個所說的細。

此意復有五種名，云何爲五？

這個意產生了五種名字，分別說的五種名字，就是講初起、生滅，怎麼生起的？怎麼滅的？先講生起，哪五種呢？

一者名爲業識，謂無明力不覺心動故。

第一叫業識。前頭講業相，這裡講業識，無明的力不覺，眞如隨緣。本來非動而現動相，假無明爲能生，所生的業識，業識就是所生。無明一動就叫業識，一動就叫無明，無明就變成業識，生了業識。什麼是業識？業識就是阿賴〔黎〕耶識，無明心動就是業識。

二者名爲轉識，依於動心能見相故。

什麼叫轉識？心一動就想見，起一個能見，這就是八識之中的見分。這個動這個轉識就依著業識，依著業識而動心欲見。所見的見分，能見這個見分把眞空之理變成斷空，在斷空當中還是堅固的想見，所以這個轉識就叫見分，八識當中的見分。若知道轉識就知道業相、轉相是一個，轉相是業相的見分，現識是轉相的相分。

三者名爲現識，所謂能現一切境界；猶如明鏡，現於色像；現識亦爾，隨其五塵，對至即現，無有前後。以一切時，任運而起，常在前故。

第三個就是現識，能現一切境界。我們這麼說起來好像很容易！要斷現識，必須證到七地菩薩，那時候可以見到法身；證到七地才能斷這個現識，現識所現的一切境界就是一切色相；這一切境界相，就是隨著色聲香味觸法、隨著五塵的境界頓現。現相的時候，對著色聲香味觸法境界五塵境界頓現，沒有前後次第的，一切時一切處，「任運而起，常在前故。」

大家都可以靜坐下來，這種境界相很容易觀照；在這個之前，我們觀照不到。這種境界頓現，好比我們這一想自己所經過的處所、所到過地點，這只是現生所到過的處所，它能頓現；頓現法呢？你就觀想到過的城市、到過的地點，從你出生地到你所經歷的，你靜坐下來思惟的時候，它可以頓現沒有前後次第的。在這個頓現當中，你分不出前後次第，是我出生地先現？還是我到了紐約，紐約後現？沒有，它是頓現的。

這個你可以試驗一下，但是這種現相是你觀照的時候現，不觀照的時候它不現。但是你過去生不知道了，你只能現生的。這一個頓現可不同！你過去、現在、未來三世中的，自然而有的。夢中你所沒見到過的境相，在夢中見到了，夢中現。如果你從來沒見過的，夢中也現不到，你過去多生見過的它夢中才現，沒見到它不現。你也生過天，夢裡頭好像見過，不知道自己生過天，那種殊妙境界很微妙，好像自己還認爲佛境界了！不是的。是你過去宿有的幻影，它有時候沒有前後，任運的，任運就是自然而然。爲什麼這樣呢？因爲這個現實，從過去、未來、現在三個時中，它是自然而有的，跟八識同時的。

八識，「去後來先作主翁」，來在先，走在後。爲什麼我們出家人死了，要擱七天？讓識走盡，八識還沒離開你的體？八識沒離體，誰若動你，你就感覺痛苦；誰若罵你，你不能分辨了！沒有前六意識了，那心裡起記恨心，誰若動你，你是沒有分別了！不曉得親人什麼的，誰動你，你就感覺痛苦的不得了，生起憎恨心。

不論前後一時齊現，色聲香味觸的法，前五塵境界相一時齊現，這叫現識。這個現識跟轉識跟業識，三爲一體。我們前頭講了還沒離開本覺，還在本覺的妄分當中，一念不覺心動了在無明，這三個就是無明的表現，就是無明心一動，它要來分別要有個能見的，能見要見於所見的，能見所見的還是無明那個心動。

四者名爲智識，謂分別染淨法故。

第四者智識，那就不同了，智識要分別染淨諸法，所現的四聖六凡一切染淨的境界。淨就是四聖，四聖的德位淺深不同。染法的六塵，染業有輕有重，墮落的有深有淺，惑業有粗有細，這都是依他起性，依他而起的幻有；把幻有當爲實有而去分別它、取捨它，什麼是淨？什麼是染？

五者名爲相續識，以念相應不斷故，住持過去無量世等善惡之業，令不失故，復能成熟，現在未來，苦樂等報，無差違故，能令現在已經之事，忽然而念；未來之事，不覺妄慮。是故三界虛僞，唯心所作。離心則無六塵境界。

第五種就是相續相，以念相應不斷，識的本體不斷的來相續。什麼不斷？相續不斷，永不停歇的，過去、未來、現在。「住持過去無量世等善惡之業」，令他不失，不但不失還能成熟，成熟什麼呢？成熟現在的、未來的、苦的、樂的一切果報，從來沒有差錯，從來沒有違背、不相應的，沒有。違是不相應，沒有差別，沒有錯誤，沒有違故。能令已經過去的事忽然生起了，你經過的事沒作意，它突然念頭來了，忽然就思念它，未來的事情還沒來呢？在這就想未來怎麼做！這叫相續。

念相應不斷，約識的體上來說相續不斷，就是現相所現的智相去起分別，之後染淨的境界相應不斷就叫相續。這全是指法執說的，還沒到人我執，在法執之中所起的善惡業報，不斷的相續，你在這裡頭不斷的貪愛取捨。

所以《金剛經》說：「過去心不可得，現在心不可得，未來心不可得。」三心皆不可得。過去已經過去，現在又起了念頭，追悔，又思念；現在馬上又成過去，現在不住！不住，馬上的現在又變成過去了，未來呢？未來還沒來，你現在把它虛妄的過慮、憂愁沒必要！爲什麼他非這樣做不可呢？相續識，使它不斷，這就叫相續。

因此說：「三界虛僞，唯心所作」。要你觀哪！三界都是假的虛妄不實的，都是你自己的一心。染呢？是你唯心幻有，淨呢？也是你唯心幻有；沒有染不會說到淨，沒有淨如何又說到染呢？你把它當成實有是絕對錯誤的，要知道染淨是實在的，那是錯誤的。

染淨其實是空的，像鏡中像、水中月，要這樣想。《金剛經》說：「一切有爲法，如夢幻泡影；如露亦如電，應作如是觀。」好、醜、美、惡、幸福、災禍，都是空的，是你相續智相的妄執。離開你的心，哪還有六塵境呢？離開你的心識，這是說離開識，這個心就指心識說的。若離開這個心識，三界六塵實在的境界，沒有！這個道理怎麼講呢？

此義云何？

以一切法，皆從心起，妄念而生。一切分別，即分別自心。心不見心，無相可得。

因爲一切法都是依心而起的，依你妄念而生的。一切分別都是分別你自己的識，自己的心識；「心不見心」，識不得識，「無相可得」。

講到現實境界，一切法指著什麼呢？不過是欲界、色界、無色界，色聲香味觸法，就是依他起性，沒有自性的。染法也好、淨法也好，就是眞妄和合的那個心，這個心是指眞妄和合的心。有時候妄熏眞，眞就越熏越妄；有時候眞熏妄，妄歇眞顯現。我們經常說眞如熏無明，眞如熏無明就生起淨法，無明熏眞如就生起染法，但是都從心生起的，萬法唯心，有時說萬法唯識。

偏計執，遇什麼執著什麼，那也是它和合的識心。偏計執就執著、思惟、懷疑，和合心和成一個了怎麼又互熏呢？怎麼又能生起諸法呢？

馬鳴菩薩解釋這個意思說，這個妄念所生的，還是妄念，在這枝末無明，不錯都是妄念。但是這個枝末無明裡頭它有一分的隨緣，隨什麼緣呢？隨眞的緣。

就拿我們的事實說，現在就是枝末無明。我們現在能夠歸依三寶，依著三寶佛法僧的教導，依著三寶的熏修，反熏眞如，這樣就生起淨法了。現在我們所做的事，生活、起居、習慣，依著佛的教導而做的這叫淨法。如果以貪瞋癡愛身邊戒禁邪這些惑業，要來熏這根本無明，本來就糊塗，再經這一熏更糊塗了；依著妄念而生、而起，越來越妄。按這樣說法，我們這個心能夠作一切諸法，但是這心所做的這一切妄法，無明所作的妄法，爲什麼我們只見妄的境界，而見不到心呢？因爲我們不懂得一切境是唯心識所現。

以大乘教義來說，心能轉境即同如來，心若能轉境就是佛，但是我們這個心是隨境轉的，隨妄境所轉，產生都是分別心。《楞嚴經》上說：「自心取自心，非幻成幻法。」本來沒有幻法，自心來取自心，非幻成幻法。心不見心，如眼不見眼，我們的眼睛看不見自己眼睛，心是個什麼樣子？我們看到畫畫，畫那個心，寫個心字那個標籤，那是肉團心，那個心不是心!心是因境起的,境若寂靜,境沒有了,心也就沒有了。

《楞嚴經》上說的,心能轉境,心能轉變外頭境界相,那就同佛了,也就像佛智,心被境轉那就是六道衆生。心空了,心空境也沒有了;境寂了,境寂心也空了。像我們最高深的懺法就是「業性本空唯心造」,沒有業,我心都亡了,「心若亡時境亦空」,境也就沒有了,「心亡境寂兩俱空,是則名爲眞懺悔」,這就是眞懺悔了。

當知一切世間境界,皆依衆生無明妄心而得住持。是故一切法,如鏡中像,無體可得。唯心虛妄。以心生則種種法生,心滅則種種法滅。

境界相就包括我們所能見到的,意念所能緣念到的,十法界的正報和依報,這些諸法是幻有的,不是實際的。怎麼有的呢?依著根本的無明,跟我們的業識心,有時候現,有時候住,有時候不現。但是所有一切境界相就是一心,一切境界相就是依著衆生無明的妄心得住持的。迷了這個心,把一切境界當成眞的,境界是假的,離開心了沒有境界,所以說一切境界都依著衆生的無明妄心才得住持的。

因此才說一切法,像鏡中顯像的影子,水中現的月亮,「無體可得」。只是心虛妄,「唯心虛妄」。總的來說一切法是「心生則種種法生,心滅則種種法滅」,這段文義就要我們反觀觀自性。《楞嚴經》說觀自在菩薩,他是反聞聞自性,就是前面所講的,眞心隨著無明的緣,現虛妄的境界相,這個虛妄的心就是我們現在這個妄心,把眞心迷掉了。因此不知道唯心的道理,把妄心當成實有的,把妄境也觀成實在有的境界。

例如，我們現在在法堂裡頭，幾百人共同學習〈大乘起信論〉，這個境界相是眞的？是假的？當然我們認爲是眞的。我們不明白一心的道理，明白一心道理了，這是妄，是假的！這還不是眞心所現，這是妄心所現，妄心現妄境；妄心跟妄境，都是我們依眞的眞心，隨著無明的緣，顯現這些虛妄。我們這心迷了眞，就像我們知道萬法唯心，就是唯不了。把這一切境界相當成實有的，不是虛妄的，實有的是不壞；不壞、不散、不滅，眞的不是實有。一個多鐘頭過去了，壞了，沒有了。你應當對這個多生起觀照。

假使說我們能照見這身體五蘊都是空的，那有什麼可修？有什麼可證呢？有什麼苦？有什麼樂？苦樂憂愁煩惱一切都沒有了，因爲不知道，沒有這種境界所以才有。因爲好環境、淨環境是隨淨的，因爲惡劣環境、染的就隨著染的，淨和染相對的、隨緣的，都是依著我們妄心而生。

所以「心生則種種法生，心滅則種種法滅。」因此解釋十法界的依正二報，唯心所現，所現的這個幻有的、生滅的法是由你妄心生的，因此說「心生則種種法生，心滅則種種法滅」，這個意義很深，前頭只是標個名，後面還會解釋。

復次言意識者，即此相續識，依諸凡夫取著轉深。

什麼叫意識？就是相續識。因爲我們執著取捨，依此凡夫來取著，越執著越取是越深，越深就越不容易解脫，這個意識又名叫相續識。這個意識就是聲聞、緣覺、菩薩三乘人的意識，三乘人的意識就是細。像一切凡夫、像我們依這個意識又取著，就轉粗了，轉粗了越染越深，轉粗了轉深了，這就產生了憂悲苦惱，憂悲苦惱是指我執見很深，因為有我、我執所起的。

凡夫在一切境界相，對於外境，就說我們的身體，因為有身體了，把這個身體執著是我，所以就粗了，三乘人呢？聲聞、緣覺、菩薩他依著這個意識、他的取執，對境呢？我執是沒有了，但是法執在；人我執、法我執，法執在故，所以說他還有執，還不能夠成為佛。對凡夫說呢？他們就細了，法執比我執細，法執呢？他不了解一切諸法如夢幻泡影，執為實有的。

在《金剛經》，佛說一個偈頌：「一切有為法，如夢幻泡影；如露亦如電，應作如是觀。」這個觀是用般若的智慧觀照的，才知道一切諸法不要去執著，如幻的，不要把它當為實有的！我執呢？在一切法上有我有所，我是能執著者，所就是所執著的境，比三乘人比聲聞、緣覺就粗了，三乘人都斷了我執。法執這樣比較起來，這個就叫相續，法執也是相續不停的，我執更是相續、粗的，越執越深，因為執深故，計度了。

計我我所，種種妄執。

執著計度，產生種種妄執，什麼都是我執的。執著這肉體是我，我所有的，這是我的身體，每一個身體某一部份，色受想行識這五種。這五種開闊起來心裡緣念很多的事物。本來是迷惑，它把迷惑當成實體，把迷惑的東西當成是我，有我就有所了，我所；有了我所了，我所有的，附屬我的，就叫我執。

高興的見到就愛，愛就想取；不高興的不愛的就想捨，增長許多妄執，想捨的捨不掉，想得的又得不到，這就苦了。我們每天盡這樣打主意，你看這世間上，不論他是開公司的也好，搞電腦、任何技術都想發財，都想創造發明，由我所發明的，都是我。

隨事攀緣，分別六塵。名為意識，亦名分離識，又復說名分別事識。

這個時候因為有我、有我所，產生種種執著，任何事情就攀緣不捨；隨著外邊的境界相，對一切事物就產生分別。這個分別「隨事攀緣，分別六塵。」對於六塵的境界相執著，執著就是不棄捨就是取，取就是愛，取就有，一有就有了生死了，相續不斷的。這個叫什麼呢？名為意識，又叫分離識，又可以說分別事識。識是了別，分別的事，想了別這個事情。

此識依見愛煩惱增長義故。

他不了別還好，越了別越粗，越了別越執著，這個識的增長是見愛煩惱。這意識是依什麼起的呢？就依著你所見的境相，有可愛的、有可憎的，愛也是煩惱、憎也是煩惱，憎就是棄嫌的意思，這是境界相。境界相都是虛有的，就是妄心執妄境，越染越深。現在我們就在見愛煩惱當中，得不到解脫。想在這中取得解脫，怎麼樣才能解脫呢？看破了，放下了，先從你自身的五蘊，看破了。

五蘊非實，現在是緣有的，緣成則立，緣滅則散，懂得這個道理，沒有什麼可愛的、也沒有什麼可憎的。你憎嫌的不高興的東西想捨掉，捨不掉！你愛的想取爲自己所有，得不到、取不到，這不煩惱嗎？想得的得不到，想捨的捨不脫。

我們諸位都在這兒學佛的，都是佛子想求解脫，但是不想執著不想煩惱，有這麼容易嗎？離得開嗎？

比較而言，現在我們比社會上的人，爲名利奔走爲掙幾個錢吃飯穿衣服，有了家庭的還要養兒女孝敬父母，好多負擔，想找個好工作得不到！現實的惡劣環境想把他除掉，轉化一下子轉化不到。得，得不到；捨，捨不脫，在這中間不苦嗎？說我看破了！都是假的，得也沒得到個什麼，有什麼可捨的，無得就無捨。捨得，你捨了才能得，不捨不得，就這一個功夫，很難！

不隨著文字說，先隨我們思想的狀況、現實的境界說吧！你不喜歡這個環境，心裡打主意想離開這個環境，考慮了，離開這個環境我下一個環境是不是能比這兒好呢？想了半天，又找不到一個好環境我能夠適應的，我能得到的，勉強在這兒將就吧！這個將就是苦，不是意願的！

你們現在在這個地方，有好多小道友來的時候想出家，你得先勞動啊！考驗你，說是考驗，考驗也是磨練，在磨練當中，你是好苦，這是第一步。達到了，或者把你安著到預科班，在你學習的時候，換個環境比前頭好一點兒，你還是不滿意，你的想法跟現實環境不一樣，這不煩惱嗎？煩惱了。

我想得解脫，想好一點兒，辦得到嗎？想求的求不到，想捨的又捨不脫。如果我心裡頭也沒有個求，也沒個得，隨緣吧！它就不苦惱了。你知道這都是假的，看破它！看破的意思就是你不執著了，那不就是放下了嗎？這就放下。一天想呀想，腦殼都想裂了還辦不到！苦死了，乾脆放下了不想它，管它去！過一天算一天，有些人到沒辦法的時候就這樣想了，明天再說！明天還是照舊還是這樣。

你還沒有看破、還沒有放下！眞正放下才能夠自在！怎麼樣才能看破、才能放下呢？多修觀吧！觀自在，觀就是你思惟，思惟到一定程度就得了三昧，三昧就是這麼得的。

現在這裡有好多人，迷迷糊糊的想學密宗，你先得懂密宗最高深的法。法身、報身，就是我們顯教的一切，幾個字就給你攝受了，為什麼不給你說呢？密嘛！說了，唉！誰不會念？就像綠度母、白度母的心咒就是幾個字，每一個咒語都是這樣子，最後給你傳法就是幾個字，就是咒。前頭都是儀軌四加行，讓你要拜好多佛，跟我們一樣的，我們這是從明顯跟你講，那個秘密不跟你講，讓你去做！這就神了，這叫密。

我們見愛煩惱思惑也是密，我們這麼講起來好像很明顯，不講起來你就琢磨去吧！就像我們前幾天講煩惱是從什麼地方起？什麼是煩惱？你琢磨去吧！當你煩惱的時候，感到想不通這煩惱？渾身發燒，心裡頭不知如何好？發障，你靜下來坐那去，這都從什麼地方來的？找找原因，沒了，你不找嗎？越來越粗越來越煩惱，等你坐下來一找啊！天下太平，什麼事都沒有。大家聽了好多人發笑！這不是笑話，這是眞正修行，懂得嗎？不要那麼樣的，這叫胡思亂想。

我們這兒講得很清楚，〈大乘起信論〉給你講百部大乘！不管《圓覺經》、《維摩詰經》、《法華經》任何經論就是這些，你拿這些當鑰匙把它打開，打開什麼都具足了，總的意思就是這樣，這樣生起、這樣還滅，這樣消失、這樣成就。

什麼是凡夫？什麼是二乘？什麼是菩薩？什麼是權教菩薩？什麼是終教菩薩？什麼是實教菩薩？懂得這個道理了，你多讀多研究，都是依著無明來熏眞如，本來清淨的都變成染污，這種境界凡夫沒辦法了解。

好多的咒語都如是。當你明白了，明白就好，明白就解脫。像一部《阿彌陀經》或者《無量壽佛經》，所有淨土法門，十個字就解決問題了，就是一個咒，念去吧！念成功了開了悟，就是阿彌陀佛心咒，這就叫密。其實念「南無阿彌陀佛」不是一樣嗎？「阿彌陀佛」也是密啊！「阿彌陀佛」翻的意思很多，也是咒，只不過在漢地叫「阿彌陀佛」。

依無明熏習所起識者，非凡夫能知，亦非二乘智慧所覺。謂依菩薩，從初正信，發心觀察；若證法身，得少分知；乃至菩薩究竟地，不能盡知，唯佛窮了。

這個意思是密義，現在我們講〈起信論〉是明義，明顯的告訴你們，依著無明，這個識是由見愛煩惱增長的。這識從哪來的呢？它從無明熏習眞如所起的。但是凡夫不能知道。二乘人智慧所覺，覺是覺得一點點，依著菩薩所說，從你開始產生眞正的信仰，信仰三寶。發心、修行、觀察，達到證法身了，證到法身「得少分知」這是菩薩初地，少分知。乃直到一地、二地、三地、四地、五地、六地、七地、八地、九地、十地、到菩薩的究竟地，還不懂得無明熏眞如，無明熏的意思不懂，十地菩薩還不懂！

「唯佛窮了」，這個境界就深了，這是一步一步來的。這個就依著我們的心，依著我們的意，依著我們的識，轉哪！轉哪！越轉越粗。回來的時候，那就眞如熏無明了，它就越轉越細、越轉越細。從我們發心歸依三寶開始起，一步一步一步，這叫返染，還回淨門，就這樣一反一覆、一反一覆。

說來很簡單，禪宗叫「心開意解，頓悟成佛」。好像說得多容易似的！頓悟從哪來的？從漸來的，沒漸怎麼有頓呢？

上回我跟大家講切紙，現在是用機器切那更快了，一萬張紙這麼一下，電力一開，啪就下去，但是它還是一張一張切下去的，不是跳躍的；它非常迅速你看不到，好像一刀切似的，它是一張一張切的，它不把第一張切了，不把第二張切了，怎麼能切到第三張上去？遲速不同輪。

有的看到他很快，一入佛門就進入了，心開意解了，你學了好幾十年，還不知道怎麼一回事？這只是現在啊！你只看見現在，沒有看到過去，若看見累劫，要有佛的智慧。窮盡一切你才窮了，窮了這個返染還淨，把染法變成淨法，一步一步的從凡夫地又回到佛地，回到佛地才知道一切都不是外來的；弄了半天是自己本來具的，就是這個涵義！《法華經》形容衣裡明珠，因為他迷了不知道，因為自己是個窮小子，不知道他的財富大得很，衣裡明珠就是這個意思。

何以故？

是心從本已來，自性清淨，而有無明；為無明所染，有其染心。雖有染心，而常恆不變。是故此義唯佛能知。

為什麼這樣說呢？從無始來這個清淨的本心，因為起了一念，這一念就叫無明；從無始眞如為無明所染，雖然是有染了，但是它自己本性還是清淨的，因為清淨而產生了一念，一念就是不清淨了；有了念了就是不清淨，這個念是什麼呢？這個念就是無明，因為無明它又不停，展轉的熏、展轉生起染心，雖然有了染心了，這個眞正清淨的本覺，妙明眞心是不變的，不因為染而染，不因為染而變，它是不變的。這種道理甚深微妙，所以唯佛能知，只有佛才能知道，因為佛他證得這個地位，他就知道了；如果你證得了就明白了，你沒證得不知道。

所謂心性常無念故，名為不變。

什麼叫不變呢？染是因為有念，有念才有染，無念了它就不染了。雖然在染而不變，性體永遠是清淨的，染不能夠把淨心給變了，染只能是染，是外表不是眞實的。我們那個眞心本來是常的，常淨的、無有念的，但是它能夠隨緣，無念隨緣；雖然是隨緣了，它自己清淨的性體還是不變的，就是這個意思。

以不達一法界故，心不相應，忽然念起，名爲無明。染心者有六種。

這個就靠意念的參，參者就是熏習，以熏習來修。因爲心不相應了，忽然起了念，這個念假名爲無明；在無明的時候，他也沒有一個能所、對待，只起一個一念，因爲一起念，無明就動了；心不相應了，起了念了，這一起念它不停歇啊！外緣不斷的熏，染法的隨緣，越染越粗、越變越粗，這就有六種相，表明這個染心，解釋這個染心，這個染心有六種相，染心怎麼表達？就從這六種相來表達，染心是個什麼樣子？

云何爲六？

哪六種？這是解釋染的。

一者執相應染：依二乘解脫，及信相應地遠離故。

執相應，這是從一念的無明來說，依著聲聞緣覺他們所求得，依法的生起次第來說，因緣生次第，從細向粗方面說。現在我們若想斷，也是從粗向細來斷；生起是從細向粗生起，斷從粗向細斷，一步一步斷，不是一下頓斷。

這個染心就是我們上次所講的九相，九相當中的執著取捨，執著取捨還給它加個符號標名，執取相、計名字相，與妄境相應了，在一切境界上，他就起的思惑。那個我執是生來具的，俱生我執。在這個時候俱生我執起見惑，見什麼迷惑什麼，俱生的成了分別我執。合我的意又喜歡又愛又想取到，不合我的意要想捨掉。捨是捨不掉的，取是取不得的，越取不得越要取，越捨不掉越要捨，越染越粗。

聲聞緣覺要斷這個，證得聲聞緣覺果就斷粗我執。菩薩呢？大乘菩薩呢？大乘菩薩得登到十信滿心，登到初住菩薩，才能把我執破掉，執著什麼？執著半天是空的！這種現實當中講很有意思的。

在西藏往印度或者緬甸那邊走，路上有座山叫札日，札日是藏語也就是吉祥山。吉祥山在西藏、印度、緬甸交界的地方，沒人管，也管不到那個地方，又叫野人山。那山地方有野人，你想走到那個地方去，得拿生命去換。拉薩每十二年去一次，去這一次就召集了很多人發心朝札日，到那兒去能見到菩薩，雖然去了很多人也沒見到菩薩，這叫迷信！說這山神是怎麼神的呢？

從印度到西藏弘法的第一位大德就是蓮花生大士，他是在家居士，所以你看紅教，西藏喇嘛紅教都留頭髮，娶妻生子有家庭的。他走的時候沒有死，到這個山上來了，這個山上又叫虹光山，經常放虹光，這麼一說好多人就朝這個山去。每年朝這山要死好多人，有些野人懂得西藏話，你要給他好多糧食給他好多東西，才讓你進山，才不跟你爲敵。但是他包辦不到！有些其他野人不聽他的，就拿那個箭頭子射，箭頭子都拿毒藥沾上，射上你准死好不了的。從那路上走起來很困難，起碼走一兩個月都是步行走，他們就迷信這座山眞靈。

好多人沒有朝過西藏，好像到西藏一學就成了，就了生死了。我以前也是這樣。到西藏去，不但沒成，好像越學越糊塗，搞不清楚不開智慧，這就是執著。我舉這個例子就是執相應，你正當的學習讓他一步一步的，怎麼樣去斷煩惱、怎麼樣去了生死，按照佛所教導的，怎麼樣受三歸、受五戒，一步一步的這樣來，他又不信，想找個竅門找個取巧的，可以一下就成了。這事有嗎？也有。有的時候他是多生累劫修行的，你沒看到，你只看他一修就成，但是你去呢？你跟他的根機不同，你就修不成。

這六種義就是層次不同。想達到一念生無明；想把那個念斷了，你得一步一步走，所以在這一步一步走的當中，他分了六種相。二乘的解脫跟信位的菩薩滿心了，他們所斷的惑，把執著去掉了，什麼執著？就是分別我執，見什麼分別什麼、見什麼執著什麼，就是愛的當中取和捨，欲取的；不如意的就要捨，如意的就取。

二乘人跟初發意的菩薩、聲聞緣覺的果位，他的信相應了。十信滿心的初住菩薩，他們能破到我執，知道無我，他破了我執了，證得我空理，我是空的；我一空了，執取相、計名字相，這二種粗相就斷了不執取了，知道名字是假的。

這個名字是假的，我很有體會，怎麼體會到的？我住監獄不許說個人的名字，到監獄就編個號，大概有二十年吧！我有個號叫三四八，一叫三四八就知道是我。以前的名字呢？日子久了忘了，再叫我那個名字不知道了。一叫這個那腦子就知道，認爲叫你都是這個，這叫習慣成自然。名字是假的，現在我又恢復了又叫夢參，三四八不是我了，假名隨時可以換的。

五、解釋分

(一)、顯示正義

你到梵天沒有男女相，梵天是清淨天，沒有男女相。你到極樂世界蓮花生的，哪個是男的、哪個是女的，極樂世界有女的嗎？這個大家都知道吧！這都是假相。你生到東方生到西方，生活習慣一切都不同；一看就知道這是亞洲來的，你一看這是非洲來的，不用問就知道，生活習慣不同、皮膚顏色不同，黑的大概是非洲的，黃皮膚大概都是亞洲來的，紅的是原始印地安人，標的有符號，什麼符號？假相。

在這個假相上起執著，二乘人、三賢位的菩薩他們沒有了！假相沒有了那叫解脫。解脫沒有我了，不執著我了。你必須唯觀相應，經常思惟修，觀就是思惟修，經常的觀照，觀照就是想，想什麼？我們看見很小的動物，我們不是牠那個界的，不是牠那個道的，你不理解！但是你觀察久了可以理解。

例如你觀察螞蟻，螞蟻有好多種類，像人似的，你觀察那個螞蟻，螞蟻也爭，這是我的國界，那是你的國界；你的螞蟻要到我這螞蟻界來的時候，不行的要打架，你看螞蟻跟螞蟻打仗，這是思想問題。

那時候我們當勞改犯的時候種菜，種那蓮花白、包花白，有三年的災荒，那時候我們就靠蓮花白度命。因爲種了蓮花白，一天守著蓮花白，想著蓮花白；蓮花白有一種綠蟲子，就包在白菜上，綠蟲子趴在那兒，早晨看那綠蟲子還在那兒趴著，過兩、三個鐘頭綠蟲子還在那兒趴著，晚上牠還在那兒趴著，牠入定了。你再隔兩天再來看，蟲子飛了，牠那個綠殼殼還在那個菜上，牠變成什麼了呢？變成蝴蝶，你看那菜園滿都是蝴蝶，蝴蝶哪兒來的？綠蟲子變的。你觀牠那變的過程，隔幾個小時看一看，隔幾小時看一看，牠飛出去了，牠變了就飛了。牠當蟲子的時候牠在那密著就想，想著想飛，牠想久了眞飛了，把殼殼就擱在這兒，這就叫蟬蛻。

我們人呢？假使你成天想解脫，想久了你就解脫，唯觀相應。《心經》就教我們這個方法，《心經》那個觀是用般若智慧觀的，智慧觀就是照，智慧照，不假分別的照，觀自在菩薩，行甚深般若波羅蜜的時候，般若波羅蜜是智慧，智慧一照，色、受、想、行、識，五蘊皆空，所以「觀自在菩薩，行深般若波羅蜜多時，照見五蘊皆空」，爲什麼加個照字？照是沒分別的。

眞如熏無明，這一熏無明沒有了，變成大智慧。我們若想斷煩惱，你在最煩惱的時候、最想不通的時候；或者沒辦法了，在社會上說走投無路，欠人債逼的要死，家裡孩子老婆要吃飯，沒辦法了！他不能去打坐修行，逼的沒路跳河去了，或者上吊去了。

我跟很多人講，那個時候正是修道的好機會，你坐下來全部放下來，就觀！這一觀哪！解脫了都是假的，時間會改變一切的。你能坐上兩天，要債的人看這人坐著死了，別要了別要了，人都死了跟誰要？他走了。你六親眷屬！哎唷這人死了，得了，各幹各的去吧！誰都不理你，解脫了，什麼事都沒有？清淨了，試試看。

你可以在你最煩惱或者最高興的時候，放下！放下！你清淨坐著想一想，思惟修，觀照一下，觀照這個事件的過程，從始至終一件眞實的都沒有。你把它看成假的，假使我得到了、成就了又如何？小孩子想考大學，結果榜上無名沒考上，這一下子跟天塌下來了差不多，假使這個時候他很高興，放下了。有好多考狀元、考秀才，或者考什麼沒考上，一回頭出家去了，這才是眞正解脫。

每個人出家的因緣都有他看破的一點，不是突然的，看著好像是突然，他是漸漸而來，完了產生一個必然的結果，這就是修行的方法；不一定照著文字上所說的，你還做不到。你日常生活當中，對於不如意的事你去研究研究，如意的事你也研究研究，怎麼來的？來的容易失掉也快，這是必然之理。來的不容易，它保守性非常強，失掉也慢。爲什麼過去老財主一點兒都不捨？因爲來的不容易所以要保守，這是必然的。懂得這個道理了，一個是染還淨，一個是淨入染。

中國有兩句土話，從奢入儉難，奢侈慣了享受的很富貴，等到窮下來的時候，再讓他過簡單的生活很困難了。平時很簡樸的，一下子發了財了，一下子掙了錢，買彩券一下中到了，這一下他不曉得如何是好了，從儉入奢易，幾天就學會了。

當染的時候我們不知道，怎麼樣被無明染住？怎麼樣起貪念？怎麼樣把我們清淨心給污染？不知道了，迷了！知道還迷嗎？現在我們要回過頭來，返染還淨這個我們知道，很難哪！就連破個我執都很難。說這個小東西我很愛它，一天總要看它兩遍，如果這個東西捨掉了，他的生命也會消失一半，因爲他全神注到這兒，這就是他的生命，這個突然沒有了，他的肉體還滿好的，但是死了，這不是笑話。

我有個親戚那時候很有錢，他有一艘船從法國回來，到了山東船翻了，這一艘船是他全部的財產，從法國裝上貨，沿路上電報不斷的打，很怕出事，全部財產都寄在這兒。我們以前到山東到煙台對面，有個城山頭，城山頭是黑水洋右角，那地方有好多船在那兒翻，他這個船全部翻了。電報一到，手拿著電報一看他就不動了，人家去看他怎麼著了？老闆怎麼不動了？一看他死了，這跟他的身體毫沒關係，是意念。他突然死亡，很可能是他的心臟病發，不會突然的。

大家知道廣濟寺的法尊法師，頭兩天（一九八〇年），我到廣濟寺去看他，我們倆說話，他還滿好的，第三天我再去看他，一看他的床空了，我問正果法師：「老法師呢？」他說：「圓寂了，在人民醫院的太平間。」死了，就移到那兒去，這是現在的法律。他是怎麼死的？他到那個年齡，眼睛戴了四千度的近視鏡，已經快看不見了，他還在翻譯。圓寂那年八十歲，他的筆掉到地下，下去撿筆這麼就死了，他一撿腦充血，腦充血就死了。

人的死亡很簡單，如果你經常修死亡觀，把他看淡淡的，人必死啊！不要把這當回事，這是我們必然走的過程。假使你常時這樣想，如果你再想阿彌陀佛更好了！你這個地方了了那個地方生了，如果你沒有想阿彌陀佛，那生不到。法尊法師幹什麼呢？法尊法師一定還要來當和尙，還要翻譯，這是他的願力，他說：「我生生世世就當翻譯，哪個世界都不去！」可能現在又來了，翻譯吧！藏文翻漢文，漢文翻英文，來回翻譯吧！反正就是翻譯，這是個人的願力。

願力能夠消滅你的執著，信、願、行，修行是去做的。你發願，說你願生西方極樂世界，達得到的！你得相信，完了去做，願必須得信。我們講的是信位菩薩，先得信，信不是一般的信，就像我剛才講的故事，他信這個財富是他的生命，是他的一切；財富沒有了，命根子也隨它走了。

我們得有信心，我想生極樂世界，什麼時候走我什麼時候去，不是正好嘛！你死了無罣礙，什麼都無罣礙，無罣礙故你才什麼恐怖都沒有。你也不怕死，家裡有鬼來了，你也不怕他！爲什麼不怕？沒有恐怖啊！人家說生死置之度外，什麼都不怕！戰士最初上戰場的時候他害怕，剛打槍槍一響，等槍一打的時候，不是我殺死他就是他殺死我，什麼都不怕了，爲什麼人到戰場就是這樣，這就是觀念。

一個人的念頭，你的觀念是什麼？你想什麼？你全部的集中精力就在這兒上頭，但是我們能這樣子嗎？不能這樣子。爲什麼？我們不能專一、不能一心！社會世間一些事，也要你一心一意的，三心二意的什麼事也做不成。今天看人家做這個事發財，你也去做，你做就倒楣，就是如是。

例如說念阿彌陀佛，本來你念阿彌陀佛生極樂世界，不是很好嗎？又有人來勸你，去住住佛學院吧！住佛學院好，住佛學院又有人邀你去參禪，又到禪堂去住，你一生什麼也不成。專心一意就是一心，那一心就是我不執著，你把這個記到我不執著，這不是我！你把我執斷了就成了！成了什麼呢？成了將來一定能成佛，向那個路上走了，已經走到這個程度了，這叫執著相應。下面講不斷相應染。

二者不斷相應染：依信相應地修學方便，漸漸能捨；得淨心地究竟離故。

「不斷相應染」就是障礙，這是意識當中相續不斷的執著，執著完了就有取捨。我們在六相當中講的，智相、相續相，這個就深了，這是分別的法執，相續生起不斷的分別。

相續就是相應的意思，什麼相應？你的心跟你所做的事情，心境相應。

對治它的方法，三賢位的菩薩修習法空觀，修習法空觀的時候他能捨這個相續相，他不是頓捨的，是漸次的。三賢有三十個位，十住、十行、十迴向，三十個位，位越高功夫修的越深，一直把三賢滿了，登了初地。歡喜地又叫淨心地，心地清涼，他證了眞如了，證了一分，眞如是清淨的，所以叫淨心地。因爲他一見到法身生大歡喜，有的叫歡喜地，他這個時候把相續相斷了。

三者分別智相應染：依具戒地漸離，乃至無相方便地究竟離故。

初地菩薩斷相續相，從相續相斷了之後他越修越深，到了七地菩薩把智相應染斷了，五意識中的就是智識，就是智相；能分別世間出世間法的染法淨法，所以叫智。

這個叫俱生的法執，從第二地的離垢，離垢清淨持戒精嚴，從沒有毀犯的垢染，所以離垢。由二地到七地，他把無明破到七分，離開法執，這就是無相方便地，因爲他修的是無相觀，這是第三種。

四者現色不相應染：依色自在地能離故。

把七地以前所執著的那些境界相，沒有了；法是實有的，漸漸的從二地開始斷，斷到七地，完了他能把這個斷了，斷了就證入八地。於一切色、一切境界相都自在；三世間一切境界相，隨他心自在轉變，這個時候心能轉境。

於一切法，知道它是無明生起的，認識到無明的生起，遇著眞心而生起的，轉境的因緣是這麼產生的，他的心才能轉境。到這個時候翻天覆地，人說地可以變成天，天可以變成地，太陽、月亮以他的神通移到地上來，移到地球上來。一身能現無量身，無量身又能還歸一身；女相可以變成男相，男相可變成女相。有這麼大神通，破色蘊了不被轉，就是「現色不相應染」，色他能自在，自在就能轉，能轉一切色，「色自在地能離故」。

五者能見心不相應染：依心自在地能離故。

前頭都是八識的相分，登了這一地，一切境界唯心所現，把空執都沒有了，空也斷，這種境界叫心自在地。法相名詞第九地菩薩叫善慧地，善慧地的菩薩，自己的慧心就是智慧，能轉眾生的惡心爲善心。他能增進大悲大智，但是他把能見的心，能見是染，能見的心這個不相應染，能夠轉變成心自在；離開這個染，無明已經斷到九分了，功力相當深了很快就成佛。

六者根本業不相應染：依菩薩盡地，得入如來地能離故。

「根本業不相應染，依菩薩盡地」，十地菩薩入如來地，成佛了能離，這就是業轉現那個業識。五意識中，三細相中的業相，無明不覺心動，菩薩地盡，他的心不動了，動者是無明，不動是本心，破那微細的習氣、心念到此全盡除，得見心性，這個時候才知道心常住不變，就叫究竟覺。

不了一法界義者，從信相應地觀察學斷，入淨心地隨分得離。乃至如來地能究竟離故。

言相應義者，謂心念法異，依染淨差別，而知相緣相同故。不相應義者，謂即心不覺，常無別異，不同知相緣相故。

又染心義者，名爲煩惱礙，能障眞如根本智故。

無明義者，名爲智礙，能障世間自然業智故。

此義云何？

以依染心，能見能現，妄取境界違平等性故。

以一切法常靜，無有起相；無明不覺，妄與法違；故不能得隨順世間一切境界種種知故。

復次分別生滅相者，有二種。

云何爲二？一者粗，與心相應故；二者細，與心不相應故。

又粗中之粗，凡夫境界；粗中之細，及細中之粗，菩薩境界；細中之細，是佛境界。

此二種生滅，依於無明熏習而有。

所謂依因依緣，依因者，不覺義故；依緣者，妄作境界義故。若因滅，則緣滅。因滅故，不相應心滅；緣滅故，相應心滅。問曰：若心滅者，云何相續？若相續者，云何說究竟滅？答曰：所言滅者，唯心相滅，非心體滅。如風依水，而有動相。若水滅者，則風相斷絕，無所依止。以水不滅，風相相續。唯風滅故，動相隨滅，非是水滅。無明亦爾，依心體有動。若心體滅，則衆生斷絕，無所依止。以體不滅，心得相續。唯癡滅故，心相隨滅，非心智滅。復次有四種法熏習義故，染法淨法起不斷絕。

現在我們講的都是心生滅門，心生滅有兩種涵義。染、淨在生滅的過程，染資助淨，淨又資助染，互相熏習，因此染法淨法從來不斷絕。有位同學問我，「是法住法位，世間相常住」，就是這個意思，染法淨法永遠相續不斷，各住各位。所以說世間相常住，世間相可不是世間相，什麼相呢？眞如相。

舉一法界無非是大法界總門體，舉哪一法就是大法總的法門體，就是大總相法門體。凡是一說法，大家心裡頭一定要生起這麼一個意念，法者心也，種種法就是種種的心；種種心就是一心，這一心就是眞如，這就叫「大總相法門體故」。

在生滅當中，染法和淨法互相對的，立染立淨。什麼叫淨？什麼叫染？把這個先分別清楚，分別清楚了，染怎麼熏習淨，淨又怎麼熏習染，先理解熏習的意思，習就是學來的。學淨呢？就是用淨法來熏習染法，有四種法互相熏習講這種道理。染法也好、淨法也好，永遠不斷絕，怎麼會不斷絕呢？成淨了染就沒有了，染立了淨法就不立，爲什麼說染法淨法永遠不斷絕，就是不斷絕義。

剛才有個道友問，「是法住法位，世間相常住」，常住的意思就是心常住故，衆生的念心常住故。一者是淨法熏習，二種是染法熏習，他怎麼熏習的，下頭解釋。

云何爲四？一者淨法，名爲眞如。二者一切染因，名爲無明。三者妄心，名爲業識。四者妄境界，所謂六塵。

淨法就是眞如，眞如給染淨法作一總相法門體，不分染淨，但是沒有言說，沒有思惟、沒有語言，因爲隨緣故，而立著一個什麼是心眞如？什麼是心生滅？〈大乘起信論〉一開始就說心眞如心生滅，染對著淨；哪有淨法？淨依染對立而成立的。染法怎麼有的？染法依著淨法而生起的，就是無明熏眞如，生起一切染法；眞如熏無明，一切淨法，這就是互相熏習的義。

一切淨因，自性的本體叫眞如；一切染因就叫無明。因爲眞如熏染，翻染成淨，心就離開染，這叫心出離。這有四種：一者自性的本體而清淨的，二者就是無明，三者就是妄心，妄心就是我們這個業識八識，八識而生起一切的染法。粗的說，八識的前六意識，這都叫妄，總合起來說就是業識。業識攝前六識的時候，那叫舉業識攝粗相，前六識是粗的，舉這個業識攝前頭粗的，因為它都是從無明而起的，從無明而起反熏眞如，這叫資熏，資助它。

一個是淨的本體，一個是染因的無明，三者是妄心，四就是妄境界。六根對著六塵，產生的六識，六塵的境界就是妄境界，六種染心就是六識，一切外邊境界相根本是沒有的、虛妄的，但是它可能又熏習妄心。境因妄心而起的，翻回來又熏習你的妄心，這叫資，資助那個資，這叫反熏。標題標這四種熏習的法，以下就解釋了。

熏習義者，如世間衣服，實無於香。若人以香而熏習故，則有香氣。

什麼是熏習的義呢？先講喻。我們的衣服本來不香，衣服有什麼香呢？他用香熏，你到那城市裡頭，特別外國城市裡頭，衣櫥的衣服都是掛著的，裡頭都拿著香熏，香熏不是點我們這個香；它是香水，灑一點香水，它自動的熏，衣服穿上都有一股香氣。馬鳴菩薩舉這個意思就是說，世間相的衣服沒有香，因為你拿香熏習才有了香氣。

拿這個比喻舉無明跟眞如，眞如就比如是善業，無明就是惡業，有時候眞如熏無明的時候，就善人勸惡人，勸惡人去做好事。無明熏眞如，就好像惡人勸善人去做惡，互相勸的意思，勸的意思就是熏習的意思。有時候善人勸惡人，善人勸惡人就是淨熏染；有時候惡人勸善人做惡事，就是做壞事，那就無明熏眞如。因為無明是沒自性，它是可以滅壞的，眞如是不變的。

此亦如是。眞如淨法，實無於染；但以無明而熏習故，則有染相。無明染法，實無淨業；但以眞如而熏習故，則有淨用。

熏習義也是這樣的涵義，眞如是淨法，它沒有染；眞如的淨法它本來沒有染，因爲無明熏習，它是不變的，隨便怎麼熏它不變。雖然不變，可是在相上有了，知道這個涵義就行。因爲無明熏了它有染相，它的淨體不變；因爲熏習緣故有染相，無明是染法，它沒有淨業；但是眞如熏習生起淨的作用，它也沒有自體的。無明無體，眞如不變。

實在是沒有個清淨的法，也沒有什麼染污的法。實在是就本體來說，眞如的本體清淨的，但是它起了業用；無明是染法，沒有清淨的業用，所以無明若一用，生起業、轉、現、智、相續、執取、計名字、起業、業繫苦，這叫三細六粗。用眞如的淨法來熏習，它有清淨的作用；未修行者可以起到修行，未信者可以生起信心，未成就者可以逐漸的成就，因此可以轉染成淨。

云何熏習起染法不斷？

但是怎麼樣熏習法？怎麼樣熏習的使染法不斷？記住眞如熏無明，無明熏眞如就是習熏，常時如是熏。有時候它是不分先後的，眞如熏無明的時候，是無明在前嗎？是眞如在前嗎？它不分先後在一個體內，無明無體依著眞如而起的，所以在熏習當中不分先後。但是說話的時候不能頓說，不能兩個一起說，所以有先有後，其實沒有先後。

我們現在在染，在染就是無明，無明熏眞如怎麼熏的呢？「云何熏習起染法不斷？」越熏越粗。不能說眞如先有的，無明後有的；若是一執先後，麻煩了，成了佛之後還得當衆生，清淨之後還要染。有這種過患，所以不立先後，沒有先後可以說的。執眞如有先無明有後，不可以的；若是執妄在先眞在後，眞如就有始，無始終。這樣講無明跟眞如沒有個先後，不要在這裡頭找個先後，找不到的，因爲是無始，眞即是妄，妄即是眞。妄是不能離眞的，眞是因妄顯的，這樣才叫返妄歸眞，這就是「云何熏習起染法不斷」。

所謂以依眞如法故，有於無明。以有無明染法因故，即熏習眞如；以熏習故，則有妄心。以有妄心，即熏習無明；不了眞如法故，不覺念起現妄境界。以有妄境界染法緣故，即熏習妄心，令其念著，造種種業，受於一切身心等苦。

這都是講熏習業，從現實來說，假使我們在這個環境，天天熏習佛法僧三寶；或者上殿、過堂都要念個四言八句，過完堂還要結齋，將要結齋了還要先歸依三寶，都得念個四言八句，這就是熏習義。從你起床、穿衣、吃飯，一天所做的就是從淨來熏習染，改變習氣來斷你的煩惱。假使你在社會上在歌舞廳中當服務員，一天當中都跟名利打交道，怎麼樣賺錢，怎麼樣討顧客的喜歡，能夠把東西賣出去，這個是什麼熏習呀？越熏越粗，熏什麼呢？熏你的貪瞋癡，癡就是無明，這也是熏習。「近朱者赤，近墨者黑」，這個道理大家都懂，這個涵義也是這樣。

例如現在生起信心，但是我們這個信心是不夠的，不能夠止住一切惡，也不能止住你不起惡念。哪位道友能夠說我一點兒壞念頭沒有？那你信心具足了，一點兒壞念不生起，那眞正具足信心了，所以這就含著個熏習義。這樣經常的熏，我們現在這個熏呢？把這個染變成淨，熏染，讓這個染把它再恢復原來的清淨，依著眞如法有的無明，因了有了無明這染法的因，這個因又來熏習眞如，以熏習故，妄熏眞而產生了妄心。

這個妄心是什麼？這個妄心就是業。妄心熏眞如，因爲它不了眞如法一故，就是不見體；因爲念起現執妄的境界，在妄的境界上又起執著，這是染法的緣；又來熏習你妄心，念念不捨造種種業。造業你就跑不脫了，業就把你繫住了，這叫業繫苦。

身心的苦難就是這麼來的，心裡永遠不安定，內五蘊永遠使你生煩惱。對境生心，沒有境啊！我們在普壽寺所有境界相都是清淨的，沒有起貪瞋癡的念，但是你的五蘊不行，還有貪瞋癡的念。今天有打齋的飲食好，不知不覺多吃兩口，好的總要多夾幾筷子，吃飽了還要吃兩口；壞的就不愛吃不想吃了，這個人人都有的，這種妄心你離不開的。無明常時在熏眞如，這就是世間心染法的規律。

此妄境界熏習義則有二種。云何爲二？一者增長念熏習，二者增長取熏習。

現在我們要返染成淨，經常的用眞如來熏習無明，這都是說的根本，實際上我們現在這妄心，妄心對妄境，分別取捨；好的隨自己意的就貪，不隨自己意想離，這種有兩種。

例如到普壽寺來，他常時住這兒了，不可能的。爲什麼？他自己有業緣，還有業因，久則生厭。想參加，人家不收，經過幾度曲折；或者經過發心，收了之後又變了，住住感覺沒意思，這個沒意思就是起妄念，染心熾盛。他要離開，離開了又到另一個環境，另一個環境住了，他感覺又不合適了，又想以前那個，很困難了，我們現實的境界都如是。

一個增長善念的熏習，一個增長惡念的熏習，內心不停在鬥。我是這樣子，不曉得諸位道友如何？以我的凡夫眼光看，跟我也差不多。我熏了七十多年都還不行，因爲控制不了妄心，爲什麼控制不了呢？業啊！

我們經常說業，就是你內心根本無明起的作用。常言道：「老而不死是爲賊」，這是什麼涵義？他經過的事情太多了，比誰還尖，就是他腦子裡頭分別這個事相啊！可不是向善的，盡是向惡的。過去古德有這麼兩句話，「人之將死，其言也善。」等他要死了，或者有悔改心了，他說的話都是好的，懂得教育他的子孫。

你看那小鳥要死的時候，「鳥之將死，其音也哀。」牠也是說話，牠叫那聲音都變了，這形容熏習義。根本的善念，就是原來本覺那種善念在他現行當中，他會有時候起作用的，「到此方知身後苦，何人肯向死前修？」到要死了他才知道，早一點該做點好事，這個涵義。但是後悔了，悔之晚矣！來不及了，就是這個意思。

以下講的大致就是這個意思，從細到粗，從粗返細；最初從無明熏眞如，一念不覺是根本，產生無明了，無明還不能停，它要動，一動就是業；一有業了更不停，它又轉，自己的見分要見自己的相分，轉、現。現就是要現境界相，還沒現呢！這三個業轉現，跟根本無明相同的，還是個根本無明之內，它不停的這樣熏，越熏越變粗，增長的念，念就是念頭，增長念的熏習；念的熏習不停又增長取。因爲不明了，它熏眞如，熏眞如的這個無明。它一熏眞如，越染越粗又起了妄，妄心又熏無明，妄心熏無明現了境界相，境界相發了又熏妄心，展轉相熏習。

面對境界相的時候，這是妄心，業相轉相那個妄心，使它增長念。念是什麼？念是智相，業轉現更粗了，智相念念的分別，一分別相續不斷，因爲這個念就是境界，又來熏業相、轉相；現相又來熏業相、轉相，妄心就增長越增越粗。所以聲聞、緣覺、菩薩這三乘人，在他的意識形態當中，叫法執；其他六界的凡夫，都屬於凡夫，那叫我執。以下就講妄心熏無明。

妄心熏習義有二種。云何爲二？一者業識根本熏習，能受阿羅漢辟支佛一切菩薩生滅苦故。二者增長分別事識熏習，能受凡夫業繫苦故。

妄心的熏習也有二種義，哪二種呢？業識是根本的熏習，使阿羅漢辟支佛一切菩薩生滅苦；他這生滅是變異的生滅苦，增長他分別的事識。在這他並不停歇的，越變越粗，這也是根本上說妄心熏無明的時候，也就是他業的識，資熏根本無明。妄心是由無明起的，無明我們說愚癡，愚癡沒智慧。他又來熏根本無明，使無明力增長，能使三乘人聲聞、緣覺、菩薩，依八識的業識，他就受變異生死苦，有苦的，三乘人還有苦！他這個就叫法執，他的生滅苦是變異的生死苦。現在我們受的呢？不是！我們比他粗了，我們是我執，繫縛的苦，是我執。

無明熏習義有二種。云何為二？一者根本熏習，以能成就業識義故。二者所起見愛熏習，以能成就分別事識義故。

無明熏眞如的時候也分二種，一個叫根本的熏習能成就業識，就是我們所說的八識。第二種就粗了，所起的見愛熏習，能成就的分別事識，越分別越粗、越分別越粗。無明熏眞如的時候，根本無明來熏眞如，眞如就隨無明緣，就起業識的三種相，業轉現。

但是業轉現的時候還是屬於細，還在無明當中，這就是愚癡。再轉粗的時候，細再轉粗，變成了智相相續相，依所起的見愛，這個無明就叫枝末無明。這個枝末無明又來熏眞如、熏見，增長你的愛見，見愛的增長就成了凡夫的分別，凡夫的分別事識，這個識就是六意識。這個識是見愛煩惱，專門增長見愛煩惱，這就到最粗了。

我們若能斷這個識，就把見愛煩惱斷了，現在我們所做的修行功力就是斷見愛煩惱；就是從淨到染，無明熏眞如，眞如是淨法的，因為無明來熏習，淨就成了染，這是無明熏眞如。眞如熏無明怎麼熏呢？那就是淨法，下一段就講淨法。

云何熏習起淨法不斷？

所謂以有眞如法故，能熏習無明；以熏習因緣力故，則令妄心厭生死苦，樂求涅槃。以此妄心有厭求因緣故，即熏習眞如。

因爲有眞如法故也在熏習，熏習什麼呢？熏習無明。眞如是我們具足的，人人本具的本體，那叫因。外面的清淨境界相三寶的緣加持，三寶有一體三寶，有別相三寶，約眞如來說，是一體三寶。緣就指是事相說的，別相三寶。我們現在是別相三寶加持，一體三寶就是眞如法，是我們本具的。

例如說我們生極樂世界，極樂世界所住的是方便有餘土；現在大菩薩所生，登地菩薩所生的極樂世界，他所住的是實報莊嚴土。「西方極樂國，唯佛一人居淨土」，阿彌陀佛居的淨土，是清淨法界的，生土不二的。所以說有眞如法能熏無明，因爲熏習的因緣力故，你才產生厭離，這就生起了菩提心。厭離生死苦，菩提心的最初的一種，厭離世間、厭離生死，想修涅槃。但是這個時候菩提心和大悲心還沒有，般若心更沒有，只是個厭離心。因爲這個厭離心，就想脫離這個苦，想求清淨。因爲這個妄心有一個厭有一個求，厭離世間求清淨，厭離煩惱求不煩惱，厭離生死求不生死，就這個厭離因來熏眞如，眞如就來熏無明。

二種熏習，二個軌道，一個染熏淨，一個淨熏染。我們現在生起了一個信心，眼耳鼻舌身意，依眞如從不覺當中明白了，這就叫始覺智，開始覺。拿這個來做因，佛法僧三寶給我們做緣，以這個因緣又來熏眞如，這個熏本來如是的，就是本熏，我們本具足的本體，眞心。心假三寶之緣生起這一念信心，這是妄中生起的，妄中爲本所放的光明。

自信己性，知心妄動，無前境界，修遠離法。以如實知無前境界故，種種方便，起隨順行，不取不念。乃至久遠熏習力故。

「自信己性，知心妄動，無前境界，修遠離法。」遠離世間，遠離憒鬧，相信三寶，我們住在普壽寺裡頭，遠離外邊的塵俗，客染的煩惱。知道我自己的心妄動，實際上前境界都是虛妄不實的，「一切有爲法，如夢幻泡影。」意思是懂得還沒證得，因爲你這善心懂得這種道理，厭離世間，自己相信自己的性，相信自己的眞如法，知道這是自己心的妄動、妄念，沒有前境界；前頭境界相都是虛假不實的，看破紅塵出家這個涵義。

看破紅塵很不容易，是不是過了這一關就成了呢？不見得。罷道還俗的很多，尤其是現在我們在這個末法時代，三寶的緣不太殊勝，正法三寶緣殊勝，聞法就證道了，末法三寶緣不殊勝。因爲我們內心的力量不夠，也就是感的力量沒有。所以應三寶的加持力量，感的沒有什麼力量，應的力量也就薄弱。實際上三寶是你自心眞如理體上的顯現，相信自己的體性，知道自己的念頭不對了，「知心妄動」，貪著什麼都是假的、空的。

像我們最初出家，起碼你對家庭看破了，因爲家庭沒有幸福就是痛苦，你才不在家裡頭要出家。最初發心是不錯的，等出家一剃頭，到僧團裡頭一住，業障又發現了。哎呀！也不過如是！更苦惱，再回去吧！回去了更苦惱，那就沒辦法。如果能夠有個清靜的環境，有個助緣，三寶助緣，住在寺院大衆僧的加持力，靠自力是不行的，沒有這個力量，大衆僧的加持力，再加上懂得念阿彌陀佛，讓阿彌陀佛的加持力脫離這個世間，生那個世界，那就助緣好啊！

能夠相信自己，知道自己的心是妄動的，境界相是虛假的，對境界相不貪了就是不執著，修遠離法。從你發心出家就叫修遠離法，就這個都很不容易，知道眞如本具足的。我們出家之後才知道，還有個眞正不失的眞心，清淨無爲的本覺體，這個本覺體是無一切相的，什麼虛妄不實的相都沒有，男的、女的、老的、少的，什麼富貴榮華全是假的。花開花謝假的；認識了就不爲它所害，眞正的稱實際理即，知道一切前面的境界相都沒有。

修行很不容易。有信心的菩薩，他知道這個眞如，妙明眞心是我們本有的，這一切假相，妄是本空的，沒有的。十信修到十信滿心了，十迴向心的迴向，向上登了發心住，這才重新發菩提心。在發菩提心之中，知道妄是本空的，一切妄都是假，知道眞如、眞心是本有的，不是外來的。修空觀，有空觀的智慧。

認識一切法，諸法皆空，善法是對著惡法而言的，惡法不存在了善法也沒有了，這是去法執。十住位的菩薩，他知道妄是本空的，知道眞是本有的，修行就是修空觀，智慧修空觀智，觀一切法空；不但外頭境界空，連自己的心寂靜無爲，心境雙亡，這叫心空境寂兩俱空；但他這只是解、明白，還沒證得呢！

再往前進是十行的菩薩，十住的菩薩修空觀，十行的菩薩他修的是假觀，假觀就是修遠離法。現在我們對家庭、對社會，我們惹不起，我們躲得起。不沾染，知道這是假的，也不會受騙也不會上當，以假觀修遠離法。三輪體空，都是空的，隨順眞如，十信菩薩；但是他沒有證得。

相似知沒證得。人我執的我執、法執，開始破，等到十迴向的菩薩，他是以中觀智，空假中三觀的中觀，把前頭的十住位、十行位所修的觀，空觀假觀雙融了；也就是不著二邊，獨顯中道，這樣修行十迴向的菩薩是逐漸到登了地，見了眞如，只見一分。他這時候是眞正證得了如實知，實實在在知，心境皆空，「心亡境寂兩俱空」，這是正知的，不是邪知。雖然正知，但是習氣沒有斷，還有習氣呢？習氣還沒有斷，這個習氣叫什麼呢？叫微細的心和境。地上菩薩是眞正的見到了，這才眞正起修，才叫修行。

眞正起修是稱著法性本體來修的，所修都是稱眞而起，稱眞而修。本來沒有心也沒有境，一切妄心頓歇，歇即菩提。所取的無相他就不取了，取什麼？根本就無相，能念的是心，「心本不生因境有」，境若沒有了心也就不生，所以叫不念；不取不念。

這個都是從十信開始，信三寶的功德，信一切世間虛幻的，如夢幻泡影。由十信到十地，這是五十位，經過好長時間？三阿僧祇劫。這就是眞如熏無明的因圓了，到了十地菩薩因圓果滿。到這個時候，無明滅了。

無明則滅。以無明滅故，心無有起；以無起故，境界隨滅。以因緣俱滅故，心相皆盡，名得涅槃，成自然業。

以無明滅故，心無有起；以無起故，境界也滅了。因和緣都沒有了，因緣俱滅了，心相皆盡，名得涅槃，成自然業。無明滅，業識、轉識二識的心，無有生起了再不起；業、轉不起，現識的境界，現相、智相、相續相，三細相滅了，六粗相也沒有了，因圓果滿，所謂無明滅故，不相應心也跟著滅了；不相應心滅了，緣境沒有，境界根本沒有；境界也滅了，相應心滅所以就因緣俱滅，粗細心相皆盡。

妄心熏習義有二種。云何有二？一者分別事識熏習，依諸凡夫二乘人等，厭生死苦，隨力所能，以漸趣向無上道故。二種意熏習，謂諸菩薩發心勇猛，速趣涅槃故。

妄心熏習，重新解釋這個妄，現在是眞如熏習、無明熏習，但是無明起的這些妄心呢？這些妄心也互相熏習，也有兩種意思，哪兩種呢？一個是「分別事識熏習」，這是二乘凡夫所具備的分別事識，厭生死苦，隨他力所能及的，漸漸的向無上道，這是第一種熏習。分別事識的熏習，隨你力量就是修行的力量、覺悟的力量，漸漸的不是頓的；漸漸的趣向無上道，想成佛。

二者是意熏習，意熏習就是指菩薩說的，發心勇猛速趣涅槃，這個就比前頭那個細；就是熏習意根，熏習智相、相續相。智相、相續相是菩薩的意識。前頭三細相是八識，菩薩依五意識轉成智慧，發心勇猛的求無上道，直趣涅槃不經小果，因此才說速，他在二乘，通教位的菩薩，不去求證小果。

在發願的時候，你做任何事或者拜懺、禮佛完了迴向的時候，也不為離苦得樂，也不為二乘、菩薩地、諸位菩薩，專門為了阿耨多羅三藐三菩提發菩提心，就直趣大乘，求無上道；不經小果直趣涅槃，這樣比較快，速趣涅槃的意思。速證不生不死，這是染法的熏習。下一段就是眞如熏習。

眞如熏習義有二種。云何為二？一者自體相熏習，二者用熏習。

自體相熏習者：從無始世來，具無漏法。備有不思議業，作境界之性。依此二義，恆常熏習；以有力故，能令衆生厭生死苦，樂求涅槃。自信己身有眞如法，發心修行。

眞如熏習，淨法的熏習也有二種，哪二種呢？「一者自體相熏習」，體相熏習就是運用熏習。我們自體相從無始世以來，本具的是無漏法；法性的本體，法就是性體。性體本來是無漏的，他自己備有的一個不思議業就是用，專講用大，體相不講，不思議業就是作，拿這個作爲境界的體，依這二種義就互相熏習，體相跟用互相熏習，「恆常熏習」。越熏習越產生力量；這個力量就是在衆生心中，能夠衆生厭生死苦「樂求涅槃」；使衆生明了我自己具足眞如法「發心修行」。

現在我們把《華嚴經》的十信心，再跟大家說一下，這個就是自體相熏習的涵義；也就是發心了，發什麼心呢？發了菩提心，發了菩提心就是熏習十種信心。

入了佛的法門，歸依佛、歸依法、歸依僧，懂得了要跟著佛法修行，就發這個信心。這個信心跟眞如合，眞如就是本體的理，跟理合；相信這個理，有了信心了不再變了，確信不疑的。爲什麼重複說呢？因爲我們的信心不具足，還在打一切妄想，假使你這個信心堅定的話，再不打妄想，確切不疑的能夠消滅一切妄想。

我經常說我們現在都沒得信心，大家可能不理解。哎呀！我現在都落髮出家了，修行好多年了還沒得信心？那是因爲你不理解信心的涵義。相信你這個心，跟佛無二無別的這個信心，本具的本覺智慧，但是得確切不疑。今天信了，明天又打折扣了，爲什麼佛菩薩沒加持我、或者害病、六親眷屬的干擾、環境不順心、生活條件不好，你那信心都退了。

必須得能夠確信不疑滅一切妄想。信心十個位！初信，剛有信心，要從這個信心才能進入念心，這個念心不是念一句阿彌陀佛、還是念念三寶。不管這個信心經過好多劫、經過好長的時間、捨這個身換那個身、捨那個身又換那個身，你現前一念，哪一念呢？就是前頭你這個心與理和合那個心。相信那個眞如、相信那個眞心，確切不疑的，若疑了就不行，這個時候才能進入念心。不管經無數劫，捨身、處生，這一念，決定信的一念，不疑不妄，進入信心的第二位。

第三個精進心，什麼叫精進？不雜，專心一意，信三寶的心不雜，任何干擾干擾不到的，精進向前進，趣向眞如，趣向你本具足的，這叫精進心，這是第三個信心。

我說這個大家可以想想，你有沒有？你的信心信到什麼位置上？有沒有這個信心，第一個滅一切妄想，第一個信心都達不到；當你妄想一起，我是信三寶的，其他妄想不要打了，從此斷絕這才行，完了專心一念。〈大乘起信論〉最後是勸你念佛，因爲在這個世界修難的很，生到極樂世界去容易了，只要生到那兒，一生就成就了。精進心不雜一心念佛，佛就是你的本覺智慧。經常念阿彌陀佛；就是念你本覺心，就是念你自己。阿彌陀佛就是你自己，你自己就是阿彌陀佛，這樣的精進不退，不管他換個什麼身？這個心念永遠不退。

看看有些道友，今生現在看他，他能在佛教發揮很大作用，這他好多劫了，不是今天了，不是現生的事情。在人家認爲不可能的事，他就能發生、發展，就是這個意思。

第四個信心是慧心所，心純、行勤，心裡純一沒有雜念，修行起來精進不捨的，智慧自然生起，所以「嗡阿惹巴雜那地地……」，那個咒就是這個涵義，文殊菩薩的心咒，秘密加持，念「嗡阿惹巴雜那地地……」這是慧心，智慧自然生起。

第五是定心，任它事物紛雜、吵雜的不得了，你自己心定的，心體湛然，這才有智慧。慧是照，照著自己的心；這慧裡就含著定，定就含著智慧。有了定力了，任它怎麼樣吵雜、怎麼樣紛亂，心體湛然。那個心是靜的，永遠清淨就像水似的，不管風浪再大，大風小風一切都不動，定心。由定而發光，這個光就是發明，這個光一發明不退了。

第六個信心就是不退心，進修的時候絕不懈怠。特別是在你病苦、煩惱的時候，千萬不要生退墮心，向前進衝破，這才叫不退；深入自性，這叫不退心。

第七個護法心，進趣的功夫純熟了，進趣功純熟保持不失，與十方諸佛氣分相接，護法心，這是內護；生起護持一切法，使法常住利益眾生，遇到任何挫折絕不退墮，這叫護法心。

第八迴向心，迴向保持你修的道力，跟佛的光明相接，將自迴向佛。我們經常念「嗡啊吽」，嗡啊吽就是把我們的身口意，跟諸佛的身口意相合，跟佛的智慧德相相接，保持一個道力，迴自己向諸佛，把自己的身口意跟諸佛的身口意相交接。

第九是戒心，安住境界心光常怡。

第十願心，遍遊十方，化導十方一切眾生，隨其所願，悉得滿足，滿一切眾生願，這叫十種信心。十信滿心了才進入初住，這十種信心，我們學習起來就很不容易了。

不要說大話，大話沒用，要作實事，也就是老老實實修行。特別是我們打坐的、修禪的，頓悟成佛。我們看看他有這十種心沒有？他怎麼成佛！那不是空話。修這十種信心也要一大阿僧祇劫，那麼容易啊！頓超直入，立證菩提，這是說話。你達到一個信心不疑都不容易了！若有身命的厄難，要失掉身命，你信三寶心還有沒有了？

我們建國初期，好多的師父考驗一下吧！信三寶？護持三寶？護持老命呀！叫我做什麼我就做什麼！還俗罷道，叫他殺人放火他都去幹。這算有信心的嗎？這不是我們在世間上說話吹牛，說大話誰都會說，要通過事實，不是說空話。

眞如熏習的涵義，你熏習的如何？自體相熏習，從無始以來，具足無漏法，都具備了不思議業；不思議業就是用，自體相相熏習，還有用熏習，也就是體、相、用。無一而非眞如心都是眞心，就是體相相熏習，講用大的熏習。這時候體相用有這麼兩種道理，恆常熏習。熏習的有力了，這是說我們衆生自己的體相，你本具足本覺的體、本覺的相，恆常熏習。

雖然在染了，但是你的體相經常的熏習，如果沒得體相，我們發不起厭離生死心，不會出家的，你能夠出家就是自己本具體相的熏習力。你看見出家的好，厭離世間發心出家，這個發心就是智，智必對境，你觀照外邊的境界你厭離，不喜歡這種境界你才入三寶，就這個涵義。你厭這生死的痛苦、厭煩世間相，想求涅槃想求清淨、想求不生死法。

我們講這個十信，就是自己相信自己有眞如的信，爲什麼講信自己！有沒有信心？能相信你成佛不？我們好多道友，「哎唉，我距離成佛還很遠，哪敢！」不要這樣說也不要這樣想，你自己就是佛，你本具的，這叫體相熏習。因為有這體相的熏習，才使你厭離生死苦，樂求涅槃，相信自己有真如法，發心修行。

問曰：若如是義者，一切眾生悉有真如，等皆熏習。云何有信無信，無量前後差別？皆應一時自知有真如法，勤修方便，等入涅槃。

馬鳴菩薩這個問答，是自己假設的問答。

若是像你這樣講，「若如是義，一切眾生悉有真如，等皆熏習」，為什麼還有不信的？有信、有不信的？為什麼發心遲速不同輪？有先發心的，有後發心的，發完心的又退回去了，這是什麼道理？

為什麼有的發了心就勇猛精進修行，他自己相信自己的真如法，自己本具的「勤修方便，等入涅槃。」勤修方便是修的方便法，應該同時的都成佛。「勤修方便，等入涅槃」目的在「等」字上，若像你這樣講一切眾生既然具有；都應當信，信完了之後都一樣，都能一時成佛，為什麼還有信的、還有不信的、還有成佛早的、成佛慢的，人家往上升，他往下墮？

答曰：真如本一。而有無量無邊無明，從本已來，自性差別，厚薄不同故。過恆沙等上煩惱，依無明起差別。我見愛染煩惱，依無明起差別。如是一切煩惱，依於無明所起，前後無量差別。惟如來能知故。

答覆這個問題「眞如本一」，不錯的是一個，但是有無量無邊的功德，無量無邊的無明，眞如本具的無量性功德。那是性功德，是本具的沒有作用的，不起作用它發不出個妙用來。爲什麼呢？因爲有無量無邊的無明把它遮蓋住了，從本已來迷有深厚，入道有早遲，有厚的、有薄的不一樣的。還有無上的、無邊的恆河沙那麼多煩惱，依著無明而起的差別，見愛染污煩惱，這個差別是依著無明起的，這一切煩惱是依著無明所起的；無明起的時候前後無量差別，惟佛與佛才能知道，「惟如來能知故」，惟有佛才能清楚。

又諸佛法有因有緣，因緣具足，乃得成辦。

得遇三寶，還得他自己發心，發心遇到三寶，也有遇到的早、遇到的慢。有時候他想出家障礙多得很；或者師父不收，或者大廟不收小廟不留，雖然發了心人家不接受他，緣不具足。

爲什麼呢？因地不眞果招紆曲。發心不眞，人見他無緣，無緣就不收了，不是那麼容易。一切諸法得有因有緣，他得因緣具足了才能成就，光有因了沒有緣，不成。或者有外緣了他自己又不發心，當初要出家的時候緣不具足，等緣有了人家想收他，他又不幹了，就這樣錯綜複雜的，不是因不具就是緣不成，辦不成事。

如木中火性，是火正因；若無人知，不假方便，能自燒木，無有是處。衆生亦爾。雖有正因熏習之力，若不遇諸佛菩薩善知識等以之爲緣；能自斷

煩惱入涅槃者，則無是處。

像木中雖然有火性，火是正因，人不知道木中有火性，還得假方便嗎？還得假摩擦，木頭自己不能燒木頭。因爲這樣緣故；光有因沒有緣也不能成辦，有緣了你不發心也不能成辦。

我們爲什麼要找善知識？求緣勝，你缺緣了沒人指點你，自具的佛性，自具的眞如，發揮不出來作用沒有啊！那就缺緣！智慧火花生不出來，沒有智慧火，沒有智慧火怎麼能把五蘊的這些煩惱障給它燒滅？燒不掉的。

若雖有外緣之力，而內淨法未有熏習力者，亦不能究竟厭生死苦，樂求涅槃。若因緣具足者，所謂自有熏習之力，又爲諸佛菩薩等慈悲願護故，能起厭苦之心，信有涅槃，修習善根。以修善根成熟故，則值諸佛菩薩示教利喜，乃能進趣向涅槃道。

佛法僧三寶，這個妙就具足了，外緣力有了，他的內裡淨法熏習力量又沒有了，他沒有厭生死心，沒有求涅槃的心。雖然外緣有力，他沒得內因也不成熟，必須得要因緣具足。所謂自有熏習力，又諸佛菩薩等慈悲的願護，才能有起生厭苦之心。相信有不生不死的涅槃，對著生滅法說，對著生死法的，這樣開始修習善根。等他善根修行成熟了，遇到諸佛菩薩的示教利喜，這得生到正法。

用熏習者，即是衆生外緣之力。

這就講用了，前面是體的熏習，用的熏習必須得假外緣的力，沒有外緣的力是不成的。因勝而無緣，緣勝而無因都不成，外緣的力量還多得很，有無量義；一個差別緣，一個平等緣。

如是外緣，有無量義，略說二種。云何爲二？

一者差別緣，二者平等緣。

我們前頭講淨法熏習，在淨法熏習當中，體相的熏習講完了，現在講用的熏習。「用熏習者」，這個用是誰呢？誰的用呢？本來是我們自體相用，從本體上來講，用是自體的用，但是這個用熏習是指諸佛菩薩說法利生當中的大用，這個用是指著諸佛菩薩利益衆生的用。對衆生說在你修行的當中，諸佛菩薩給你做增上緣，緣就是用的意思。這個外緣意義很多，把它總說起來有二種，一種是差別，一種是平等。

凡是我們所能見到的，意識所能見到的，無量的差別緣。諸佛菩薩對衆生說法的時候，他是平等的，但是由於我們衆生的因不平等，所以緣也就不平等了。在我們修行當中你所感的，能感的是我們這個信心，信三寶、求三寶加被，應就是諸佛菩薩，感和應都是差別的，這叫差別。

舉個例子，你讀《阿彌陀經》、他也讀《阿彌陀經》，看來是平等，實際上你怎麼讀?他怎麼讀?你讀的方式、方法,心裡的安靜,祈求的欣樂心強、猛利就感覺到阿彌陀佛對你就應了;如果懈懈怠怠,散散漫漫,不那麼堅固,應的就差一點,你感的力量沒有,應的就差。

能感者跟所應者不一樣了,一個是懈怠散漫也念佛,念的不夠專一;一個是念佛的很專一,專一的他得到的應就不同。懈懈怠怠得的應又不同,三昧力沒差別,但是由於你所作的有差別,那就叫不平等,平等跟不平等應當這樣來理解。

文裡所說的,在你所明理上,明的淺;用功上,精進力不夠,那就有差別了。你的因不同,所以感得外邊的緣就有差別,因有差別,跟諸佛菩薩應的就不一樣。你的因有差別了,緣也就有差別了,不一樣了。有的他念佛能見佛,有的念佛時候見不到,這就是差別緣,約人來說的有這些不同。以下就分別解釋。

差別緣者,此人依於諸佛菩薩等,從初發意始求道時,乃至得佛,於中若見若念。

簡單說像我們發了心,發了心入佛門學道的時候,你發心這是因,學道時候在因上所做的事,有的見佛的速度快一點兒,有的見佛慢一點兒;乃至於你成到佛果,有的時候你精進不夠,那就慢了。精進不夠,應的也不夠。因對著緣,是你的因不夠,緣也就不夠。就好像這個緣,對彼要厚一點,對此要薄一點,人家彼是精進,你此是懈怠,因不具,緣也就不具足。

我們初發心的人求感應，要依靠諸佛菩薩的加持。諸佛菩薩就是用，就是你所感的所依的，我們不是感應道交難思議嗎？是不可思議，這才能成就大用。

以此他能夠出凡夫地斷煩惱，逐漸證到菩提果，這是指聲聞、緣覺、菩薩這三乘人，從他初發意的時候要求菩提道果。在因的時候，有的見到佛有的見不到，這就叫差別了。因爲你的因不具足，因地不眞果招紆曲；因不同故，所感的外邊的緣，諸緣也就不同。

「依於諸佛菩薩等，從初發意始求道者，乃至得佛，於中若見若念。」「若見若念」是指著能見能念，這個就叫能感的因；「諸佛菩薩」就是我們所見所念，那叫所感的緣，這叫因緣；因緣不同就叫差別緣。

有的衆生面對木雕的、泥巴塑的、金銀銅鐵所鑄的這些佛相，他去行禮拜得到的就叫加持力，或者示現。除了木雕泥塑紙塑外，另外能示現諸佛菩薩妙相，觀世音菩薩示現、或者地藏菩薩示現、阿彌陀佛示現了；這就很明顯，你看到了這種加持力。有的他念了幾十年並沒有示現、沒有見到，雖然沒見到，感到臨命終的時候，他走的又非常好。

例如我們朝五台山的人，有很多人見到文殊菩薩示現的智慧燈，一個燈、二個燈、三個燈、四個燈、五個燈，有的見到很多，有的他什麼也沒見到，是不是見到了就成就了呢？沒見到就墮落了呢？完全不是這個意思。

這得看你感的時候，看你這個因如何？看歷史上朝五台山的，從漢、唐，一直到宋、明，朝五台山的境界相很多的。有時是在家人見，並不是出家人，有的出家人沒見到，在家人見到了。他有妻子兒女，他在社會上心裡還很複雜的，爲什麼他能見，出家人沒見到，拿這個來論定他修行嗎？這是不可以的。

能見能念，或者他求是求了，他也沒見，他的念還是很至誠的，這裡頭差別非常大。不論是紙畫的、木雕的、銅鑄的都一樣的，這就佛的化身，你要這樣認識，這個相就是佛的化身。

我們見觀音相，觀音菩薩化身；見地藏相，地藏菩薩化身。你在修禮拜；乃至對佛念經的時候他有一種冥加的，冥加是見不到的；說顯加的，這一見一拜就見到佛放光了，相放光了。我們一定認爲能夠得到放光加持的，力量更大一點兒；如果沒有的，好像我們修行不夠，不能這樣來判斷，這樣判斷是不正確的；不論冥加、顯加，都是在你因上需要諸佛菩薩怎麼樣加持？我們是沒有智慧的，諸佛菩薩是應該如何來加持你？諸佛菩薩就現相加持你；並不是說你得到加持，比沒有現相沒有見光明的好像次一等。不一定是這樣看法的，這就叫差別。

有的示妙相，有的沒示妙相，這個是講見或是念，或者念佛的名字；念佛的名字，知道佛是萬德成就的；念佛的名字也是念佛的功德、念佛的相好，一樣的、平等的，那是平等緣，這是差別緣。

我們念阿彌陀佛，敬拜釋迦牟尼佛，沒拜阿彌陀佛；阿彌陀佛跟釋迦牟尼佛是平等的，法身同故，沒有釋迦牟尼佛給你啓示，你不知道阿彌陀佛；你若這樣觀，阿彌陀佛就是釋迦牟尼佛，釋迦牟尼佛就是阿彌陀佛，我自己就是釋迦牟尼佛，我自己就是阿彌陀佛，法身同故，自己諸佛都不二的，這是講因果不二。

修道的人，有的從有方面入手，這個有是妙有；有的從空的方面入手，這個空是眞空的；但是他所念的是法身，是自性的法身。你若理解這個義，自他是相通的。

我們從有方面入手念阿彌陀佛，拜阿彌陀佛，這個有不是眞有，不是實在的有，是妙有。妙有非有，能夠達到眞空進入眞空，是從有門入手的。說我們從空門入手，像我們現在從空門入手的，參禪！念自性的法身，參我自己的本來面目！像我們學《金剛經》的，無我相無人相無眾生相無壽者相，也是從空中修。這種是空入手的，這個空是不空；不空而顯現妙有，妙有而顯眞空。不空是什麼呢？本來面目，性德。這是悟得了，進入了十法界無相的法身。

我們觀無相、學教義的人，他也從無相入手，知道一切諸法沒有實際體性的；體性就是諸法的法性，法性是無相的，知道觀我們現在存在的肉身是假的，如夢幻泡影，他是無相的，這也是從空門入手。

我們念阿彌陀佛，空有和合的，我們念的是有相的；觀想阿彌陀佛的相，觀想西方極樂世界全是有相的，而能從有相達到無相，有相這個相不是眞實的，認識它不是眞實的，眞實的是什麼呢？眞實的法界身。

從無相入手的，就從眞空入手。諸佛菩薩給一切修行者作緣的時候是不同的，不同的在什麼地方呢？有的從有相入手，有的從空門入手，也就是參禪的、或者修般若智慧的人了，這些緣、這些因不同，諸佛菩薩所示現的報、化身亦不同。

佛的化身，我們只是注重在印度降生的那個釋迦牟尼佛是佛的化身。你要觀想現在這些相都是佛的化身，釋迦牟尼佛的相，釋迦牟尼佛的化身；阿彌陀佛的相，阿彌陀佛的化身。像我們畫阿彌陀佛，阿彌陀佛是那個樣子嗎？不是的，那是化身，你要這樣來認識差別緣。

緣只能促成你，修行先從你的心、從你的因；你的因如何，緣的應就如何，緣的成就如何。你念報化身的時候，不能著爲實有，你所念的是妙有；念眞空的時候，說我念的是法身，眞空不空，不空才顯現著諸佛菩薩報化諸身，這是就差別緣來解釋。

或爲眷屬父母諸親，或爲給使，或爲知友，或爲怨家，或起四攝。乃至一切所作無量行緣。

或者是諸佛現身，給你作爲眷屬、或者作爲六親眷屬，或者作你的父母、作你的子女，或者給你當給使，或者當你知心的朋友，或者是你的怨家對頭，或者用四攝法的同事攝，示現同事的、或者你有什麼困難來資助你，做你的朋友，這樣來促成你成就佛道，這個因緣很多。或者盡說你愛聽的話，愛語攝說好聽的，讓你高興，讓你漸令入佛道。

其實這個緣，「乃至一切所作無量行緣」，把前頭總攝起來，你所做的無量事，他都來幫助你做成。緣，就看你的因如何。

以起大悲熏習之力，能令衆生增長善根，若見若聞得利益故。

這是諸佛菩薩的差別緣。

諸佛菩薩對衆生用他大悲的願力，這個大悲的願力包括智慧的，悲無智是不能利益衆生。大悲心必須都有般若智慧，所以諸佛菩薩給衆生作緣的時候，也有很明顯的加持，也有冥冥之中，暗暗的使你信心增長，道業成就。

有顯加有冥加，顯是看得見的、摸得著的，冥加是見不到的、摸不到的，「能令衆生增長善根」。總的目的是要你增長善根、成就佛果。

此緣有二種。云何爲二？一者近緣，速得度故。二者遠緣，久遠得度故。

無論念也好、見也好、聞也好，都讓你得到利益，這就是諸佛菩薩的用。這段是解釋差別緣，這個緣有兩種促成的。哪兩種呢？一個是近緣，很快就得度了，很快就成就了。另一個遠的因緣，久遠才得度，遲速不同輪，因爲衆生的因，緣必須得說因；沒因，緣是只能促成，不能包辦代替。因是主要的，你是什麼樣根機，你所感的是什麼，緣就助成。能很快的一度就成就了，這叫近因緣，根已經成熟了。善根力若不具足，慢慢熏習吧！就這樣熏習修！久遠才能得度就叫遠緣，遠的因緣。

像我們在這兒大家共同學習，是一樣的。例如我們這班五十個人，總有考第一的，總有考第五十的。不能全五十個都是第一，也沒有全五十個都是落後，因的參差不齊，緣的參差不齊，爾後的發展如何？那又不一樣了。

我們看一班的同學五十個人，往往在社會上能夠致富致貴、在事業有成就的，並不是考第一的那位！可以觀察過去的同學，大多數在學校時候他很不用功，很調皮搗蛋，不是個好學生；到社會上他完全變了，被開除那個學生他能創一番事業，考第一那個老學究，到社會沒有用處了，一生就這樣子，這個就是遲速不同輪。

諸佛的事業緣是促成的，那也是緣哪！不信佛的，他入了社會，他得有因緣啊？他的因如何？我創一番事業？他得遇到那個緣哪！沒有那個緣不行。同樣是拼鬥，同樣一個行業，事實上就不一樣。

例如，我有一個弟子他在深圳做鞋，他是老大，他的二弟跟他在隔壁也做鞋。工廠一樣的，所有造鞋的技術都是一樣的。他們在台灣的時候，兄弟倆在一塊兒，到了大陸分開了，各開各的工廠。以前工作都一樣的，但是福報跟做的方式方法不一樣了，一個就關門了不做了，一個就發展的很大很大的，緣不同。

外緣不同，因地也不同；一個很信三寶，一個很謗毀三寶，並不是信佛就好，不是這個意思。信佛總有加持力，肯布施的，肯捨的，能得；不肯捨的什麼也得不到。捨得、捨得！捨了才得，你不捨得什麼？這是就世間法上來論，出世間法也如是。

「佛法在世間，不離世間覺」，因緣有近有遠，修行的時候有精進有解怠。例如說你在普壽寺的因緣，跟你在別的小廟的因緣，雖然也是比丘尼寺院，經常作佛事，要成佛的時候，那就遠了。

人都要想活長壽，壽命活多一點兒，活多一點兒幹什麼，修道嗎？修道多給你一點時間修，還好一點，我們可以這樣來看一個人，他要想長壽，但是他不做長壽的事。我在台北跟很多的道友講，你想活長壽一點，你一天做的事一點全是不長壽；一天上八個鐘頭班，本來就很累的，下了班該休息休息，恢復恢復疲勞。下了班是自己的時間，到酒館茶室、舞廳，一鬧鬧到十一、二點，回來睡那麼一點覺，第二天又工作，這能長壽嗎？

消耗量太大了，一邊想長壽，一邊又去消耗，怎麼能長壽呢？像我們在普壽寺裡頭，這是長壽的。爲什麼？外緣不沾，雖然一天上幾堂功課幹什麼的，這個是有限的，體力消耗不大，這叫南轅北轍。

是近遠二緣，分別復有二種。云何爲二？一者增長行緣，二者受道緣。

因緣的遠和近；緣只能幫助你，不能代替你。諸佛菩薩加持力，那得你自己發心，還得你求他。有人這樣問我，他說若是念經、拜佛、進佛寺，都要是供香、供花，佛也受小恩小惠？佛菩薩也得給他點好處嗎？不然他不加持你，是這樣解釋嗎？

他說怎麼不是嗎？我們不是到廟裡都得拿香啊！還跟我們說你得買點供品，你不買點供品佛菩薩不加持你了。我說：「誰跟你說的？我跟你說過這個話嗎？」他說：「你是沒說過。」我看進廟不拿香的，很少。

要這樣理解：拿香是表示我們的恭敬心；若是按照他這樣說，佛菩薩都貪污了，都受賄了，有這個事嗎？沒有這個事，這是表示我們自己誠懇，表達心意，用這個來表示一下。這個就是因，佛菩薩加持力是緣，這個因和緣是增上的因緣，但是這還是你自己自利的，你也在利他，你把你所做所修的，迴向給一切衆生，這不是利他嗎？

不論你學哪一門的法，你得用自己的智慧，你的腦子要多多思惟，不要人云亦云，不要隨著人家說。換句話說，不要人家牽著你的鼻子走，自己走就好了。當你修行的時候，你自己的腦子多用點思考，思考就是觀，你要觀哪！沒有觀，你的加持是不行的。他修那一法是他的因，外邊有這個緣來助成他；你修是你的因，你的緣也不同，因也不同。

你說不布施，我們天天都在布施啊！你上完早殿，早殿裡頭就讓你布施了，迴向不是布施嗎？

有人跟我辯說：「你們好多老修行住在山裡頭，只知道自己用功，不管別人！像二乘的阿羅漢自私自利，自己度自己，成阿羅漢。」我說：「誰跟你說的？我就不是這樣認識的。」他說：「你怎麼認識？」我說：「阿羅漢沒有一個不度眾生的。」他說：「這是佛說的，阿羅漢不度眾生。」我說：「佛鼓勵他們！因為他的心還不大，度眾生還不是那麼普遍。」

不論哪個和尚、哪個阿羅漢，在印度當和尚的他不去乞討？不去托鉢乞食嗎？不是像我們現在家裡做。托鉢乞食受完人家供之後，問人家所求，你有什麼願望？有什麼要求？念經給人家迴向，或念佛給人加持；一定要問人家有什麼願？問的時候、他發心、給人家迴向的時候，不是度眾生嗎？

乞食本身就是在度眾生，他向人家求飲食的時候，他要給人家迴向的，沒有一個阿羅漢不給人家迴向的，這是佛的教導。那是佛鼓勵他們，喝斥他們不發大心，他要自己先成道業，要這樣認識的，不要跟著人家說什麼不度眾生喝斥小乘人，我們還沒有這個資格。

等聽久了，不學小法、要學大乘。但是你得一步一步來，得把見思惑斷了，不斷見思惑直接進入佛乘的，沒有。不斷見思惑要斷無明的，沒有。你學大乘法，大乘法是怎麼來的？他從根基來的，沒有小怎麼有大呢？沒有兒童怎麼有三、四十歲的大漢呢？這是必須得經過的，不經過行嗎？佛勸他們發大心，勸他們發菩提心，勸他們成佛，要以這種思考來明白。

差別緣，緣有近有遠，諸佛菩薩給你增上緣，給你入道的道緣，要這樣來理解差別的緣。總的說先認識你自己的差別因。像我們剛發心，完了行道，一邊自己修，一邊給他人迴向，成就道果快一點。我們自己發心了，到了這個寺廟，這個寺廟我們發心是因，在這個寺廟裡增長我們的道果。你發心的因是以寺廟制度，行道的加持力，這都是叫外緣，助成你道業快一點。

沒有信位，不發信心，不經過信位，怎麼能入住？信就是因，住就是果。十住時候修行的因，乃至到十行了，十行又是果了；十行是因到迴向，迴向又是果了；十迴向又變成因，到十地就是果了；十地又是因，一地一地到了成佛就是果了，三賢十聖的四十二位都如是。

這裡講的是緣，前頭講的是因，我們本具的體性、體相就是因，是我們本具的因。諸佛菩薩的大用助長我們，這個是緣，助長我們成就道果。因為我們發心的種種類類不同，緣也就有差別，這叫差別緣，光講緣的；這個用是講諸佛菩薩的大用，也就是體相用三大的用。

現在你學〈大乘起信論〉就有用處了，用到什麼呢？用到生起信心，大乘起信！只讓你對大乘法生起堅定不移的信心，有了信心了，你才能夠入不退位，住是不退位了。十種信心，我們上次講過了，大家考驗考驗，你現在具足哪幾心？拿那十心來測驗我們自己、對照我們自己，我算不算一個有信心的菩薩？不要往更高深的想，先把我們的信位確定了，是不是信位的菩薩？沒有。那就多念佛也好、誦經也好、拜懺也好，就這麼修習，就得到諸佛用以加持你的大用，這是第一種差別緣。

以下就講「平等緣者」。

平等緣者，一切諸佛菩薩，皆願度脫一切眾生，自然熏習恆常不捨；以同體智力故，隨應見聞而現作業。

「一切諸佛菩薩，皆願度脫一切眾生」，願一切眾生都成佛；「自然熏習恆常不捨」，為什麼？「以同體智力故」，從體上來說是同體的，體相是同，成就的不同，用也不同。諸佛菩薩給一切眾生作緣的時候，資助一切眾生，隨眾生他的見聞覺知、隨他的作業，給他作增上緣。這個平等緣跟那差別緣也是這樣的意思。

平等在於根機、在於眾生，不在諸佛菩薩。諸佛菩薩對每一個眾生沒有差別心，沒有愛憎心，我們還有親疏遠近，佛菩薩沒有這種。

這個「平等」是從眾生的根機來顯示平等的，差別也是從你的因顯的、平等也是從你因顯的；平等不在諸佛菩薩，而是在眾生的根機，眾生依於三昧，乃得平等見諸佛，平等見一切佛。這個平等就是如果衆生得了三昧；三昧就等正定了，乃得平等見一切諸佛。

所謂衆生依於三昧，乃得平等見諸佛故。

衆生是約因說的，諸佛是約果說的，就是因平等故，諸佛加持衆生也就平等了。大用現前，大用是平等的，「衆生依於三昧」，只是修道的衆生、或者十信、或者三賢、或者十聖都如是，你得到什麼三昧就得到見諸佛；一切時、一切處，任何時、任何處都有諸佛的法身，這個依於三昧所見到的是指著報身佛說的，指著化身佛說的，約著說眞如的法身平等平等。

我們一般說，諸佛菩薩的化身指的是三十二相、八十種好，相相好好都是眞如。再退一步說現在我們這泥塑、木雕、石頭做的是不是化身？現在我們這個因，只能見到這一類化身，印度在三十二相八十種那個化身，現在我們見不到，因爲我們已到了末法時期。

所以說諸佛菩薩對衆生，前頭講熏習因緣，有體相的熏習、有大用上的熏習，相不離體，一舉體就攝略相，相在體中，用在相中，用也如是。體的熏習、用的熏習，在衆生的心中，就應當體相用的三大熏習，這個就講體用的熏習。

此體用熏習，分別復有二種。云何爲二？

一者未相應，謂凡夫二乘初發意菩薩等。以意、意識熏習，依信力故而修行。未得無分別心，與體相應故。未得自在業修行，與用相應故。

體用的熏習也有二種，哪二種呢？「云何為二？」「一者未相應」，什麼叫未相應？就是說凡夫二乘初發意的菩薩，初發意的菩薩是指著信位的菩薩，或者是住位的菩薩，這叫初發意菩薩。他總能用意、意識來熏習，依他信仰的力，信的力大，修行的功行就高、修行的法門也高；他的信力小，修行的法門也不高。為什麼？他沒有得到無分別心，他用分別心來修行，在體上說是相用，在用上說，他不能自在修行了。

一切衆生在跟諸佛體用的加持力上說，體相都能相用，在用上頭就不相應，那得看發的是什麼心？發無上正等正覺心、大乘心；或者發二乘心；或者剛從十信滿心入了住位的這種發心；或者三賢位的發心；或者登了地的菩薩再發菩提心，那完全不同了。

「與體相應」，體是相應，沒有業用未能自在。「用」，這個大用包括多了，他沒有利益衆生的那種神通自在，慈悲喜捨也沒有。不能自在運用他的業，未得自在的修行，能與用相應的，這還做不到，這是識心所發的。

像我們現在，信還沒成根，信進念定慧這五法，沒有成根；信心根一成熟能發出力用，我們說十信滿心就是根，根在增長有力量了，這樣來修行。但這是依識，不是依智，還沒能依到智。登了初住的菩薩他再發菩提心，智心強了，但是他比較登了地的菩薩，還不是眞的。

所謂未相應者，就是他有分別心還不能跟智相應，不能從眞發起。從眞發起的信也好、度利生的行門也好，他能夠相似見了眞理；相似見眞理不是眞實見，所以他還不能相應。所以與諸佛的體跟能證的智，所證的眞理，他兩個都沒得到，沒得到智就沒有一切業用，沒有自在業，他修行的是勉強的，是不自在的。不自在的呢？說不是他本有來的那個本具的用，不能跟本具用來相應；自在業就是本具的體相用，那個用叫自在，他現在還有分別、有差別所以不同，這是未相應。

二者已相應。謂法身菩薩。得無分別心，與諸佛智用相應。唯依法力自然修行，熏習眞如滅無明故。

「二者已相應」。三賢滿了，證得初地的法身大士，他證得無分別心，得無分別心，與諸佛的用相應了；他的用跟諸佛的用相應了，那證初地相應一分，證十地就都相應了，依他自己的法力自然修行。

因爲他現在滅一分無明，用眞如熏無明，就滅一分無明，提升一位，登地以上的菩薩他親證眞如；以眞如法爲他的身，法身爲體。爲什麼叫法身大士呢？證得眞如了，滅一分無明了，所以叫已相應，已相應就證得法身。三賢位的菩薩他還未相應，未相應就稱他未證得法身。以下再加解釋。

復次染法從無始已來，熏習不斷。乃至得佛，後則有斷。

染淨相資，染法資淨法，染轉淨；淨法資染法，就把染法變成了染法是有盡的，淨法是清淨無盡的。這個是從什麼上說的？無明，它違背眞理了，違背眞理給眞如作障礙，但是他沒有實在的體性，它有終盡的時候，可以把無明斷除的。

一切衆生發心修行的時候、或者行菩薩道、或者自己斷惑；乃至於從初發心到成佛，無明才究竟斷。當他一初發心修行的時候，就斷一切的六塵境界，跟塵相違背了，跟覺悟相合了。但是背六塵的時候很不容易，想跟諸佛菩薩結合，合爲一體也很不容易；得經過十信、三賢、十地，約時間說必須得經過三大阿僧祇劫，成佛之後才能斷絕無明，這是染法的根本。染法從無始已來就無明熏，無明熏這個變成識；不覺就是無明熏眞如，不覺生三細，三細不停的越熏越粗、越熏越粗，成佛了之後才能斷無明。

復次染法從無始已來，也熏習不斷。乃至得佛，後則有斷。這染法跟淨法互相熏，互相資。無明盡了，淨法就顯現，因爲染法有盡的時候，淨法沒有不盡的時候，淨原來如是，所以先說染法，無明違背眞如了，給眞如作障，但是這個無明沒有實在的體性；斷盡的時候就是把它斷除了。

淨法熏習，則無有斷，盡於未來。此義云何？以眞如法常熏習故，妄心則滅，法身顯現，起用熏習，故無有斷。

淨法熏習就沒有斷了，「淨法熏習，則無有斷，盡於未來」。眞如法是常熏習無明，使你的妄心就滅了，法身就顯現，這才起大用的熏習。大用的熏習就是順著體相而起的，大用使一切衆生都能夠成佛，大用熏習從衆生開始覺悟了就度一切衆生的大用，在用上就不講體相；體相在用裡面盡未來際，這個就是分別詳細講染淨相熏義。

復次眞如自體相者。一切凡夫聲聞緣覺菩薩諸佛，無有增減；非前際生，非後際滅，畢竟常恆。

上面所講的是生滅心，生滅心的所依處還是自體的眞如相，還是依著眞如的體相。「一切凡夫聲聞緣覺菩薩諸佛」，沒有增沒有減，無增無減在凡夫地跟諸佛，並不是在諸佛增了，在凡夫減少了。沒有前際也沒有後際，永恆如是的，六凡四聖十法界平等平等，本具的眞如體沒有增沒有減，不是在凡夫就減少了，在諸佛就增加了，也沒有前際的始。

我們看大圓滿鏡智就是圓圈，哪兒是頭？哪兒是始？哪兒是終？沒有前際始也沒有後際終，因爲他沒有始終，也沒有生滅，永常的、不變的。

從本已來，性自滿足一切功德。

眞如的體在十法界沒有增減，也沒有前際生後際滅，畢竟常恆如是，因此說「從本已來，性自滿足一切功德」，功德在十法界的衆生各個不同，這是從事上來說；在理上說，或者在體上說，在性體上說自然滿足的，一切功德相也都具足的，修成了還如是。說你什麼也沒修，墮落到凡夫、墮落到六道、墮落到地獄也如是，性體未失。

所謂自體有大智慧光明義故，徧照法界義故，眞實識知義故，自性清淨心義故，常樂我淨義故，清涼不變自在義故。

這一共有六句，自體有大智慧光明，這個就跟我們現見的、眼睛見的、心裡所想的、你所緣念的都是虛妄不實，不是你所見的、也不是你所想像的。是什麼呢？是你自己本具的那個四相，自體大智慧光明，偏照法界，眞實識知，自性清淨，常樂我淨，清涼不變，這就是常樂我淨的四相。

清涼不變的本體，再開個三相，這就七相。七相再加上本來原具的體相用，恆沙性功德，通通把它攝入。

前頭所說的一切功德相，所說的功德相就是體爲相之所依，相是依體而有的，即體之相；用是依相而有的，即相之用，自體有就是具足了這些常樂我淨的四相，清涼不變的又把它開爲三相，再開個恆沙性功德，無量無數的。

「常樂我淨」，凡夫把它翻過來，常認爲是無常，樂對著苦，我對著無我，淨對著染污。我們原來這個本體，它在這個光明大用之上，這個大用之上是什麼呢？大智慧的光明偏照法界，能偏照理法界、事法界、理事無礙法界、事事無礙法界，沒有一法不照的。

所以在《楞嚴經》上講，「坐微塵裡轉大法輪」，理法界成事法界，理成於事。理成於事每一事都是理，所以一毛孔就是一法界；乃至一個微塵也是一法界，依正大小一切事物沒有不照的，這是事法界。事法界常樂我淨四德、體相用三大，把這合成一個，從這十一相裡頭開出來恆沙性功德，這就無量無邊了，「偏照法界」是這樣一個涵義。

「眞實識知義」。什麼叫眞實識知義？顯用智慧光明照了的意思，沒有顚倒錯亂的，沒有不照的就在六根、六塵、六識、十八界當中，以大智慧光明照六根、六塵、六識。知道這是幻化如夢的，沒有實有的，絕不會執著實有的，這樣來理解全體的事就是一個理，沒有顛倒錯亂的，這叫眞實識知。

「常樂我淨」就是性德，自性的德。常樂就是諸法，性德無遷，法身是眞常的，過去現在未來三際如是沒有改變的，德相永遠如是。你墮落地獄，在六凡也沒有減少；在佛也沒有增加。

一般講常德是講到涅槃，涅槃的眞樂不生不滅；衆生墮落到受無量的苦，他不爲所苦。法身的眞我在六道輪轉，在六道衆生的時候；他不失於法身眞義，雖然在六道之中，也不被六道所侷限，涅槃的眞淨呢？我們就說業、轉、現、智、相續、執取、計名字、起業、業繫苦在這九相，涅槃的常淨不爲九相而轉移。

具足如是，過於恆沙，不離、不斷、不異、不思議佛法，乃至滿足無有所少義故。

一切皆不少，前頭所講的這些無量功德，這是自體具足的；若把它開擴了，前頭講的六義，「大智慧光明義、偏照法界義、眞實識知義、自性清淨心義、常樂我淨義、清涼不變自在義」，這六種義都是稱性無量的。

自體具足這六義，廣開，像恆河沙子那麼多，不即不離的即體之相，相又不離體，就說這個德相過恆河沙數那麼多的德相，眞如理體所具足的，就是一德，眞如德；無量義就是一，一即無量。那麼給這定個名字？

名爲如來藏，亦名如來法身。

「如來藏」，藏者含藏義。如來藏，含藏著都是如來；或者說是諸佛的法身。這是假設問答。

問曰：上說眞如其體平等，離一切相。云何復說體有如是種種功德。

那就不離一切相了，既然眞如的體是平等的離一切相；爲什麼又說眞如門之體沒有相可說，不可言說，那現在這個文中又說了許多的功德，無量無邊的功德？

這無量無邊的功德是在生滅門中顯現的，我們在前面的眞如門體上，眞如門沒有說。這些相是因爲度衆生無量相好的功德相；這功德相，相不離體的，一切衆生也有這些功德相，無明障、煩惱障給障住了不顯現了，所以才假設這個問號。

答曰：雖實有此諸功德義，而無差別之相；等同一味，唯一眞如。此義云何？以無分別，離分別相，是故無二。

雖然有這功德的義；涵義是有功德沒有差別之相的，等同一味唯一眞如。爲什麼要這樣講呢？因爲沒有分別，說一切相而離開分別相，無分別跟分別無二，分別即是無分別，因爲無分別而見到所有功德諸相，這是一味法。

《法華經》說「唯此一事實；餘二則非眞」，只有這麼一個眞如實體，相相皆是眞如，法法皆眞，皆是法身，法身徧一切處。

復以何義得說差別？以依業識生滅相示。

若是這樣，爲什麼又說差別呢？

說差別都是依著業識而生起的，業識是有生滅相的。眞如的理雖是一，能顯的事可不是一，能顯示說有差別，這個道理又怎麼顯示呢？

此云何示？

以一切法本來唯心，實無於念。而有妄心，不覺起念，見諸境界，故說無明；心性不起，即是大智慧光明義故。若心起見，則有不見之相；心性離見，即是徧照法界義故。若心有動，非眞識知。無有自性。非常非樂非我非淨。熱惱衰變，則不自在。

一切法無念本來是唯心，但有言說都無實義。因爲對染所顯示一切法的法相是淨相，是對染而說的，染和淨這一切法就是一個眞如心。

能念所念的性是空寂的，能念的我們現前一念心；所念一切諸佛，乃至諸佛的依報淨佛國土，唯此一心，也沒有一個能念的，也沒一個所念的，因爲衆生心是妄心，他有念！這是因爲不覺而起念的。所謂「一念不覺生三細，境界爲緣長六粗」，因爲不覺了起這麼一念，這一念又不停的見諸境界相，這定個名字故說無明。在心性不起的時候，那就是大智慧光明。

若是起念了，起念了就是起見了，起念就想見，見即無見，因爲有不見之相。什麼是不見之相呢？因爲你自己心性離見，離了見就是徧照法界義。

若心有動，動即無知，不是眞識知，沒有自性，動是無自性的。動是什麼樣子？「非常非樂非我非淨。熱惱衰變，則不自在。」無明跟根本智慧是相對的，法體沒有念，念是妄心，不覺起念就有妄心；有了妄心就生業轉二相，業轉二相又見一切境界，境界就是現相。業轉現能見的妄心，起念的妄心就是業轉二相。

見諸境界相，現相這個現境界相這叫三細，三細都是無明故說無明。對著這個要修眞空觀；觀一切諸法是空的，眞空的，把你妄想心，妄想心就要分別，習慣的分別心，習慣性讓它不起；不起就把無明翻轉過來，顯你本覺的大智慧光明。

若心起妄見了，有能見必有所見。見是不徧的，你見此就不能見彼，因爲見是隨你的心，你的心隨外邊境界相轉，那個境界相是有分限的；就是境界相不是徧性的，是侷限性的，它有界限的，你見此就不能見彼。若是你心裡起個見，見就有能不見的，見則有不見的相。

當你明白了，明白就是從不覺當中明白，明白這叫始覺。在你剛覺悟的時候，還沒有分別的智慧，只能夠起個始覺智，使你能離開妄見。所以在《楞嚴經》上說：「知見立知，即無明本；知見無見，斯即涅槃。」在知見上立知，這就是無明；知道見無所見，沒有可見的，這就是涅槃。在這個時候，妄識跟眞如兩個是相對的，若是心動的那個知識，你把它認爲妄知不是眞知，知此就不能知彼。怎麼樣呢？心若不動才是眞如的知識，眞如的知識無所不知。

無性還有沒有體？自性清淨心是一切諸法之體，妄動自性就失掉了，沒有體沒有自性了，若不妄動自性顯見，這就叫清淨的原來的體。

顚倒跟不顚倒，衆生心動了，把無常、苦、無我、不淨，執著爲常樂我淨，這叫四種顚倒。若反過來，把這個動心變成不動，漏落三界的這個色心就不起了，就知道眞如的性體是常的，涅槃是安樂的，眞正的我自性清淨的、自在的，這叫常樂我淨四德。

我們心動了煩惱生起了，這叫熱惱，熱惱就不清涼了。不動呢？不動就是般若，般若就是清涼義，智慧是清涼義。

在以上這些轉變當中，心裡一動就生起了九相，九相合諸爲生住異滅、生老病死，就有成長有衰老；心若不動，眞如的體性當中沒有生死的。

因爲有繫縛你就不自在了，有繫縛因爲你心動，心動了起業就受報，受報越轉越粗，越轉越粗墮落五趣道，受苦了，這叫業繫苦。心若不動就解脫了，解脫了就自在了。所以我們念《心經》的時候，觀自在菩薩他就修這個觀，如是觀，誰觀誰自在，誰心不動誰就自在了。

爲什麼動呢？你的心被一切境界轉了，對境生心！你若看破了一切境界相是虛妄的，使我們這心能轉變外頭一切境界相，心能轉境即同如來。

乃至具有過恆沙等妄染之義。對此義故，心性無動，則有過恆沙等諸淨功德相義示現。

若我念阿彌陀佛，好哇！念阿彌陀佛就是轉境。只有一個阿彌陀佛，心裡念念常繫有阿彌陀佛。什麼是阿彌陀佛？你自心所的無量光明徧照一切；無量光、無量壽、無量智慧德相就是阿彌陀佛，就是你自心自具的，這就是念自性的阿彌陀佛；能念的是阿彌陀佛，所念的還是阿彌陀佛，能念所念這一個阿彌陀佛，光明徧照。

這種道理說不完的，永遠說不盡的。若把這個妄染說清楚，只有清淨，清淨就清楚了；若在妄染上頭無量無邊的，越動越迷糊，無動呢？心性不動就把恆河沙的妄染，變成恆河沙的清淨功德。

若心有起，更見前法可念者，則有所少。如是淨法無量功德，即是一心，更無所念。是故滿足。名爲法身如來之藏。

因爲你的心起念，那你就見到有前頭境界的相可念；有可念的境更引起你心裡生起無限的念，如果心不起就沒有前法，沒有可念的；心不起就變成淨法了，淨法就是一心。淨是對染說的，染法的無量無邊，淨法就有無量無邊的功德淨德。

一心呢？不起念了什麼都沒有。應當無念，無念故無住。《金剛經》上講「無住生心」，無住就不生心了，不住色身香味觸法生心，心還怎麼生呢？就是要無生；無住無生這才能達到究竟了。

若你一妄動，在這兒靜坐，忽然想起一個事，這一想就動了，坐不住起來了。這一起來或者到外頭轉一圈，碰到人、碰到事，那事就多了，這是現實的情況。所以叫如來藏，法身之藏就如是解釋。

復次眞如用者，所謂諸佛如來，本在因地，發大慈悲，修諸波羅蜜，攝化衆生。立大誓願，盡欲度脫等衆生界；亦不限劫數，盡於未來。以取一切衆生如己身故，而亦不取衆生相；此以何義，謂如實知一切衆生及與己身，眞如平等無別異故。

「眞如用」就是諸佛菩薩證得眞如的妙用；先舉因，因是諸佛之因，諸佛如來在因地的時候，發心到成佛的時候，他都要發大慈悲心。只要你是佛弟子，隨順諸佛，發大慈悲，修一切法，諸波羅蜜就包括一切法。

諸波羅蜜就是你修行的正行，修這個都是爲了攝受衆生。修的時候就是用，眞如的用，前頭的體和相，體大相大，前頭都解釋過了，法身如來藏眞如的用，眞如就是諸佛菩薩證得眞如法了，他修一切諸波羅蜜修成功了，諸波羅蜜就是修行的正行，包括布施、持戒、忍辱、禪定；或者智慧、發願、懺悔、迴向，這是攝受衆生的法。在因地時候都發過大願，每位佛、每位地上的大菩薩都是發願要把衆生度盡的。

時間是不限制的，無量無量盡於未來，成了佛了還要度衆生，入涅槃了還要度化其他類衆生，還要度衆生，因爲衆生界無盡。「四弘誓願」，弘是弘大無邊的意思，「衆生無邊誓願度，煩惱無盡誓願斷，法門無量誓願學，佛道無上誓願成。」前後兩願是他的目的，度盡衆生誓願成佛，度衆生成佛。

度衆生先把自己煩惱斷了，怎麼樣斷煩惱呢？得學諸佛的佛法。無量的法門修了來對治無量的煩惱，度衆生得有個方法吧！所以要學無量的法門，想度盡衆生界，時間是不限制的，「盡於未來」。

在我們講就是眞如的體，圓融的法門裡頭這樣說的；本來無生可度，沒有一個衆生可度的，度衆生不見衆生相，在眞如妙用的時候是這樣用的。在事上呢？發心的時候這個大願就是度脫一切衆生，因爲衆生界無盡，諸佛願力也無盡，所以盡未來。

用什麼的大方便呢？方便就是用他的觀想思惟，什麼樣思惟呢？一切衆生的身就是我自己的身，把一切衆生他們所受的苦難，就是我自己所受的苦難，這就是大方便；但是必須得有很多善巧，衆生有種種欲，他的心裡頭，他的希望，他想的種種不同，這個大方便就是大悲、大智、大願的方便。大悲是發心，得有個善巧方便，每一個衆生的意願不同，你觀想的時候，把衆生就當成自己，看到衆生受苦就是我自己在受苦。

但是這種觀想又不取衆生相，長時間度衆生，如果度衆生有衆生相就有執了，智慧就不生了，這個是以深智慧才能度，深般若才能度；因爲一切衆生就是同於自他，如果你自己還沒有成佛！還是衆生，自己也在衆生數，這個時候因爲智慧的關係，認識到不認爲自己是能度者，衆生是所度者。如果有能有所就有衆生相、有自他相，有種種的分別，度衆生即是衆生自己，所以才不取衆生相。

悲裡頭有智慧，以智慧如實的眞知，這才是眞如的妙用。衆生跟自己平等平等，沒有高下大小這些差別，因爲大悲能把衆生當成自己的身；因爲大智在衆生相不取分別，終日度衆生而不見衆生相；有這種的願力產生了大悲跟智慧，悲智的大方便。

以有如是大方便智。除滅無明，見本法身。自然而有不思議業種種之用，即與眞如等徧一切處，又亦無有用相可得。何以故？謂諸佛如來，唯是法身智相之身，第一義諦，無有世諦境界，離於施作，但隨衆生見聞得益，故說爲用。

這就是眞如的用，以有如是的大方便智，方便就是智慧，方便是從根本智產生的。方便、願力、根本智，慧、方、願、力、智，根本智產生的方便智慧，你發願的願力也是智慧，智慧攝，把智慧開成四個，所以叫十大願。這是跟著《華嚴經》的，其他的經沒有這樣說，其它的經都說六波羅蜜，《華嚴經》把般若智慧開成一個願、一個力、一個方便、一個智。

以這種大方便的智慧把無明除滅，除滅就是斷無明證法身，無明是障著法身的，因爲障著法身，法身的眞如大用就顯現不出來，無明斷了能夠證得的眞如法身，眞如法身沒有相的，自己證得了，這是自力。自利才能利他，沒有自利怎麼能利他呢？沒有自利就不能利他，這是總說眞如的用。

此用有二種。云何爲二？

這個用也有二種，哪二種呢？「云何爲二？」

一者依分別事識。凡夫二乘心所見者，名爲應身。

應身本身就是用，應衆生的求這叫應化身。前頭所講的智身是智相身，自受用的報身，報身跟應化身不同。應化身就屬於他受用的，報身是自受用的，總之這都是眞如的用。約人說就是佛，應身即是化身叫應化。他爲什麼叫應身呢？分一個勝應跟一個劣應。

我們凡夫、小乘修行所用的心還是妄心，是分別事識，用這個心來修行所感的是劣應身。什麼是劣應身呢？釋迦牟尼佛在印度現身那個，一切的凡夫二乘所見的化身，我們把他執著爲報身，其實不是的，報中的化叫應化身；應化身分一個受用勝應身，一個受用報身，一個劣應身，一個勝應一個劣應，劣應指的是凡小，勝應是對著菩薩。

以不知轉識現故，見從外來，取色分齊，不能盡知故。

在教相上來講，因爲凡小不能知道，轉識、現識、業相的這種轉識現識，看這一切境界相是從外邊來的，「取色分齊」，從色的分齊來認識不能全知道，所知道的是一部份。

爲什麼凡夫二乘只能見到應化呢？因爲他還不知道前頭八識之中有個見分、有個相分，有這二種分別。因爲凡小不能知道色跟心是一個不是二個，色是色、心是心，十法界依正的色相都是在心中顯現的，是八識心中顯現的，沒有分齊的。

凡小不知道自心的境界相，自心現相，他見一切色法是從心外來的，所以他見到佛是丈六身三十二相，不能看到千丈盧舍那身。相呢？無量相好，這個他見不到，見色法從外頭來的，這是六識心；現在這妄心，這個叫分別事識。分別事，在任何事情起分別，看這事情有大小，這個心所見到佛身只能見到應化身，是分別事識第六意識，第一種。

二者依於業識。謂諸菩薩從初發意乃至菩薩究竟地心所見者，名爲報身。身有無量色，色有無量相，相有無量好。所住依果，亦有無量，種種莊嚴。隨所示現，即無有邊，不可窮盡，離分齊相。隨其所應，常能住持，不毀不失。

第二種依於業識就是八識，八識就是業識，這就是八識所對的相，業轉相這三細相，前頭凡夫二乘；凡小所見的是粗相，粗相不是三細相，就是六粗相，六粗還是粗中之粗，還不是粗中之細，這個在前頭講過分析過。

依於業識，依著八識心，那些菩薩從初發心的時候乃至於到究竟地，所見的佛身是報身。雖然解釋眞如的用，約人來說就是諸佛、諸菩薩，依業識這些發意的菩薩到究竟地菩薩，他們所見的是報身佛。報身佛的相、身有無量的色相，色有無量相，相有無量好。

所住的依果，實報莊嚴土，土也不同，那有種種的莊嚴，隨所示現沒有邊際的不可窮盡，沒有分齊、沒有大小，但隨它所感而應的。報身不是像化身，像釋迦牟尼佛八十歲就入滅了，示現涅槃了，這是應化的，一段因緣盡了示現。

報身不是這樣，「常能住持，不毀不失。」這裡頭功德果位所感的，初發意的菩薩是指入了住的，或者包括前頭十信，發大乘菩提心的。初發意的菩薩乃至到究竟地的菩薩，他所見到報身的相，正報身的相是什麼樣子呢？是身有無量色、色有無量相好，不是三十二相，好有無量好，也不是八十種好，所住的國土是清淨的、無染的。

發大心的菩薩，所謂的大小，不是小大的大，這種是相大，所見的是相大，相大是稱體而起的。我們前頭一開始就講體大、相大、用大，這是講用上，諸佛菩薩用上，這個用大是依著相大而起的。相大這個相是很多福德所感的相，這個相是身有無量色，色有無量相，色身無邊際，是依這個而說它無邊際無限量，這是講佛的報身的用。

如是功德，皆因諸波羅蜜等無漏行熏，及不思議熏之所成就，具足無量樂相，故說為報身。

這個報是果，果必有因，由什麼因才感得諸波羅蜜等無漏行呢？不失不壞的叫無漏來熏，熏什麼呢？熏它的眞如。這樣的熏習才有不思議報身的成就，成就所感的才有無量的相好，所以說是報身。

諸佛利益一切衆生所有的功德，這個功德就是性功德，眞如的性功德，產生眞如的妙用，眞如熏無明所感的無量相好。這個樂是菩提覺悟的樂，涅槃寂靜樂，涅槃是不生不滅的，因此說無量樂相為報身，無漏行熏不思議所成就的。如是的因地，成就如是的果，稱性無量，稱眞如體性這樣來說的無量。

又爲凡夫所見者，是其麤色；隨於六道各見不同，種種異類，非受樂相，故說爲應身。

又爲凡夫所見色；不是細色是麤色，但是在六道衆生所見的不同，所見的不是受樂相，故說爲應身。

釋迦牟尼在印度示現生老病死，這不是佛的現生不同，不是佛有分別，而是衆生他的機，他的劣機只能見到麤相，甚至連麤相都見不到。就像我們，業重了就連化身也沒見到，見到另一種化身，紙作的、紙畫的、泥塑的、銅鑄的，這是佛寶；見到三藏的經文，這是法寶；見到現前當前的僧衆，這是僧寶。

佛在世的時候，見到的大化是千丈，小化是丈六，我們連丈六也沒見著。就算是印度人當時見到佛的佛相，可能連丈六的金身也見不到，得看他修的福報。

我們看大英帝國保存釋迦牟尼佛原來那個像，一個印度老比丘的樣子，可能有些人見過了也不是丈六金身哪，甚至我們見到化中之化，什麼叫化中之化呢？像我們求佛菩薩拜懺，或者見到放光了，這也是佛的化身，見到光明、見到瑞相或者你做夢中所見到的佛像，那是化中之化了。這大力鬼神，他能示現佛相，也能示現佛相，可不是丈六金身，相似而不是眞實的，是你心的迷惑。

復次初發意菩薩等所見者，以深信眞如法故，少分而見；知彼色相莊嚴等事，無來無去，離於分齊；唯依心現，不離眞如。然此菩薩猶自分別，以未入法身位故。

凡夫所見的是麤色，初發意菩薩一直到十地菩薩，登住位的菩薩他們深信眞如法，因爲這是眞如的用，他見少分的色相莊嚴，有智慧了，明白什麼呢？眞如的用。

眞如是法身的用，「無來無去」，沒有分齊的，沒有大小的，都是「唯依心現」。你是什麼樣的心境就現什麼樣的相，心所現的相不離眞，所現的相不離開眞如，這些菩薩尚有分別，這是指三賢位的菩薩，他是現相似見眞如，只是少分而見，不是多分的，相似知道法身而不是證知法身。但這個相似；相似的眞如性，它是有相的，知道報身色相的莊嚴，這是稱眞如性的。

若得淨心，所見微妙，其用轉勝。乃至菩薩地盡，見之究竟。

「若得淨心，所見微妙，其用轉勝。」這就不同了，什麼叫淨心呢？見了法身才是淨心，見了眞如的證一分法身得一分淨心，這叫淨心地，親證眞如。

見佛的報身是微妙的。凡說微，就是形容妙的意思，微即是妙。因爲妙才言微；不是前頭十住、十行、十迴向菩薩他們所見的妙，那個妙非微也。所見的妙感覺到比凡小妙了；而非登地親見法身這個微妙加個微字，這個時候的諸佛大用更加殊勝，一地比一地所見的微細，所以加個轉勝。二地證得三地，三地就見到不同；後後知於前前，前前不知後後。二地不知三地事，三地不知四地事，乃至菩薩地盡才見到究竟。

若離業識，則無見相。以諸佛法身，無有彼此色相迭相見故。

菩薩地盡就是離於業識了，這個時候就沒有所見相，也沒有能見的智，所見的相跟能見的智，這還都是業識之中所顯現的。

這個是離開業識深入了，親證諸佛的法身，親證眞如，沒有彼此能見所見這些相了。離見了，見到究竟就離了能見，離開業識了。前頭所說的都是業識所顯現的，這一個是見到眞正的本具足的本有了，徹底見一切妄本空。

一切妄空的生相斷滅，無明空掉了，這個時候眞正證得眞如，他的法身全部顯現。離開業識，業識都沒有了，因業識而起的轉相、現相，到這個時候妄盡還源。無無明可斷，也沒有眞如可成，到了這一個是眞正的。我們最初講不覺、始覺、相應、分證、究竟，始覺跟本覺相同了，唯佛了，沒有報身相了純一法身的本體，也沒衆生可度了，也沒有化身相，相歸法身，這叫離一切用歸體，眞如的用又回歸眞如的本體。

我們講一念不覺而生的三細相、六粗相、衆生相了不可得。了不可得怎麼產生的呢？因爲諸佛法身沒有彼此色相，既然是證得眞如了見到諸佛的法身，證得跟佛相同了，法身相。一切諸佛唯是法身，十方三世一切諸佛唯一法身，這是我們彼此本具的，所以沒有一切色相乃至於一切諸佛，沒有報化二身的相，唯依法身相。

舉個例子來說，在法華會上，釋迦牟尼佛為何見到多寶如來？多寶如來不是相嗎？諸佛成道究竟佛果之後，沒有眾生可度，眾生就不得度了，有沒有眾生呢？雖然諸佛證得法身了無相可見，但是眾生有妄見，所以示現有見。法身無相，隨緣而起的報化，隨誰的緣呢？隨眾生的緣。示現的有見，有見是隨緣義，不是眞實義，所以隨眾生緣，隨眾生緣而如來的法身是不變的，這叫不變隨緣。因此不妨有眾生可度，有佛可見，這叫諸佛不思議的境界是眞如妙用。

因為〈起信論〉是論，論就是辯論。一辯則明，辨別、辯論就把道理顯清楚了。

問曰：若諸佛法身離於色相者，云何能現色相？

所以他又問諸佛的法身離於色相，云何還能現色相呢？離了就離開了，怎麼還能現呢？問的意思就是眾生不明白諸佛的法身，沒有徧計執性，沒有徧計執的實色，這個沒有；還是沒離開眞如的妙色，所以能現報化二身，這是眞如的妙用。

答曰：即此法身是色體故，能現於色。所謂從本已來，色心不二；以色性即智故，色體無形，說明智身。以智性即色故，說名法身徧一切處。

因為一切的法都是依於眞如而起的，既然以法為身，法身也是色體，所以能現於色。

但是這個色又不是眞的，是妙有的，妙有的非有是從心而起的，色跟心不二，不二是一個，色性即是智慧就是智身，這個智是什麼樣子呢？沒有形相的，色體無形，說名就是智身，智的性即是色故，法身徧一切處，智徧一切處。

智就拿光明形容，光明能徧一切處。你有遮障了，光明不顯是你的障，不是光明不徧。太陽的光明徧照一切，如果你把它遮蓋起來，蓋個房子躲到裡邊去，四面也不通風，光明不見了，這不是太陽的過，是你遮障給它遮上了。眞如的法體、諸佛的法身，永遠如是攝化衆生。不被攝化，衆生自己做障礙，那個障礙呢？無明。

懂得色即是心，色性的體即是智慧，所以色即是心，色體也無一定形相的，因爲心無形相故，所以說名智身，心無形相而隨緣現形相。

經常有這麼一句話，「人心不同如其面然」。現在我們這裡幾百人，每個人跟每個人的樣子不同，這個相就是每個人的樣子不同，一人一樣。一千人、一萬人，一人一樣，相差就那麼一點點，眼耳鼻舌身意都一樣，但是不一樣。相不一樣，心是一樣的，變化、妄是一樣的。

法身呢？沒有色相就是心，你若把這些相會歸你的眞如性，也就是說會相歸性的時候，色即是心。你若從這個意義來領會，你念《心經》，觀自在菩薩行深般若波羅蜜多的時候，照見五蘊皆空，空而能隨緣，五蘊色法宛然存在，離開色即是心。攝一切色都歸於心，色即是心，所以色不異空。懂得這個涵義了，好多的大乘教義，你把心跟色跟自性，究竟的法身自性有不同的。人的智慧有大小，有大小是因爲他染污的不同，有深有淺的。

色性就是智慧，依色性而起的體，色的體是無形相的，這個叫智身。從什麼顯現智身？自性即是色，所以說法身徧一切處。

所現之色，無有分齊；隨心能示十方世界，無量菩薩，無量報身，無量莊嚴，各各差別，皆無分齊，而不相妨。此非心識分別能知；以眞如自在用義故。

因爲所現的色沒有一個分齊可言，心所現的色，他是豎窮橫徧的，照方說是橫徧的，照時說是豎窮三際的，沒有個形相可得，也沒有分齊可言。

所以前頭講報身、化身、妙色身、麤色身所現的相，他是隨你眾生的機所見的。報身呢？那就是各個不同，諸佛是德報，我們是業報，業報身都不同。我們是從此現實生活當中，看看我們現在所有道友們都是正報，什麼報呢？業報。

業報跟德報不同，你所感的業果不同，業是怎麼來的？報呢？是因！業因所受的報果，十界都不同，乃至一界都不同，人都不同，六根也有差別，這種差別無窮無盡的，無窮無盡的怎麼說它沒有分齊呢？沒有差別呢？那是約理上來說的，約體上來說的，事是有差別的。諸佛所現的色身，他是隨著眾生心的感，而在十方世界一切處現。

如果大家都念過《地藏經》，《地藏經》的第一品，從諸佛菩薩一切到鬼神、江河神、樹神，乃至所現的這一切到會者，這都是有形的不是沒形的。佛讓文殊師利菩薩計算一下到會的諸佛菩薩有好多？文殊師利菩薩說：「千劫測度不能得知。」以文殊菩薩大智慧算一千劫，連到會的人數都算不出來，佛就答覆文殊師利菩薩：「吾以佛眼觀故，猶不盡數。」連佛也不知道，這是推崇之意，推崇地藏菩薩的功德，實際上諸相皆是一相。

照理上來說沒有分齊沒有差別的，互相不相妨礙，這不是心識所能分別得到的，也不是心識所能得知的，爲什麼？眞如的自在妙用是眞如義，這種義我們怎能入呢？是妄心分別不能知道，如果用識心分別依正，它是實有的，大是大、小是小，知道自性眞如，沒有大小沒有形相。

我們凡夫心裡說大能容小，小不能容大，小一定被大所包容，這得看它相同不相同。如果我們桌子是大的，這個鎭尺是小的，桌子能容鎭尺嗎？鎭尺就在這桌子上面，它也容不了它，這是約事上講的。

實際上我們講眞空，眞空能容一切，一切有相，所以我們講眞如的妙用，眞如的妙用沒有用大小長短方圓來給眞如的；它這個量來衡量一下，不可能。它所起的用也是隨機而用的，這是形容詞。這樣理解之後，我們現在是怎麼能入到眞如？我們是在生滅當中，要把生滅會入於眞如，會入於不生滅，以下就說「從生滅門即入眞如門」，怎麼入呢？

復次顯示從生滅門即入眞如門；所謂推求五陰，色之與心。

「推求五陰，色之與心。」依著一心法。〈大乘起信論〉一開始就講，依著這個一心，開眞如、生滅二門。我們講的都是心生滅，眞如門無言說，沒有語言，沒有思惟，心行處滅，言語道斷。但是我們要顯示返妄歸眞，從生滅入於眞實，動回歸於靜，靜隨緣而動；動即是靜，靜即是動。

如來度衆生的時候常在寂中，常在定中，如如不動。來而無來，動即不動，動即是如，如即是動，如來義。釋迦牟尼「能仁寂默」，終日利衆生而如如不動，「寂默」者是涅槃義、不動義。

我們講生滅門，從生滅入眞如，推求五陰，就是色法與心法二種。生滅門所說的法，三細六粗之相，三細六粗之相就是五陰，色心二法。與染法相應，與染法不相應；與淨法相應，與淨法不相應，這就是你前七識的心，第八業、第九苦都是通過色心，總之不出色跟心二種法。色法跟心法，色就是五陰色法，五陰色法裡頭，色是單獨的，其他的四陰；受想行識是心法，合起來就色心二法，開闊了就是五陰法，都是色心二法所成就的。觀察思惟；能觀的觀於所觀，能觀的是什麼呢？就是你心所起的智慧。

心即是智，觀察空義，這些法是空的，空什麼？空你的色跟心。這個心是妄心，這色法的心法是妄心第六意識，把它都回歸於眞如的體性；或修空觀，觀五蘊皆空，或修假觀推求五陰不實，這是假設的沒有實體的，會歸於中觀。中觀就是從我空進入法空了，中觀就是法空觀的意思。

假觀呢？在《金剛經》上說：「一切有爲法，如夢幻泡影，如露亦如電，應作如是觀。」作如是觀，假的。有爲法是什麼呢？五陰，色受想行識。這五陰就像我們作夢似的，虛幻不實的變幻、像露水似的、像電光似的這樣觀想，夢和幻都是假義。你夢中所見一切色相，所見的五陰身心，所見的五陰境不是實有的！醒來就沒有了。有那麼一句偈頌：「夢裡明明有六趣，覺後空空無大千。」六趣就是六道輪迴了，明白了什麼都沒有了，大千世界什麼都沒有了，都是空的。

當你修觀修成功了，知道這個都是空的，能觀的人對於你所觀的境；觀就是照了的意思，觀照。我們說現前的思想思惟修，再說清楚一點就是你想什麼？想就是觀，這樣觀觀成了，觀成了就是開悟了就是明白了。意思就是推求入理的思惟觀察，一推求知道色與心都不存在，空的沒有了。

六塵境界，畢竟無念；以心無形相，十方求之，終不可得。如人迷故，謂東為西，方實不轉。衆生亦爾。無明迷故，謂心為念，心實不動。

如果觀六塵境界的一切色相，色聲香味觸法，這六塵境界是色蘊所顯現的。我們現在有無明，或者在睡覺還沒醒，把這些當成是實有的，色聲香味觸這五塵的境界，落於我執意識、意根當中的第七識，這個叫法塵。

我們一說到塵就形容它是染污不清淨的，塵染。它染污什麼呢？染污你清淨的智慧、染污眞如、染污清淨法身，這個叫迷了一切境界相。這個是不可念不可思，因為在法性的理體上沒有六塵可念。心沒有形相，心裡頭沒有六塵境界，心外頭也沒有六塵形相，內外皆無不可得，如是觀察可空到色蘊，只能把色法空了。

我們現在所說有煩惱、有妄想心，原因就在於我們把這些東西當成眞的，聽到一句話也生煩惱，見到人家給你繃著臉子，給你不好顏色看你也不舒服了；或者批評你兩句，你也接受不了，都當成實有的，那就苦啦！當我們身體不舒服的時候，或者腦殼發燒肚子痛！假使你也不吃藥坐那兒觀想一下，爲什麼它要痛？能痛的是誰？所痛的又是誰？了知痛的又是什麼？你這樣觀察，觀察思惟把重點放在觀察上，你肉體上的痛苦，自然就減輕了，煩惱就輕了。你說這是假的是空的，根本沒有的，但這個你不觀你得不到受用。

我們現在也能這樣修，依著法來修；但是痛還是痛，沒有得到受用。因爲你的觀沒有修成，修成了不痛了，修到「將頭臨白刃，猶似斬春風」，得修到那個境界眞正把肉體觀空了，得個我空；最起碼能得個二乘的境界空了，眞空了。

他把你鎖在屋子裡頭，你一入定就出去了，六塵所不能侷。如果你再修到菩薩境界，證了地了，那就得大自在了。六塵境界沒有念，在你意根之中觀想無念的境界，觀心沒有形相，這都沒有的終不可得。

就像人迷了似的，「如人迷故，謂東爲西，方實不轉。」當你迷了找不到東南西北了，拿東邊當西邊，東邊還是西邊？東沒變成西，是你迷糊了，迷糊就不知道了，「謂東爲西」，東邊沒有轉成西邊，爲什麼迷了呢？因爲有方向，前頭有個標號有個東、西、南、北，如果連東西南北都沒有，你還迷什麼呢？東西南北本來沒有。拿這個形容著本來沒有的去執著，假立名故。

我們都經過這個過程，當你生下來沒有名字，得取個奶名，大了入學再換回學名，你就把這個名字執爲是我，人一喊這個你就答應，這個是你嗎？假名。沒有個符號，沒一個標號，怎樣來分別呢？這個你多思惟。所以觀、思惟；思惟成熟了有了智慧，有了智慧了就能觀知。觀知什麼呢？心裡經常妄想紛飛的，你定下來去觀察，觀察到一念不生的時候，觀察心無念，能做到這一點，漸漸的就能入道了。

若能觀察知心無念，即得隨順入眞如門故。

若能觀察隨順知心無念，那麼現在有念；有念是什麼？是迷了，無明迷了，「謂心爲念」，念即是心。我們起心動念就是心裡起念頭，這個念頭就是心。我們現在一般照內體來說，心有個心臟，人死了這個心臟隨著死了，你還有心沒心呢？

我曾跟兩個人談過話；一個是歸依弟子，她死過兩次，她在生育小孩的時候難產，她就死了，感覺心識離開體了，升到虛空中去了，看著十方沒有光明相，東西南北就不辨了，就像我們講的迷方，迷了。她心裡有個念頭，突然一想，「哎呀！我的小孩生下來誰餵他奶啊！」這一念又回來了，又回到她的肉體了。一回來她感覺像爆炸了一樣，那個痛得呀！她又離開肉體了，這就是繫念；繫念她這個小孩子，「不能走啊！我走了他就活不成了，我還得照顧他。」她這第二念又繫念又回來了，這回雖然是痛，神識不離開了，她問這算是什麼？我說這是臨時昏迷的，沒讓妳走。妳這神識雖然離開肉體了，因爲妳這個心念繫屬著，壽命沒盡妳走不了。如果妳的壽命盡了，那鬼就把妳帶走了，妳不想走他也把你索走了，那不由妳自己做主了，這個是自己還能做主的時候。

另外一個是出家人，我們閒談的時候，他說他死過兩、三次，我問：「爲什麼死過兩、三次，你現在還活著？」他就講他的過程。我說這個是研究你的妄心跟妄體，兩個脫離的時候是什麼境界？我們做夢的時候有時候離開肉體了，他們叫夢遊，這種現相很多了。他本來躺下睡覺了，人在床上睡覺，他惦著明天他們家裡做個什麼事情；他得挑兩缸水才夠用，夜間去挑水，兩缸都挑滿了，他回來又睡覺。就連醒了他還想著挑水，一下床鞋子都是濕的，屋裡都是水，他因爲挑的水來回走，鞋來回踩進來踩出去，他就想：「夜間我好像挑了！」但是是做夢嗎？是眞實的？

你說做夢嘛！兩缸水挑滿了；若說眞實的嘛！他可是在床上睡覺，怎麼理解？剛才我說這個死了又回來了，他是一個農民，那時候山東省主席抓兵，那時候誰要去當兵，誰也不當兵，是抓來的！就把他給抓來了。他不願當兵，十幾人集合起來就逃跑，逃兵被抓回來就槍斃了。到了夜間下點小雨，槍還沒打中要害，夜間他就活了；活了他感覺四肢還能動，沒死！當他一動痛的不得了，他又死了；死了，身又到另外一個地方。

到了那個地方，要受生沒受生之前，他看見那一家人有婦女要生產，「嘿！這個我不能進去！」就往外退他就跑了，他這一跑啊！神識又回到他的屍體來，回到屍體來又痛了，痛的不得了，神又離體了，最後離不開了，雖然痛也減輕微弱一點，他就爬爬爬到附近一個農民的家裡頭，農民都要做好事，救人一命勝造七級浮屠就把他給救了，慢慢治療，他就好了，看破紅塵去出家當了和尙，當了和尙經常講他自己死亡的故事。他說人死了之後眞是十方寂默，沒有一點光明的；有緣的地方該你受生就可以去了，也有錯誤投生的，或者藉人家身體還魂的也有，這類似故事很多了。

懂得這個道理，可以拿這個故事做參考。迷了，但是心裡頭又有念，看你念什麼？這叫專注一境。像我剛才講這個都是有念，他不能達到無念，一切衆生因爲無明迷了；根本迷了，迷了他那個心就變了，變成了受想行識。剛才我講這兩個故事都是受想行識的心境，這個時候無明迷了產生一種念；心產生爲念，心本來沒動因爲念頭動了，念頭動了心就動了，心隨念轉，心隨著念的轉變，而眞心沒動。

我們能不能觀察這個心，讓它無念。像我們靜坐的時候，每個人靜坐的功夫，你用什麼功夫？依著經教的教義或者因爲你的依止老師給你指示，你怎麼觀法？觀察心不起處。禪宗不是普遍的讓你心無起處，觀念佛是誰？念佛是誰？你說念佛是誰？觀念佛是誰或者直接觀無念的或念起的，觀話頭；沒有說話以前那個頭是什麼？那個頭就是無念。

《金剛經》中須菩提向佛請問，「云何住心」？住心就是無念的意思。無念；觀心無念，若能觀察知道心本來是無念，念是妄想，能觀到心無念了，即得隨順眞如門。觀一切的色相從來沒有離開心，心是什麼樣子呢？眞心無念。這個時候對於受想行識，內心的境界；心若無念，用念頭得到無念三昧的時候，這個時候有人動你的身體或砍你一刀，你都沒有分別意識了，入了無念。能到無念的境界，你對色受想行識不起執著，不認爲它是實有的，不認爲它實有就是空了。

《心經》說照見五蘊皆空，照見五蘊皆空了，你還有什麼放不下的嗎？空了還有什麼放不下的。一切煩惱就不煩惱了，這些色蘊一切世間相，沒有啊！像我們經常講的看破了，看破就不執著了，因爲一切都是沒有，假的空的，不執著了。怎麼不執著呢？因爲觀空故，你先看破，看破了你才不執著，不執著你才能放的下；放下了之後你才能自在，但是要你思惟就是觀。

所以我們讀《心經》的時候，只是把他當成個觀世音菩薩，沒有觀自在。觀是自在，觀自在就照見一切諸法空，知道心無念，這樣子才能隨順眞如。有念是迷了，迷了所以執著，執著是因爲看不破；世間相看不破所以起執著，這個執著是因爲迷了，我們是念念不捨世間相。

世間相不說了，主要是你這個身體，念念觀照都是你這個身體。因爲這個身體知道這是無明，無明了才有念，有念了心才動，心動了越分別越粗才去執著；但是無念了，無念了心就不動了。

你的功力能觀察到你的心無念，如果妄念紛飛，你靜下來，哪管十分鐘、二十分鐘，每次靜坐不要多。從初入手的時候就想，照你的心不起念頭，不讓他打妄想，自己跟自己說莫打妄想好好坐，好好修行。一起妄想，「不要打妄想啊！」好好說，連說幾遍自然漸漸妄想就少了。乖瞌睡，有時候一打坐就迷糊，不坐呀！他還不乖瞌睡，一坐下來了心裡一靜，他要點腦殼了；不點腦殼一坐，一靜下來想的事兒就特多了，什麼都想起來了。但是你自己要有對治方法，頂好你自己說不要打妄想，好像跟別人說似的，就跟自己說：「你不要打妄想，你不要打妄想！」因爲一個能觀之心，對著你現在起妄想的境，你觀這個心警告你妄想的境，沒有是假的，不要打妄想。

如果你瞌睡大的，這麼多說幾回，你再去坐就不瞌睡了；妄想多了，這麼說幾回，妄想也少了。對治的方法要你自己去想，照本上說有時候對你不相應，自己做不來，自己想辦法。你打坐，坐的時間長了或者雙跏趺坐，沒有坐又不習慣，腿又痛的很厲害，你也跟自己說：「哪裡痛！不要打妄想了，沒有痛，忍耐一下過去了，克服一下吧！」說兩回那個痛好像就嚇跑了，打妄想也如是。

功夫得你自己去觀，觀了自己得想辦法對治。對治的方法，依照經本上說，我們有時候用不來就靠你以現實的生活來對治。太快樂了！你想想煩惱的事，快樂馬上就沒有了；太煩惱了！你就想想快樂的事，調劑一下，煩惱痛苦也減輕一些；當你痛苦的時候，想快樂的時候，一想把痛苦忘了。

以下就講對治，現在最根本的對治方法就叫做無念。有念就是生滅，無念就是眞實，好好這樣觀照！觀照無念。一時達不到，天天如是想或者提起來一句聖號，完了就觀，全心注重一境，或觀阿彌陀佛或者觀觀世音菩薩，或者觀地藏菩薩就是坐著觀，除了地藏菩薩乃至觀他的名號，除了這幾個字之外，來了就把它排遣出去，漸漸就能入進去。

前頭講的是正義，什麼叫正義呢？最後解題說，若能觀察知心無念者，隨順眞如，這就叫正義。衆生因爲心迷了，心迷了是被什麼迷了？被無明迷了，無明迷了心裡就有念；有念從念而產生的妄動，「若能觀察知心無念」，心無念故心實在是不動，不動呢？隨入眞如門，就把種種的生滅會入於眞如。以下就分別解釋了，怎麼樣才能夠進入眞如？

(二)、對治邪執

對治邪執者：一切邪執，皆依我見；若離於我，則無邪執。

什麼叫邪執？一切邪執都因爲有我，有我見；若離開我，邪執就沒有了，邪執的依止處就是我。你若想修行道業先把邪執、邪見去掉。我們一個人發了心了，信三寶、正念三寶，你以前不正念三寶那些念頭、那些看問題的看法，得把他丟掉才行。舉個比喻，這個瓶子原來是裝毒藥的，現在你想裝好藥，你得先把這瓶子洗乾淨，如果瓶子沒洗乾淨，把好藥裝進去漸漸便成有毒了。

你要產生正見必須取消邪見，邪見怎麼來的？依據什麼？依著我見；見就是看問題的看法，有的時候我們說是眼見，或者耳朵聽的、眼睛看見的眼見；認爲眼見的就是實的，但是能見的見，眼見是不是實的呢？他的眼睛有毛病了看花了，那不是實的。因爲有我見他才產生一些邪覺觀，是一切邪見的根本。

是我見有二種。云何爲二？一者人我見，二者法我見。

執著呢？總著說執著有二種，一者說人我，一者說法我。人我、法我，包含著無量；這無量的執著收攏了就是個我，一切起爭執的見不同；見就是分別，就是在一切事物上的看法也可說是認知吧！

當然是人跟人之間，一切事物之間，你的看法都有不同的，看法不同的就叫見，就叫分別了。在教義裡面講，見的不清淨就叫見惑，惑就是迷。我們現在在身邊戒見邪，就是身見、邊見、邪執邪見、禁取見，在每一個事物上，你是怎麼認識的，在你生活當中對一切事怎麼認識的？

我們經常說有煩惱，煩惱怎麼產生的？那就是我；從我產生的，我們產生這個見有兩種，一種是生理上的，身體不得安定、不得安寧；一種是心理上的，煩躁不安，在這種煩躁不安的時候，你可以靜下來觀，因爲有我的身體。

我的身體就產生了四大不調，四大不調就是生理上的現象。害病生理不安，這是一種；還有心理的不安，這個比那個生理的不安還要深刻一點，隨時你要心裡頭不舒服；或者是也有身裡頭引起的。

先觀照一下，你怎麼認識這個身體？怎麼認識你這個心？心本身就是一個認識！怎麼還有一個說你這是妄心？所以你看問題的方法，不對。看問題的方法不對也屬於邪執。往往的爭執不下，那是個人的看法不同，其實是你看的，我看的都在我見之裡，都屬於我見，這若分析起來就很多，這些總的是標題。

以下就跟著這個邪執解釋。如果我們斷了我，斷了我見。無我是最淺的，你能證得無我執，無我執證得四果阿羅漢，那你有很多妙用現前了，超出六道輪迴，可以說了了生死了，這個非常的複雜，都因爲有我。

平常你坐著就觀察，「我在哪裡？」你坐下來思惟修的時候，「我在哪裡？哪個是我？」依著佛所教導我們的，這個我成就色心二法；色是這個肉體，還有一個受想行識，這四種屬於心法。你去分析它就用你的觀照，我們現在學的，佛教導我們的；我們依著佛教導我們這個道理，這個義理就是佛理。

觀照你現前的一個境界，你身體所面臨的境界來對治它；對治它，你觀觀哪個是眞實的？或者把它分開解剖，你看過解剖肉體沒有？如果你過去是醫生，可能看見過。從你肉體解剖到你的心臟、內臟、五臟六腑，你在這個東西找個我，有嗎？如果心臟算是我，那胳膊、腿桿、胃、心肝脾肺腎！好幾樣合成來有我這個人形，具體一個人，那主導的人呢？主導人的這個運作呢？還有個心理呢？還一個心哪！

我們舉精神病的人，精神發生毛病了那就不正常了；他那個見迷糊了，比迷糊了還迷糊！那個並不是無我，是糊塗的連我也不知道了，迷呀！這樣的分析；從那個認識，認識完了再對治它，這就是學佛；學佛所教導我們的，學這個覺悟的方法。

這必須要下點功夫，對治我見是怎麼樣生起的？什麼是我見？從理上講，這個理是從我們學覺義那個理，從始覺那個理；用那個理，覺悟了來觀察；先觀察我，我既然不存在了，我見；那我看問題這個看法，它就沒有根據。

我見又分成二種；一種叫人我見，一種叫法我見。人我見呢？就是一切凡夫沒見到本心；還一種呢？叫法我。

二乘人聲聞緣覺，把這個凡夫的我見斷了；法我，沒有斷。人我見呢？是對人來說的，例如大家執著我爲人，人是色受想行識，五蘊法組成的我，這個本身就是顚倒。五蘊和合的，若缺一法不成了。是和合義，那麼執著這一個，這就叫我見。

那麼一切染污清淨的，在這上頭起著，我的、所見的，什麼是染？什麼是淨？如果我們學佛的人，認識了苦、空、無常，這就是淨的。依著苦空無常而去造業，造種種業，那就是染的。

例如二個人起爭執，你說我有理，我說我有理，都沒有理。就因為這個中間，沒個正確的；從個人的方面說叫我見，你有你的我見，他有他的我見，所見的不同。例如說：法律、家庭，你總要有個是，有個非。根本就沒個是，是也是非，執是為非；執非為是，都叫顛倒，各各相執不下，這個全在我執裡頭的。

但是所執的法，例如佛教導我們的聖教量，執著這個法；聖教量是實有的，不明了聖教量是對治眾生執著的，執著沒有了，法也沒有了。在《金剛經》上，佛說：「知我說法，如筏諭者。」就像那個過河的船筏子一樣，如果我沒有了，人我執沒有了，法也就不存在了；人我執沒有了，你還要法做什麼呢？執著法不捨的，那叫法執。

人我見者，依諸凡夫說有五種。云何為五？

馬鳴菩薩跟我們說有五種人我執，前面四種屬於凡夫，第五個屬於外道。再從人我而執著，所起所產生的法我，法我執。這個法我執是從人我執所起的，以人我執所起的說法我執。

這個法我執，現在〈大乘起信論〉的論義是依著人我執而產生空謬的執著，因為佛法說的是空；空裡頭含著有，執空是錯誤的；執有也是錯誤的，怎麼樣才是不錯誤的？空不空。空不空那個有，不是實有，是妙有。

眞空不是斷滅空，如果把這眞空當成斷滅空，這就是執著。眞空不空是妙有的意思，這叫不執眞空。不執空才有顯出了眞空，執著空的時候，眞空不得顯現的。換句話說；你在這眞空上不能領會妙有，眞空不空這個意思不懂，那就叫執著。光執著這空，空裡頭不空，隨順妙有，妙有不是眞有，是空義；這樣來能融通，但是融通的時候不顚倒。法我執呢？執空爲空，執有爲有，不能夠空中顯有；有中顯空，不知空即是有；有即是空，這叫顚倒。

經上經常說，諸佛的功德乃至佛所說的法，說這是妙有，妙有不是實有，妙有的非有，不是實有就是空的意思，這個空是眞空。如果佛說的妙有，把它執成爲實有，這叫法執。違背了佛所教導的，執著不捨的也是錯的，但執妙有會不到眞空，光知道妙有會不到眞空；或者光執著眞空而不能從空中顯出妙有，那就叫法我執。

所以，空和有這二種聖教的教義，要能夠融通；能達融通才能斷這個法執。所以說有人我執的執著，不但成不了佛，你連三界了生死都了不了。如果在外道呢？他就謗法的重罪，謗了法要墮地獄。

還有法我執，這是高的。進一步了，法我執不但不墮地獄，他還了生死了呢！聲聞緣覺有法我執；但是他了了生死了，爲什麼呢？因爲他能分別善法和惡法。

《四阿含》裡講的非常多，我們在這兒是略講。大概這麼分的，總的說一說，就是人我見，也就是看問題的看法。例如說我們現在每件事物，看問題的看法，都不一樣的。每位道友之間，同是一個問題，看法不一樣。那在這個地方，略爲藉這解答一下，見就是看法，我們通通說成是看法。

一者聞修多羅說，如來法身，畢竟寂寞，猶如虛空。

現在我們繼續講我見，「聞修多羅」，修多羅裡面所說的，如來的法身，「畢竟寂寞，猶如虛空。」這個空不是如來的法身。猶如虛空是比喻；比喻這個寂寞是如來法身嗎？用這個寂寞來顯。

釋迦牟尼佛就翻「能仁寂默」。能仁寂默是沒有言說的，這是理、是如。拿虛空來做比喻，眞空的理體，不是那個你所認爲那個寂寞的虛空，因爲佛說契經是這樣說，是對治執著說的。

執著佛的報身、化身、三十二相八十種好、無量相好，千丈盧舍那，這都是指報化身說的，這不是實有的，是對著那一類衆生說那類法，這是對機說的，因爲這樣的說；衆生執佛的妙有的，報化成爲實有，所以才說法身畢竟寂寞不是實有的。

一切報化的色身，這個相像虛空一樣的，這是眞空所具足的妙有；眞空即變爲妙有，眞空即是妙有，眞空含著妙有；眞空不是妙有，妙有不離眞空，爲什麼呢？因爲妙有不是實有的，從眞而顯現的。

因爲眞空不空，佛是破那個執著實有的衆生，我執我見或者斷滅見；斷滅一切法都是虛空一樣的是斷滅見；一切法都是實有的，因果不失的，常時如是的，這是常見的衆生。佛破除了斷常二見的，破除了執著斷空而說的妙有，說諸佛的功德法相。

以不知為破著故，即謂虛空是如來性。

因為這一類眾生，他不知道佛破執著的，虛空就是如來性，這就是佛的體，錯了！因為他不知道佛為了破眾生的執著以才說虛空，虛空不是如來性。

云何對治？明虛空相，是其妄法；體無不實。

對這一類眾生，怎麼樣教他對治法呢？對治法就是虛空的相是妄法；虛妄之法，體是沒有的、體是不實的。邪執對著正見的，邪執是邪見，所以用正見來對治邪見。

就像徧計執所執的虛空；虛空是不實之法的，但是一切眾生認為的虛空，是感情上，情上是有的，理上是沒有的。

徧計執就是執著，虛妄不實的，在世間上是有的，在眞理上是沒有的。「體無」，體都是實的，沒有個虛空的樣子，不是虛空的，法性的理體不是虛空相，虛空只是顯示，因為我們所說的虛空是斷滅的；空是沒有實體的，是斷滅不實的，不是眞實法。

邪執呢？因為虛空就是法身，所以叫邪執。正見呢？說虛空不是的，虛空是一個形相，是形容詞。

以對色故有，是可見相，令心生滅。以一切色法，本來是心，實無外色；若無外色者，則無虛空之相。

世間一般人以常情計度，以空對著色的。那空也是色，要這樣來理解。對色的空，在情上講是可見的。有個虛空相，空是什麼？虛空相，對著實有來說的，但是可不是眞如那個眞空，眞空你見不到的。這個空法、色法；相對的法是衆生的心，衆生有生滅心！就有個空和色。

若色生起來，有色就不空，沒有色，就是空的；這裡有二種，一種是變異的，有是分段的。佛的報身，佛的化身乃至於衆生的一切色身、色相，總的說都是一切色法。

這色法是眞心所顯現的一切妙有，妙有不是實有，所以才說色即是空，並不是心外頭另外還有個實有的色相。不要去執著，不要把那個斷滅空當成空相、當成眞如；也不要執著那個妙有爲實有，執著眞空是斷滅空，這叫偏計執，衆生偏計執情。

這樣就是色外有心，心外有色，色心二法就常時存在的，這完全是錯誤的。正知正見者，以智觀，用你的智慧來觀察；色不異空，空不異色，色即是空，空即是色；若以智眼來觀看，色就是心，心也就是色；《般若心經》上講，色即是空，空即是色，就是這個道理。色呢？就是指這一切外邊所有的六塵境界相。

所謂一切境界，唯心妄起故有。若心離於妄動，則一切境界滅；唯一眞心，無所不偏。

若心離開妄動，一切境界相就沒有了，「唯一眞心，無所不偏。」一切境界相包括色、空，境界相。色是有的、空是斷滅的，就是一切境界相；都是妄心起的分別啊！唯心妄起，故有；若心離了妄動，這個色空等相都沒有了，都是你的識情妄起，這個徧計執把一切相會歸一於眞心，唯一眞心無所不徧。

此謂如來廣大性智究竟之義，非如虛空相故。

這就是「如來廣大性智究竟之義，非如虛空相故。」不是像你說的虛空相，法身是眞空，不是虛空的妄法。這個地方說的法身；如來法身是說他的究竟性體，究竟的眞空；不是那個不究竟的斷滅空，不是那個頑空，不是事空是理空，這是第一種。

二者聞修多羅說，世間諸法，畢竟體空，乃至涅槃眞如之法，亦畢竟空，從本已來自空，離一切相。

這是法執，執著那個法體。法體唯是眞空之相；是空的，是沒有的，修多羅這樣說；世間法畢竟體空，世間法的體是空的，乃至於涅槃眞如之法也畢竟空，從本已來就自空的，離一切相。執斷空爲眞空；而錯誤就是把斷空執爲眞空，又把眞空顚倒過來，執爲斷滅空。

怎麼產生執著呢？聽到經上這樣說，佛說世間俗諦法的時候，一切的事相，如夢如幻都不是實有的；乃至於說諸佛所說的聖妙境界，化報二身所現的聖妙境界，他的體也畢竟是空的，即是眞空；甚至於說出世間的涅槃眞如的法界，也不要在文字、語言去執著，要會歸眞性，從本已來法法如是。

一切眞諦跟俗諦兩種相；如果沒有徧計執，執爲實有的，但是這個不是實有的，契經是這樣說，說這些相是有，有是妙有的。佛的報身，佛的化身是有；這個有是稱眞而起的，是妙有；妙有非有，那就會歸於眞空，眞空不空而建立一切性功德。說有是破空的，說空是破有的。

以不知爲破著故，即謂眞如涅槃之性唯是其空。

佛所說的法，契經裡面所說的法，是爲了破衆生的執著，所以才這樣說眞如涅槃；它的體性是空的，但是衆生就把它執著是斷滅空的。

若我們拿手指頭指月，認指爲月，這是錯誤的。要認月不要認指，佛說的契經就如指，手指的指；指是你那個眞如涅槃、眞正的月亮。你把指當成月亮是錯誤的，若把性也當成斷滅空，顚倒執著，所以佛才說眞如涅槃的法相亦畢竟空，是破執著的。

衆生不了解佛破執著的意思，那麼佛破執著就顯這眞如的法性、眞如的性體、涅槃的性體，不是斷滅空的。衆生眞如的性、涅槃的性跟斷滅空畫成等號了，那性體就永遠不會顯了。

云何對治？明眞如法身自體不空，具足無量性功德故。

在衆生邊，我們的佛性是無明障礙了，是隱了不是斷了；在諸佛的涅槃性、眞如性是顯現的修得的，這兩個完全不同；若是對治這種的思想，怎麼說呢？這部論告訴我們，云何對治？眞如法身自體不空的，具足無量性功德故。不是你所說那個想像的斷滅空。

三者聞修多羅說，如來之藏無有增減，體備一切功德之法。

在契經裡面說，修多羅說如來之藏也不增也不減；不是在諸佛就增了，在衆生就減少了，沒有的。只是把那個顛倒的實有，轉為妙有；把那斷空轉變為眞空，所以這樣子在如來藏裡頭永遠如是，如來的自體就是眞如的法性的性體，具備一切功德之法。

以不解故，即謂如來之藏有色心法自性差別。

對治這種道理不明白，認為如來藏即謂如來之藏有色心法自性的差別。這是把佛經上所說的，拿來做為執著的本，所以如來說法對治實有的；破實有說眞空，執斷空的；破斷空說妙有，就是執著斷滅空的，給他說諸佛的功德，性功德不滅是妙有的；妙有是破空執，體備一切妙有功德。

聽法者呢？沒有明白佛的這種意，他認為如來之藏，如來藏性也有色法、也有心法、也有自性的差別，跟著五蘊的色身劃等號了。

云何對治？以唯依眞如義說故。因生滅染義示現說差別故。

怎樣對治這種不解呢？以唯依眞如義故說的，因生滅染義示現的。對治的意思怎麼說呢？如來之藏，沒有色法心法的，那是對著生滅的染義示現說有差別相；因爲在眞如的本體無增無減，那麼說一切功德，一切功德就是眞如。

全相就是體，就是性。性沒增沒減也沒有差別，因爲性無增減差別，相也沒增減差別了，沒差別。若說差別；就是眞空要說妙有的意思了，眞如隨無明才生出三細來，妄識、妄知，這是顚倒，顚倒你就不自在了。

不自在了，越染越麤就永遠有差別染污之相，翻過來呢？反染成淨了，就變成大智慧光明自在了；因爲染法有差別，淨法隨著染法的緣也有差別，所以這個智慧光明的德相、自在義隨著染而說淨；染有差別、淨有差別，實際上眞如是沒差別，什麼差別都沒有，這是第三種。

四者聞修多羅說，一切世間生死染法，皆依如來藏而有，一切諸法不離眞如。

第四種「聞修多羅說，一切世間生死染法，皆依如來藏而有，一切諸法不離眞如。」經上所說的一切世間，生死染法也是依著眞如而隨緣的，而幻有的，不解這個隨緣意，以爲如來藏中也涵藏著有這些染法，那就錯了！如來藏沒有染法，因爲他不明白、不解。

以不解故，謂如來藏，自體具有一切世間生死等法。

不解如來藏自體，如來藏的自體具足一切世間生死等法，就是如來藏隨緣了。若不這麼解釋，那麼佛性也具足有惡了？佛性沒有惡。

在佛所說的一些經論，所說的聖教量。佛教導我們的話，性具善，沒有說性具惡的；只是說有時幻有，所以闡提性不具，「闡提」翻「性不具」，也就是不信佛法的，他也能轉幻化的惡而成佛。

若言佛性也具惡，這是錯誤的，謬解。若這樣說，佛也隨惡性而再作眾生了？成佛之後，還要墮爲眾生？這是我執者所具備的。

〈起信論〉從始至終都是發明一心三大。一心，一個眞如心；體相用的三大，沒有說眾生中具惡，沒有這樣說。眾生中具惡都能斷，沒有說眾生具惡不斷，佛沒有這樣說過，若眾生具惡不斷的話，沒有一個眾生能成佛，也沒有一個眾生能了生死。

云何對治？以如來藏，從本已來，唯有過恆沙等諸淨功德，不離不斷，不異眞如義故。以過恆河沙等煩惱染法，唯是妄有，性自本無。從無始世來，未曾與如來藏相應故。

若對治這種說法，就解釋如來藏從本已來只有過恆河沙等諸淨功德；如來藏不具一切世間生死之法，不具惡，如來藏過恆河沙的諸淨功德，這種功德不離如來藏。不離亦不斷。爲什麼呢？眞如法如是故。

因爲如來藏跟眞如，如來藏即是眞如，不異於眞如的義，過恆河沙等那些煩惱的染法，那是妄有的，眞如性沒有的，這些染法從來也沒有跟如來藏相似應的，是不相應法。

若如來藏體有妄法，而使證會用永息妄者，則無是處故。

假使如來藏體有妄法，那沒有能證者了，那證者的呢？他永遠都把妄息了。假使有眞如法，實在是有妄法，那證眞如的人能永遠息妄嗎？不可能了，不能永遠息妄了。若息妄的話，無有是處，不可能的意思，如來藏實實在在的沒有妄法。

若如來藏有妄法，又怎麼能證得眞如呢？衆生又怎能成佛呢？只是虛妄而已。所以一切妄法是永息的，是虛妄的；否則的話沒有人能證得了，也沒有人能成佛的，這是反駁的意思。如來藏沒有妄法。

五者聞修多羅說，依如來藏故有生死，依如來藏故得涅槃。

這五種都是解釋人我執的，前四種是約凡夫說的，凡夫聽到這些經有這些執著，一反一正。第五呢？修多羅「依如來藏故有生死，依如來藏故得涅槃。」這是外道的說法。這是外道的人我執。

前四種是不定聚的凡夫的人我執，凡夫的人我執轉變略快一點，邪定聚外道的人我執，他是很難得轉，怎麼執著？他說依如來藏故有生死，依如來藏故得涅槃。

二十五種冥諦外道，他執著有個神我，從冥性生出覺心；外道說的，他心生的，在五塵境界上生出五大來，地水火風空，五大又生出十一根；眼耳鼻舌身五知根，手足口大小便五作業根，心平等故，即意根，外道的說法以這個爲生死。

因歸於冥諦，他那諦理叫冥諦，幽冥的冥，依這冥諦叫做涅槃。依著冥諦而有生死，依著不思冥諦而得涅槃，如是循環不已，生死涅槃都是無始無終。

聞佛說的如來藏有生死涅槃，他把這個如來藏有生死涅槃執爲冥諦，冥冥就是不可思議的，這個幽冥不可思議的諦理，外道說法，生死涅槃都是無始無終。

以不解故，謂衆生有始。以見始故，復謂如來所得涅槃有其終盡，還作衆生。

他不解衆生無始，謂衆生有始，因爲見始故。復謂如來所得涅槃也有終盡，因爲有始必有終！終完了，還作衆生。衆生諸佛，諸佛衆生，衆生諸佛，循環不已。生死即涅槃，涅槃即生死，反成了生死涅槃都有始終，所以這是外道的執著。這五種都屬於人我執。

云何對治？以如來藏無前際故，無明之相，亦無有始。若說三界外更有衆生始起者，即是外道經說。

這是第五種對治著外道的，如來藏沒有前際，沒有後際；無明之相無有始，說三界外更有衆生始起者，是外道經上說的，不是佛教說的。就像前頭所說那個，說衆生的無明體依著眞如是無始的；能依的無明也是無始的，欲界色界無色界之外，還有個衆生始起者有嗎？

三界是衆生的依報，三界外更有衆生始起者，那衆生才有始。三界外沒有衆生，在印度有勝論師，勝論師所依的經叫大有經，這是破外道。

又如來藏無有後際，諸佛所得涅槃與之相應，則無後際故。

因爲法體沒有終，所以涅槃也無有盡，如來藏是通因果的，無前際也無後際，合著說無始終，涅槃也通因果的。諸佛所得的是約果說的，果上說的，與這個相應、如來藏相合，果亦無始終但是不說沒有前際，約果是有始的，有因的。

染法呢？沒有始，什麼是無明？什麼時候起的？無明無始，它有終啊！無明盡了，成佛了。清淨的眞如法，無始終、無內外、無大小、無長短、無方圓，說是無始終的，到此人我執，論義是結束了。

這上頭就產生人我執，破人我執，這段論文就是論的這個。

法我見者，依二乘鈍根故，如來但爲說人無我。

法我見者，依著什麼人說的？依著二乘位鈍根說的，如來但爲說人無我。他起執的原因，什麼緣促成他起執著？聞佛說人無我，依著聖教量來解釋人無我，他不知佛爲聞法的鈍根衆生，但能解得人空；故但說人無我，佛沒說法無我。

如果利根的二乘人，他聞法聞的多，一聞到人我，就知道法也無我，又者說呢？人我執；通人，通我，這是指利根人說。他若在我執上，能通能所，五陰是法；執著五陰的人身爲我，那我就是能執；就是五陰法中，身中有我，我又變成了所執。若但執五陰法爲實有的，那就叫法執；但執五陰法爲實有的，就叫法執。

那麼光知道俗諦的事，把事跟理分開，俗諦的是事，眞諦的是理，眞諦俗諦兩個不能融通，不能知道。眞即是俗，俗即是眞，把兩個隔別開，各是各；不是事依理起，理能成事，事能顯理，這是劣根的；鈍根的二乘人，他不能這樣的起觀、稱行、證得不能這樣做，眞諦跟俗諦不能融合、不能融通、不能轉化，所以叫法我執。

以說不究竟，見有五陰生滅之法，怖畏生死，妄取涅槃。

因爲「以說不究竟」，對劣機的人沒說法空就叫不究竟。那麼聽者呢？聞者就聽到了，知道五陰法中無我；色受想行識五陰法是生滅的法，這個生滅法還是實有的，所以他怖畏生死妄求涅槃；若了了生死，得了涅槃了就叫小乘小果。

我們現在都是凡夫地，最初開始聞法修道的，知道生死可怖要想求不生死、求解脫，這是正當的，這是對的。不怖生死，對生死不恐怖也不求涅槃，那就是執著！這就是對著凡夫說的。我執深重的人，所以對這樣的人，如來說人無我，破凡夫的顚倒。

破了凡夫的顚倒，二乘的顚倒又生起來了，二乘人呢？不生死取涅槃，二乘怖畏生死，取涅槃就是不生死，涅槃就是不生不滅不生死。這類的二乘人是小根的，這是指著鈍根的二乘人說，他不知道生死本來是生滅法，沒有的是空的；涅槃即是眞如，眞如法是本具有的。

雖然被無明遮住著，它是本具有的；若能知道生死本空，生死之法本來是空，這就是眞空；涅槃本來具有的，這就是妙有。若能理解到空有不二；空即是有，有即是空，這就會歸中道了，會歸中道了就不說法執了。

二乘人所執著的法我執，他能對治凡夫的人我執，我們凡夫也能證得聖果，但是法我執必須要融通，也許破了法我執才能向前進。怎麼樣能對治法我執呢？

云何對治？以五陰法自性不生，則無有滅，本來涅槃故。

要想對治法執，依據大乘權教的菩薩用實教來對治。學權教的人能知道苦，羨慕寂滅，佛才說生死苦、涅槃樂；生死是苦，涅槃是樂的，因爲衆生他見著色、受、想、行、識。生死可怖畏，涅槃可求，這樣來修觀行，觀知道生死、涅槃是二邊。生死是一邊，涅槃是一邊，這二邊呢？它是空的，等同空華，等同空義。

這樣子來觀二邊顯中道，這是中道義。觀五陰一切諸相是妄的；觀性，觀性體原來是眞的，眞跟妄那個妄著空華不是實有的；那個妄不是實有的就是眞空的。空中若有華，那可生可滅就不叫空，因爲五陰是幻有的，幻有的沒生滅，沒生滅本來就是涅槃。

我們今天所講的都要去思惟；思惟就是觀照；觀照用你的思惟修，觀！我們不要在人我執、法我執去執著。觀想你的日常生活當中，你對問題的看法；如果大衆都說這個是對的，你感覺跟你的意見不合，你認爲這個是不對的；因爲大衆都說這個問題不對的，那你認爲又是對的。

在這個問題上，我們是不是服從大衆的意見呢？大衆說的是對的，哦！那我也跟著，那就是對的。大家都說對的，我也對的；大家都說不對的，我也認爲不對的，但你的思想不是這樣，你怎樣抉擇呢？我們也不說人我執，也不說法我執，你修觀的時候，你對一個事物的看法，大家對這件事兒，人家都說這樣子，你看的不是這樣子。

舉例說吧！大家都說這個人是好人，但你確實知道這個人哪！心裡頭存著有一種絕對不好的，那你怎麼辦？我們這十個人，九個人說這個人不好，你一人唱反調，你說這人是好人，那這裡幾個人也把你當成壞人，不是這樣子嗎？

在這些事實上面前，你應當如何？那就是我們現在所處的末法時代，我們的生活當中就是這些事；你認爲不對的，人家都這麼做。你若唱反調，你就變成是壞蛋，大家可以把你擯除。

例如傳戒，從明朝那時候蕅益大師就說，現在的南閻浮提找不到五個清淨比丘，所以他沒法得戒，他才在《大藏經》找到《占察善惡業報經》，跟地藏王菩薩受戒，現在也如是。

建立道場，傳戒說法都如是，怎麼辦？爾行爾素，我行我素！沒辦法！本來是以聖教量爲標準，聖教量就是以佛說的爲標準。現在他不聽佛的！他要立個標準，你有什麼辦法呢？但你也不能隨緣，這個事隨不得緣，隨緣就墮落了！不隨緣你怎麼辦呢？

你應該自己獨修，因爲這時候叫末法。我們講〈大乘起信論〉不是教你用這個論去看別人，千萬不要這樣做。要用這個論來觀照自己，我以前沒學的時候，是怎麼樣的想法？看一部大乘經典，我是怎麼樣認識的？我怎麼樣理解的？現在學了論，經過這個辯論，我又是怎麼樣認識的？

我的認識可能不大合適，大家反對，他反對他的，你行你的。不能因爲人反對，你正確的就隨人家反對，反對掉了！另外你不正確的，人家反對那你就改吧！改吧！改你就放下吧！主要的是以聖教量爲主。聖教量是以佛說的爲主；現在把佛說的話當成執著的本錢，剛才我們這裡辯論的時候，沒有理解佛說的話，他採半邊就走了，這就執著了。

學法要善學；善學就是學的好，又會學；會學呢？多用腦子，耳朵是不可靠的，耳朵是聽來的，聽來的不可靠。用你的思索觀照，這是我們初步的；眞正的要起眞如智，要智照，這個妄想分別的不見得可靠。因爲現在我們不明白還沒有證得，只能依著聖教量所說的來對照。

昨天我們講我執跟法執是二種執著，如果有這種執著了，或者自己感覺有這種執著，感覺就是覺照之義，一般在我執當中，還不認爲自己是執著。雖然在這個學教義當中，我們了解什麼樣算是執著，現在連自己的執著還不認識；很關心自己的身體，這就叫執著。一開口就是我想怎麼著；想是意識當中的作用，在你衣食住行起居生活當中，全在執著當中而不認識。問題就產生在不認識，還不知道自己是執著，就像在煩惱當中不認識煩惱。

聽到學了教義，聽到菩薩的教誨，知道我們一天在生活當中都在執著，所以不能解脫，乃至於想解脫這種苦惱，因爲有我才有苦惱。想把它解脫，以什麼方法呢？以下我們就講解脫我執的方法，我執解脫了才能說到法執，就是二種執著了，以下就講解決這種執著的方法，要對治它，對治之後消滅我執。云何對治呢？

「云何對治？以五陰法自性不生，則無有滅，本來涅槃故。」我們開始學的時候說，這個怎麼樣起執著？那講的是依權教而講的起執著。現在講的對治方法，乃至用觀想的方法呢？是用實教，權實教二種教義。用實教來說對治的，我們學習權教的人，知道苦想斷苦；要慕滅，要知苦斷滅以此來對治他修道；就是這個能知苦慕滅的思想是你進入佛門才知道。

過去在苦中不知苦，反倒以苦爲樂，對於不苦不滅的，說個滅嘛！是對著苦說的，實際上是不苦也不滅，因爲性體無有故。在性體上沒有，佛所說的教義當中，才說到生死是苦的；不生死的涅槃才是樂的，這樣我們才懂得色法跟心法。

一個心裡想的，外頭一切境界相。一切境界相都是色法；受想行識是心法，色法跟心法，在生死流轉當中是可怖的。可以證得求得不生死，這可以做得到的；苦是可以斷的，樂是可以修的；修得了就證得了，這兩個是二邊的。

生死做爲一邊，生滅；涅槃，不生死是做爲一邊全是空的，實際上都沒有的。像眼睛有了毛病了，看見空中有華，其實是空中沒有。等你聽到佛的教導或自己起觀修行，修行就思惟觀察！觀察這個生死是對著不生死說的；不生死就是涅槃，涅槃是不生滅的，這些全是生滅法、有相法，有相都不是眞實的，是空的。

觀想五陰從始至終，你不明，等你以明一照它，明了！明了觀你的實性，觀你自己的眞心，觀心！觀你性體；一觀就知道這些沒有，就是在性體上所起的無明演變，障住你那眞空理了，觀想著一切沒有什麼生死；沒有生死也沒有涅槃，沒有生死可滅，也沒有涅槃可求。

我們本具足的那個心性就是我們所說的的理體；或者在〈起信論〉上叫眞如，眞如的法性是不生滅的，生滅的都是幻化的境相；因爲五陰，色受心法，這是幻有的生滅；在有生滅的當中，你去觀。觀生滅不生，觀察生滅是空的，沒有實體的就像我們自己本具的那個妙明眞心，沒有生滅法的也沒有生滅相的，本來就是涅槃。

五陰的體是沒有的。五陰不會自生的，都是虛妄幻化而得的，說有生滅實際上沒有生滅的；沒有生當然沒有滅了，本來就是不生不滅的。道理是這樣子講，但是我們怎麼離開它？怎麼樣修？修的次第，怎麼樣能把這妄執究竟離掉。以下就解釋。

復次究竟離妄執者，當知染法淨法皆悉相待，無有自相可說。

離妄的意思就是顯眞。在離妄的過程當中，知道一切染法是生滅法；淨法是不生滅的，就是相對待的。相待之法看著是有，離開對待了；離開對待就沒有了，離即是空。離了這相對待的法不存在。

一般的都執著染淨諸法，若得了、悟道了、成就道果了才空；迷的時候實在是有的，迷的時候也沒有；沒有，你執著才有，不執著沒有。

染和悟，因爲染才說悟；因爲對悟才說迷了。染是什麼相？一切虛妄相；悟是什麼相？悟沒有體性的，說染說悟、說迷說悟、說染說淨；它沒有個自相。對染說淨；對淨比較說染，對淨說有染法就有染了。這是因對待而設的假有，若離開妄執呢？離開妄執就沒有了。

所以若離究竟了，離了妄執者，染法的淨法是相對的，沒有自相可說的，沒有自相可說的，自相就立不住了。

是故一切法從本已來，非色非心，非智非識，非有非無，畢竟不可說相。

因爲這個緣故才說「一切諸法從本已來，非色非心，非智非識，非有非無，畢竟不可說相。」把五陰法推廣來說吧！五陰就是一切法，總總樣樣一切事物當中，你一一推求，這一推求呢？這些虛妄的相，沒有了。虛妄之法都是「無明不覺生三細，境界爲緣長六粗」，都是依著眞如而起的，說不可說不可說的涵義就在這。

世間五陰的色受想行識，對著出世間的五陰，戒、定、慧、解脫、解脫知見，那個五陰叫妙五陰，我們這世間五陰叫粗五陰。以戒、定、慧、解脫、解脫知見，諸佛的五分法身對治世間相，世間一切色就是戒。

我們受戒的時候，要給你白四羯摩。四種羯摩發動你那個戒體，那就是在初白的時候，十方世界的諸佛妙善戒法；由你的心所起的業用，你在受戒的時候，羯摩師都給你說，二番羯摩十方世界的妙善戒法；像雪一樣的、像蓋頭一樣的，蓋在你頭頂；三番羯磨的時候說，十方世界妙善戒法，從汝頂門觀想流入身心充滿你的正報。但是這個是無表色的，沒有什麼色相可以表現出來的，只有證得法身的大士跟諸佛才能見到。

那一個色陰，不是五陰這個陰了，那個受就是定。定就是三昧，就是正受。正在你受法樂的時候，你的想變成智慧了，慧就是想；就是諸佛菩薩講這個轉識成智慧，以智慧的想；不是想陰那個想了，在你這個過程當中、運動當中、行的當中，這叫解脫。

佛菩薩的解脫，不隨境、不隨業所遷流的，這就是解脫義。戒、定、慧、解脫。不隨境呢？業不遷流呢？就是解脫義。識，這是解脫知見，知見不被境轉而又能無所不知，這叫解脫知見。這是諸佛大菩薩的五分法身。

戒、定、慧、解脫、解脫知見，由此而知。一切的染淨諸法，粗五陰跟細五陰，從本已來在諸佛菩薩是悟，在一切衆生是迷；其實迷也好，悟也好，就是眞如義法，這些都是沒有的。

色陰是眞如，眞如非色陰，非色；受想行識，這四陰也是眞如的本體所流露的，所以不是心是眞如；不是妄是眞，所以說非色非心，非智非識；非智非識不是分別的識心，也不是分別那個智心就非智非識。

非色，非色就不是有。有是表色；無相，無相就是無；非色非相非有，無色就是非有，無相就非無，畢竟不可說相。

以我們衆生的五陰說，色受想行識就是法塵；法塵是沒有表色的，因爲對到前五識故，說是有法塵對外頭境，但這也不是眞實的沒有。

那麼無相沒有表色，法塵也沒有，這一切都不可說，非有非無；但是在前面講，諸佛菩薩度衆生的大用方面就亦有亦無，這是遣除的意思，講究竟離。

離什麼呢？虛妄的執著。這個解釋就告訴你離妄；一切虛妄的執著都沒有的，就是妄執；妄執若消失了，一切法都不存在，但有言說都無實義。

而有言說者，當知如來善巧方便，假以言說引導衆生。

沒有言說，如何建立諸佛度衆生的事業？因此就知道一切善巧方便的言說，引導衆生出離邪執、離一切的妄想執著。

其旨趣者，皆爲離念，歸於眞如。

最初達到的目的，「其旨趣者」要達到的目的，什麼目的呢？離念眞如。「皆爲離念，歸於眞如」，因爲有念就要起分別。

以念一切法令心生滅，不入實智故。

因爲念一切法就令心生滅；心的生滅是從你有念開始，有念不能入實智；實智得無念才能契入，這樣的用功修行，了這個生死本來是空的沒有；也沒有什麼個涅槃可證，證得那個涅槃也是你本具的。

不學佛法的人，當然不懂得這種道理；學法的人也不能夠無念，這是念念分別從不停歇，達到無念了，無住無念；心不住色聲香味觸法，這樣才能達到離念。要想離開虛妄分別，最究竟的是無念，怎能達到無念呢？以下就解釋了。

(三)、分別發趣道相

分別發趣道相者：謂一切諸佛所證之道，一切菩薩發心修行趣向義故。

分別發趣道相，一切諸佛所證之道，一切菩薩發心修行的趣向，最終的目的是達到離念的境界，念尚無念哪有言說呢？什麼都沒有了，一切諸法寂然；但是眾生不能達到這種境界了，必須假言說來對治眾生一切的妄想、一切我法二執，使他們趣向這個無念境界，趣向一切諸佛所證得之道，下頭就具體解釋了。

「分別發趣道相者：謂一切諸佛所證之道」，一切發心的菩薩修行趣向諸佛所證之道，這個發趣，「發」指是發心，「趣」是要你行動表現了，要去做。

什麼人能趣向呢？發趣向道相者是菩薩，「一切菩薩」，這是約人說的；約法說呢？就像現在大家不是講發心嗎？發什麼心？怎麼樣發心？發完心了，去做！就是所趣向的道，做就是趣向。

什麼是這個道相呢？我們經常講發菩提心，菩提翻爲覺，發覺心。這個覺心有眞發心的，還有假發心的；眞行菩薩行的，還是假行菩薩行的；因地不眞，果招紆曲，發心不眞，想成道怎能辦得到呢？在果上，紆曲就達不到了，就彎曲了。下文講直心是道場，必須得發直心。

若想趣向，若想發心；能去證得一切諸佛所證的道理，趣向佛所證的道理，那先要心起，發念吧！一切到了發心就是菩薩，你受三皈就是菩薩，只要入佛門都是菩薩。所以一切菩薩要發心、要修行；要像無念無相的境界趣求達到。

略說發心有三種。

簡略的解釋發心有三種。

云何爲三？一者信成就發心，二者解行發心，三者證發心。

三個都叫發心。這三個發心現在大家還沒有這個份，只有初步的一個欣樂心。發心求法的時候，入了佛門了我們發一個善心，去惡行善。但這個心是向覺悟，而不是覺悟。這個發心發的不眞切，還進進退退，經過很長的時間才能不退了。

信發心，約人來說，什麼樣的人呢？從十信位具足了十信了；十信滿了，信位滿了。這個信位滿了，要經過一萬劫，這麼長的時間；一萬劫是好長的時間呢？一劫，先解釋一劫，劫是印度話，叫劫波，華言叫時分，經過這麼長的時分。

人的壽命，從十歲過一百年增一歲，過一百年增一歲，增到人的壽命八萬四千歲。從八萬四千歲，再過一百年減一歲，過一百年減一歲，減到人的壽命十歲。這一增一減算一劫，在這一萬個增減才把信心修好了。

現在我們都修了好多年呢？不知道，沒有開這個智慧。我們現在能發心出家，不能說沒得信心吧！只是信沒滿心，信的標準沒有。如果你現在發大心行菩薩道，不但發心而且要去做，不但做而且不退，堅定不移的信不退。

不論遇到什麼挫折、什麼危難，生命的危難，肉身的消失，乃至於再轉一世，再轉一世，再轉一世；越轉越增加，不退。如果進進退退，今生道行很好的，到時候臨完了也沒有證得，還變化一個跑道，又來一個身體，這樣叫進進退退了。

今生不知前生事，不能繼續前生那個發心精進去做了，這叫退了。爲什麼呢？業不由己。你所有的業把你牽住了。爲什麼〈起信論〉最後讓你念佛求生極樂世界呢？到那個地方你再不經過這個變化了；因此，最後勸你念佛求生極樂。我們只是講的一個信！成就一個信要經過一萬劫。

初發心時成正覺，初發心時的心跟成正等正覺成佛的那個心，這兩個心，如是二心初心難哪！這兩個心難在最初發的心！若發心了，那就成就有份了！逐漸就達到究竟心，如果這最初的沒發起，那個永遠沒有的。因此才說，如是二心初心難。

信成就了是指什麼說的？初信、二信、三信、四信，到了十信；十信滿心了，登了初住了就信不退位。信心再不會退了，這時候發心就是發心住；初住的菩薩叫發心住。

總的說，發心位置就是十住菩薩。十住菩薩發完心，再去理解了，理解去做就叫行發心，就是解行發心。這個發心再進步，再到了迴向；回事向理、回自向他、回因向果三種，這是三賢位所謂的發心。以下就加以解釋了。

信成就發心者，依何等人，修何等行，得信成就，堪能發心？

信成就發心的是依著哪一種人？要怎麼樣修行、修行什麼法？才能夠得信成就、才堪能發心？

所謂依不定聚眾生。

何等人哪？依著不定聚的眾生，不定聚是未登位的、信心未圓滿的，這是不定的。在三聚中是不定聚的眾生，說他性不定。就是指我們一般平常的凡夫說的，時而正知正見有了；時而又信邪知邪見去了，所以他不定。有時候精進，勇猛精進一段完了他又退了，時進時退。

你說這一萬劫，我剛才講一個劫就那麼長時間，如果你沒有到不退的時候，今生很勇猛；那命盡了，來生又換個跑道了，不知道遇見佛遇不見佛？還聞到法聞不到法？還能見佛不見佛？

像現在是在末法時期，沒有見到佛，正法、像法都過去了，這都叫不定聚眾生。在你未登住位之前是三聚中的不定聚，這是約平常的凡夫說；時而正念現前、時而邪見又生了，邪正不定。精進了就前進了，懈怠了就後退了；時而勇猛精進，時而放逸懈怠，這就是十信位菩薩的表現，因此才說一萬劫。

有熏習善根力故，信業果報，能起十善，厭生死苦；欲求無上菩提。得值諸佛，親承供養，修行信心。

這個依著過去的宿習，過去多生修行的善根有力量了，因這個力量就做爲你的內熏，這個內熏就是眞如本體內熏的力量。外邊要假佛法僧三寶的外緣，外緣的熏習經過你自己的努力吧！假著內熏外熏的力量，假你過去的善根，現在的能夠對三寶起信心，能夠相信自己有佛性，一定能成佛。

前頭說信善惡的果報，苦樂的果報，這是絲毫不爽的，非常懼怕因果不敢錯因果。身體絕不做殺盜淫的業，口裡不說妄言綺語兩舌的業，意裡不起貪瞋癡的念。這僅僅是世間的善因得善果，能熏習自己過去的生死輪轉的苦，能夠樂求不生不滅的涅槃樂，能夠做出世的一切善因造成出世的一個善果。

乃至於發心，發利益衆生的心，絕不會爲自了。發心一定要成佛求無上菩提，這是善的最究竟處；若是有這樣的信滿了，一定能成佛。有這些善因再假善緣，善因感的才有善緣！善緣就是外假諸佛菩薩加持力量、三寶力量才能得遇諸佛。

得遇諸佛，佛給你說法，觀機說法，聞法就解脫了；也能夠親近諸佛，親近諸大菩薩，還能布施供養。供養分兩種，一種是你的身體，以身作供養，這叫內施；一種是外邊的財寶、財富，供養佛法僧三寶。

我們一般的就施捨點財物而已，像我們燃身臂指，這是初步的內施，乃至於捨身體，捨自己的一切都能捨。這樣達到信心成就了，信心圓滿了。

經一萬劫，信心成就故。諸佛菩薩教令發心。或以大悲故，能自發心；或因正法欲滅，以護法因緣，能自發心。

經一萬劫是時間，信心成就了；信自、信佛、信法、信僧這樣的來修行，來成就信心。但是衆生的根機不同的，有利根、有鈍根。利根人修行，精進勇猛不會退的，他也許不經過一萬劫信心就成就了；但是根機雖然鈍，若精進呢？那就可以轉鈍根成爲利根了；若是根機又鈍又不精進，或者是利根的不精進，那必須得經過一萬劫；若利根精進的就不限劫數了，一念就超無量劫，一念就成佛超無量劫。

這個時間，在佛的教導當中，時無定體，時間不限制的，依法上立，法上就是你的心！心的觀念，心能把無量劫縮成一念，一念也可以發展到無量劫。

慈舟老法師引證高峰妙禪師的公案，高峰妙禪師的故事很多了，他是精進修道，晝夜不眠的。夜不眠必然要昏沉，人的精力還是有限的，那怎麼辦對治它呢？他到絕崖上修行，很危險的！看見底下是萬丈深崖站在這個地方，若一昏沉掉下去就死了，因爲要降伏睡魔，坐在懸崖上來修行。

你的意念、你的心轉不到體力，心跟境不合的時候，你控制不了的。我們能讓我們不生病嗎？讓我們不睡眠嗎？肚子咕嚕咕嚕叫讓它肚子不餓嗎？這件事我們辦不到，他還有肉體呀！高峰妙禪師一下子就墮到懸崖下，他認爲必死無疑。他感覺到有人把他給接上來了，他知道有護法！他問：「何人護法？」答覆他的是護法韋馱，他心裡很高興，「我修行的感應啊！感應。恐怕世間上沒幾個人像我這樣吧！」

韋馱菩薩就斥責他說：「像你這樣修行，多如牛毛，你的心理產生了貢高我慢，五百劫再不護你的法。」高峰妙禪師就自己責備自己，責備完了之後。「唉！這以前我到這兒來的時候也沒希望你護法，護也好不護也好，我照樣的修行。」他又照樣的用功，還是支持不了又昏昏沉又下去了，那韋馱菩薩又把他扶上來，他又問：「何人護法？」護法韋馱答：「護法韋馱。」「你不是說五百劫都不護我的法了，你怎麼又來了？」他說：「你一念精進超過五百劫。」

另外我還知道他有一個公案，在修行的時候他有罣礙，小鬼來抓他來了，壽命盡了，可是抓不著他，他就住五臺山，到五臺山找不到他，那個小鬼就找當方土地，他說：「高峰妙住在這裡吧！」說：「是啊！」「他現在怎不在了呢？」「他入定了！」用功用到入定了，小鬼問：「有什麼辦法可以把他逮到呢？」

土地公公說他還有一念貪愛，貪愛他一個缽，缽多羅就是應量器，我們吃飯的飯碗。他這個飯碗是皇上給的非常名貴，捨不得！心裏頭有罣礙。那土地就告訴這小鬼：「你敲他那個缽，一敲就看見他了！」

那小鬼就敲他那個缽，一看他在那坐著呢！小鬼拿鐵鏈子給他鎖上了，高峰妙就知道了，「你怎麼把我逮到的？」「唉呀！你是假修行，還有貪愛！」「貪愛什麼？」「你貪愛這個鉢。」「唉！」他嘆口氣說：「你現在把我鎖上了，我也跑不了了，你把鉢再給我看一看！」那小鬼認為把他鎖上了還跑得了？就把鉢給他看，他把鉢一接到手，啪！往地上一摔，就在一摔當中他又入了定了。

小鬼看不見他了就踹鐵鍊子，一踹鐵鍊子是空的，沒有了！高峰妙就說個偈子，「要拿老僧高峰妙，除非鐵鎖鎖虛空；若還鎖得虛空去，再拿老僧高峰妙。」大家懂得了嗎？當你的功夫到了，一入定能把肉體空了，正定正受一入三昧，一切法皆空；他已經悟得空性了、證得空性才有這個本事，但是他這個本事是苦練來的。這兩個故事結合起來說明，如果信心成就了來發心的，這就叫入正定聚。

如是信心成就，得發心者，入正定聚，畢竟不退。名住如來種中，正因相應。

入正定聚，這時候才畢竟不退，入了如來種性，住如來種性，正因相應！正因是什麼？說發心眞如的因跟眞如的理和合了，唯一眞如故。

初住的菩薩，他相似見到眞如的理，與眞如的理相應，已經登了初住位了，所以他入相似的智慧。相似的眞理跟眞如的理體合了，畢竟不退，登了初住的才算入如來的種性，入如來種性，這叫正因相應。

若有衆生，善根微少，久遠已來，煩惱深厚。雖值於佛，亦得供養，然起人天種子。或起二乘種子。設有求大乘者，根則不定，若進若退。

十信沒有圓滿的，這根機是劣根。我們恐怕連入初信位的菩薩都少，知道我這念頭不對，馬上覺知前念起惡，止其後念不起，這才是初信。

那麼我們考驗考驗自己有沒有這個本事？前念一起惡，馬上就止住了；在意識當中起點惑不相續，絕不再發之於身口七支，那意念上有，這才是初信，這叫善根微少。

我們現在只是一個欣樂心，對三寶不能堅定你的信心。念佛！禮懺！拜佛！或在你學習修行過程當中，經常還起貪瞋癡的壞念頭呢？這壞念頭一起，你能不能止住？

我們前頭講妄念妄想，我們不定的事實太多了。妄念把你支配的到處跑，心裏不得安定，這一天你能定到一個鐘頭嗎？太多了！能定到十分鐘嗎？在那兒不停的胡思亂想。

這胡思亂想如果是想三寶、想著法、想到道友們互相教導，這個教導是依著佛說的，是依著佛制說的能夠定不移，但是這個很難哪！說我們發心在普壽寺住上二十年，發這個心都很少了，還不用說了生死！也許我們這兒有，一輩子就在這普壽寺了！這樣能有幾人呢？很簡單說住在這幹什麼？吃飯、睡大覺，不可能嘛！不允許你，總要做點事吧。做事都是常住的雜務，不論課堂、大寮，還有典座師父，一天腦子想著什麼樣菜乾淨一點兒、怎麼樣給大衆師父吃的好一點兒？這也是善心所，供僧。

但是我說的是現實，從你自己的心地上想，離開文字就從你的心上做，我怎麼樣能使自己信心成就？發心不退；就這個功夫都很難哪！

不管你們相信不相信，我十六歲出家到現在九十歲！才知道，心念一錯馬上制止，什麼念頭都起，起了都能止住。光能只住這個念有什麼作用呢？它還是起呀！但是能把它斷了，不起！這不是一句話，得經過好多的磨難。

你們這裡頭有好多人的年齡，還沒有我住監獄的歲數大，我住了三十三年。在那時候不曉得起好多念頭？不怕念起啊！你沒有斷見煩惱的時候，念頭一定起；斷了思煩惱、見煩惱，還有塵沙無明的念頭，這叫習氣。

習氣沒斷你還會流露出來，了生死不是那麼簡單。因爲我們造生死造的太多了，無量億劫啊！不是萬劫，萬萬劫啊！恆沙數那麼多無量劫，那個習慣太自然了，一來就來了，不學不曉得從那兒來？你的腦子自然冒出來，每個都如是或者自己觀照自己。這種是善根微少。從久遠劫來那個煩惱深厚，恐怕我們現在也沒有遇見佛，遇見是化佛的相。

佛菩薩教導我們很多斷煩惱的方法，現在我們還用不上。我們也是修供養，雖然是化佛，泥塑木雕這些化佛，我們也供養！天天香花燈塗禮拜，你這個種子是種的人天種子。

若想離開這個世界、離開這些苦難，從你的心去觀照，發菩提心，別把發心看小，發心的功德不思議。如果大家學過〈菩提道次第論〉，它有廣的有略的，西藏對這個非常重視，不是我們在這兒一聽到說密宗，密宗那麼容易跟你授個灌頂？你得積累很多的功德呀！密宗傳到外邊來的，在漢地到其他國度，求授灌頂很容易，這在西藏二十年學顯教，不背五部論，那能授灌頂？二十年畢業了，他那畢業的班是二十年，一年一班、一年一班，畢了業之後還得考上格西，考上格西才能到密宗院去學習。

密宗院前五年談不到什麼灌頂，也沒什麼給你學的，你先學技術做朵瑪，你先得自己做壇城。壇城就修道的處所，不是我們住的房子裏頭，這個不行！魔難會來的。自己做個壇城，四大菩薩八大金剛，拿那個藏粑塑的像，完了觀想自己坐到壇城的中間，坐那兒去修，四大菩薩八大護法乃至諸天護法的護持。

你學這個需要五年時間，還得是護法的根器。上師看見你是法器，或者給你修文殊法；或者是綠度母法或者是白度母法，看你求什麼法？大威德、時輪金剛、金剛薩埵，這個差不多得三十年過後了，你要修行也差不多五十多歲了，這是平常積累的，所以叫密宗，即身成佛，這是說的。

你有這種根機、這種信心，住上三十年授過法；授完法什麼都不能做，就得閉關！如果授文殊法，授完文殊法你就閉關，依白教的規約，閉關的時候必須三年三月三天，也就是三三三。

你這樣有成就了才能修第二個法，但是這個上師是什麼樣的上師呢？現在你在西藏還找得到嗎？我在那兒住十年，感覺那時候西藏有兩個聖人，一個帕邦卡仁波切，一個康薩仁波切。這不是這麼一句話、不是腦子想，這裏頭學法都有個過程。

馬鳴菩薩說，你修一個信心一萬劫，信成就了，這時候發菩提心才說利益衆生的話。你要幫助別人，自己得有點本事。你拿什麼幫助別人？先把自己健全起來，說我們善根又少，時間經過的無量劫這樣流轉，那煩惱深厚的很，遇見諸佛你也不認識呀！遇見法你也不能夠領悟，也不能照著去修！

慈舟老法師跟我講個故事，是感應錄上說的。佛在世時，一個沙彌跟他師父遊行，沙彌總給師父揹包，在前頭帶路。前頭帶路走走，他師父叫他停下來，爲什麼？因爲這個沙彌看見那個田裏翻出了些蟲子，看那個雀啊吃那個蟲子，哎呀！他感覺衆生非常苦，他說：「我要發大菩提心，都度牠們！」這是他心裡想發菩提心，他師父叫他：「停下來！停下來！」停下來了叫他，「包包拿來我揹，我給你帶路。」

那沙彌一邊走一邊想，「唉呦！菩薩道難行！我還是像我師父了生死去。」他一發這個心，他師父說：「停下來停下來，你還是揹吧！」

這一路上就搞了這麼好幾次，這徒弟說：「師父，您今天怎麼回事？」他師父就跟他說：「你一會兒發大菩提心，那就是菩薩，我才是個阿羅漢。我讓你在前帶路揹包，負擔不起，所以我叫你停下我揹，但一會兒你又退了菩提心了！」

他是這樣發菩提心，說明什麼問題呢？

阿羅漢有他心通，阿羅漢也有幾種類型、不是都一樣的。阿羅漢有大阿羅漢，他心通不要入定就知道的，有些阿羅漢他必須得入定，他心通才能現前，他這個師父是大阿羅漢，所以他想什麼他的師父都知道。因此他師父跟他說了，「你發了菩提心，但你退了！退了你還想做阿羅漢哪！我已經證得了，你還早呢！」大凡勝小聖，大心的凡夫一發菩提心超過小乘的聖人，意念就在此，這才是發心的問題。

衆生的善根微少！有時候他煩惱的種子深厚了，遇見佛、遇見法、遇見僧，他不信哪！乃至信了很膚淺沒有根，我們知道信、進、念、定、慧，這五種一信讓它生根；根深茂盛了上面長的才茂盛，根深葉茂！根茂了它發出力量來才抗拒嚴寒、抗拒風雪，有這個力量。信、根、力，五根五力就是這樣。

我們現在叫毛道凡夫，一點小風都吹得動，那種境界風一來，吹你飄到虛空還不知飄到那裡去？什麼叫境界風？稱譏苦樂愛憎毀譽，這八種境界風，好不容易啊！不是我們說的時候，說大話誰都會說，說圓融從凡夫說到成佛，我們現在講〈大乘起信論〉不是從凡夫說到成佛嗎？而且這過程說的非常詳細，你怎麼樣才能成佛？眾生是什麼樣情況？給你分析非常詳細，那你自己取擇。

或有供養諸佛，未經一萬劫，於中遇緣，亦有發心。所謂見佛色相，而發其心，或因供養衆僧，而發其心，或因二乘之人，教令發心。或學他發心。

也有供養諸佛的，沒經過一萬劫，他就遇著殊勝的因緣，他發菩提心了或者見佛色相發心，或者是供養眾生發心，或者是遇到他特殊的前生因緣，或者是他同修者、同道者、眷屬當中，人家成就了又遇到來度他。來看他遇著什麼因緣來發心，現在在這裡頭大家都是在學習發心的階段。

如是等發心，悉皆不定，遇惡因緣，或便退失墮二乘地。

這個發心是不穩定的。發了心了還要退，退了又發，發了又退，退了又發，爲什麼說成佛跟發菩提心，如是二心初心難哪！我們感覺發心很容易，其實發心很難。就看你遇著緣，你有發心的因，遇著外頭殊勝因緣，就像住這道場，或者聞法或者學法，遇到殊勝的老師很難很難哪！

特別是在末法當中得自己相應，你遇到了也容易錯過，遇到了得不到。內因的力量不夠，光靠緣力加持是不行的，你得內心的根力夠，因緣和合了才能成就事物。上來所講這些發心都是不定的，遇到惡因緣他又退了，隨便就失墮了，不說從大菩提心墮至二乘地。唉呀！我還是自己了生死，墮到凡夫，墮到貪瞋癡裡去。一切諸法都如是啊！

好多事情看來很容易，做起來很難。現在師父帶徒弟或者帶道友幫助學習；得他有內因，不是都能幫助的到，每個人都想求，觀音、普賢、文殊、地藏這都是發大心的大菩薩，我們諸位道友，一生遇到幾次文殊菩薩來跟你說話的？或者觀音菩薩跟你說話？你回憶一下，諸大菩薩跟你說話的！說從來沒有遇到過，那你只得自己考驗考驗你自己。爲什麼？那些大菩薩平等發心哪！爲什麼有如是差別？就說我見到了，見到就能成道嗎？見到只是一種加持，還是會退心的。

我經常舉這麼個例子，無著菩薩修彌勒菩薩慈心三昧，在山裡頭什麼緣都斷絕，修了十年一點兒影子都沒有！他退心了不學了，下山了。在半路上遇見個老太婆，拿著大鐵柱子在那兒磨，他看了很奇怪，他問：「妳在這兒幹什麼？」

她說：「我磨繡花針哪！」無著菩薩說：「這麼大的大鐵柱子磨繡花針！磨繡花針幹

什麼？」「我女兒要出嫁了，我給她做個嫁粧。」無著菩薩就笑了：「等妳針還沒磨好，妳女兒就死了，甭說的是出嫁了，妳能磨的成嘛？」她說：「管它去，功到自然成。」

無著菩薩在這一句話上省悟了，「哦！我這修十年功夫還沒到！」回去了又修；又修十年，還是什麼也沒有，這回決心下山了。「這一法跟我不相應，我得參學參學去，找找善知識問問。」下山走到一河邊兒上，看了一個狗，這狗肚腹上長癰疽，長個瘡。

無著菩薩沒出家時，他是個醫生專治這種病的，他說：「哎呀那個髒啊！臭啊！味道！若是人我一定給他治，牠是條狗！」但是修菩薩道是平等心哪！看一切衆生跟人是平等對待的，他就走了，走走一想他說：「我在這個山裡修二十年了，慈心三昧，現在這叫境界現前，不修嘛！過不去！」一到跟前一走過看，實在是沒辦法給牠治病，又走了！

如是三四次反覆，最後下決心，就他那慈心三昧功力吧！下決心來給牠治。當他給牠治的時候，先用口把那個瘡咀出來，完了再給牠治療，感到他趴這隻狗的肚皮上這麼一咀的時候；唉喲！他說不對呀！不但不臭又香又甜，他一睜眼睛看哪！抱著彌勒菩薩肚子舔，他反倒生了煩惱、生了抱怨心了。

「彌勒菩薩！我修了二十年，你一點信息都不給我。」彌勒菩薩說：「我天天在你身邊哪！你知道嗎？我也很著急！中間有一些障礙，就是你的業障！」

我們有好多的道友們，求佛、拜佛、禮佛，或者求光、求現！現在人會造謠，一會兒看見這光，其實是電光！人爲的在後邊做些個電光放光了；即使佛菩薩放光，就是佛菩薩在跟前，在你身邊給你放光！你的煩惱照樣斷不了；個人吃飯個人飽，自己的業障個人了，不會包辦代替的。見了又如何？那是你自己的功力不夠，福德智慧兩方面你都沒有積攢夠，你見了又如何？我們不是天天見面嗎！

你打開經本，打開《金剛經》，打開《彌陀經》，那些諸佛菩薩都在啊！你得這樣認識，在又如何？你也得聽他的話。佛說教導讓你去這麼做，你不這麼做；見了他又如何！

像《金剛經》教你無念無所住；不住色、不住聲香味觸法，不住眼耳鼻舌身意，你不聽他的話你都住，你見了他那不是假的嗎？那是眞的嗎？容易著魔。說魔障就是這麼來的，我天天求見佛，佛天天在你跟前，你不照他的話做，你見了又如何呢？你怎麼樣交代呢？這些發心都是不定的，他遇到什麼因緣就轉什麼因緣，一遇到惡因緣他又墮落去了。墮入二乘還是好的呢！墮入二乘怎麼樣好？他了生死了！至少把六塵脫了，把三界脫了。

或墮入凡夫、墮入下地獄、墮入三塗，一個出家人還俗之後，殺盜淫妄一齊犯，前幾天一個皈依弟子打電話告訴我，他說：「師父啊！我現在五戒全犯了。」「犯了有什麼辦法，下地獄吧！」他說：「有什麼方法能夠把我這個犯戒的罪過贖回來？」

我說：「拜懺吧！晝夜二十四小時拜，你若想到怕下地獄就去拜。」等懺悔了，見了相好了清淨了，沒見到相好非下地獄不可！這是佛說的。破戒還不下地獄嗎？而且是五戒一齊犯。

復次信成就發心者，發何等心？

略說有三種：云何爲三？一者直心，正念眞如法故；二者深心，樂集一切

諸善行法故；三者大悲心，欲拔一切眾生苦故。

發心，發三種心，看你發哪種心啊？一者直心，直心正念眞如法，二者深心，樂集一切諸善行，三者大悲心，拔一切衆生苦。

直心正念眞如是不彎曲的，直心是道場。正念，正念就是把你的思念集中，正念即是一念，我們經常說一心，一心就是無念，無什麼呢？無一切的妄念，直心跟眞如法相應，正念眞如，這才算是有了始覺智慧。

用這始覺的智慧念你本覺的理，始覺智這智慧就知道；我自己的自性具足了一切功德，但是迷了，迷了就是一切功德不顯並沒有失掉。沒失掉就是不顯，迷了那你就發直心，直心這一念就顯了，就是念佛念法念僧，或者用空觀的觀想。

禪宗看話頭，未說話的前頭是什麼？那就是觀念眞如，眞如無念的，不要東想西想，什麼都不要想，一直去觀眞如。從那個眞如本覺的智慧，發生始覺的智慧，以始覺的智慧再觀你那本覺的眞理，就是直心的眞如。這樣的循環不息，必須得做，不做是不行的；光說是不行的，光說不練就是不行。說食不飽；如是觀著，心裡經常如是想，這叫發直心。

直心當中就攝護你的戒體，如有毀犯了，如果對戒體有染污了，馬上懺悔，不然就背離眞如，背離你那個本體，戒是防非止惡的，是護持眞理的。如果持戒著相，執著著相，那是得到人天的福報，還是有相當的好處。著相有著相的好處，但是你處理不了，處理不了就是了不了生死。

犯戒，那就更不要說了。犯戒，那是背眞如了。同時要以你始覺的智慧了知，明了的照了，自己本體所具足的一切功德。自己知道功德的深淺，自己修行的行門所起的深；或者精進，或者懈怠，因為這樣知道了是自他不二，一切眾生也如是，這樣你利他的心才能廣大，讓一切眾生都能直心正念眞如。

廣大這個就是深心了，利益眾生的深心，深心者小善不失，一點點的小的好處都要去做。每日誦經拜佛、上早晚殿吃飯都隨時迴向給眾生，讓眾生跟我同離苦難，這裡涵著就是大悲心了。

大悲心就是拔一切眾生苦。〈起信論〉講這個大悲心，它具足了這個大悲心，具足般若的智慧大悲心，不是愛見大悲，這個大悲心是眞如性，本體所起的大悲，這叫同體大悲，無緣大慈。還有深心；深心就是無窮無盡度眾生，眾生界無窮無盡，一切善行善法無窮無盡，所有六度萬行一切的善法，深心者就是一切善法都把它具足。

問曰：上說法界一相，佛體無二；何故不唯念眞如，復假求學諸善之行。

前面不是說一總相大法門體，什麼都具足了，直念眞如那不就好了嗎？還要什麼深心？還要集什麼諸善行呢？這是自設的疑惑，前頭講直心正念眞如。

答曰：譬如大摩尼寶，體性明淨，而有鑛穢之垢。若人雖念寶性，不以方便種種磨治，終無得淨。

譬如大摩尼寶體性是明淨的，但是它有鑛產的汙染，眞珠不經過磨練，它也不會顯光明！金子是在沙子裡含藏，鑛石裡面含藏著，得把那鑛石的汙染去掉，人雖然是直念眞如，念自己的法性，你不以方便善巧磨乾淨，得不到清淨。

如是衆生，眞如之法，體性空淨，而有無量煩惱染垢；若人雖念眞如，不以方便，種種熏修，亦無得淨。

一切衆生眞如之法，它的體性是空淨的，但是它有無量的煩惱染垢，你不假方便把這無量的煩惱染垢治除，雖念眞如種種的熏修，還是得不了清淨，就是這個意思。

以垢無量，徧一切法故，修一切善行，以爲對治。

「以垢無量故，徧一切法故」，所以必須修一切善行，來對治一切不善。所以修一切善行來對治那些偏計執。我們前頭講的我法二執，徧計一切法爲實有，對治這些，除掉徧計的垢染。

若人修行一切善法，自然歸順眞如法故。

略說方便有四種。云何爲四？

若是有人修行一切善法者，自然的歸順眞如了，但是這個道理一共有四種，分別把它說一說。

一者行根本方便。謂觀一切法自性無生，離於妄見，不住生死；觀一切法因緣和合，業果不失，起於大悲，修諸福德，攝化衆生，不住涅槃。以隨順法性無住故。

一個是行根本方便，觀一切法自性無生；無生者就無念離一切妄念，這樣才不住生死。觀一切法是因緣和合的，業果又不失掉，不失掉就要受苦。所以才起於大悲，修諸福德來度衆生、攝化衆生，既不住生死也不住涅槃，隨順法性無住故。

這是全部的般若義，《金剛經》就是講這個無住。不住色聲香味觸法，不住一切法，無住才能證得眞如法性，法性徧一切處才能普利一切衆生，隨順法性、隨順眞如才說無住，這就是根本方便法。

現在接著昨天所講的行方便；方便是善巧的意思，方便有幾種？有種懈怠的方便。學習或者修行、禮懺、拜佛、誦經，這個本來就是趣向眞如的方便，現在講這個方便是順根本的方便，是順眞如體而起妙用的方便，也就是種種熏修的方法。

前面不是講兩種熏習嗎？熏習的方法，總說起來有四種。方便有多門，目的是達到歸元的，「方便有多門，歸元無二路」，不管有好多的方便都是爲達到自性的無生，我們講的無生、無念、無作，都是隨著自性的。

自性本不生，觀一切法的根本就沒有方便，了達到根本說有方便。第一個你先能觀照懂得一切法的體性，在有情謂之佛性，在無情謂之法性；一切法的實體沒有生滅，是無生的；無生就無滅。

有生有滅的是你妄想的分別，那是你的妄見，妄見妄現境界相。妄現境界相，妄想起分別，那麼根本自性的體是無生的，離開一切妄見，不住生死也不住涅槃，根本就是自性的本體。

一切法的生起，我們前頭都講了，因著眞如故；一念不覺就是無明，隨了緣了，眞如隨緣了就是一切法的因緣和合，那麼因緣和合了再依衆生；迷了本覺了而產生不覺，這個不覺裡頭就叫無明。不覺就是無明；無明就生出三細六粗了。

我們前頭都講了，因爲還想達到法性的本體；知道法性是沒有妄見的，也沒有生死的，第一個方便是順眞如體的方便，所以叫根本方便。根本方便就是修行者，一切行菩薩道的，在你自利利他的時候，所行的方便就是根本方便，從根本方便生出來利他的方便。

根本就是能生義。生什麼呢？生二種觀行，這個時候觀一切法的自性，觀一切法自性沒有妄見，也沒有生死。所有這一切法都是因緣和合而有的，因緣和合所起的惑；惑一定要造業，業一定感果，業果又不失。所以菩薩本來沒有定法的，但爲了衆生迷了所以才起了大悲。大悲心就是利益衆生。

這個大悲就是方便之中的因，感衆生依這個方便而成道也能感果。前頭觀一切諸法自性無生，離於妄見不住生死；觀一切法的因緣和合。這四句話就是以大智的智慧，觀這一切法的自性無生。我們前頭本覺，本覺因著一念無明不覺了；不覺了產生了始覺，這個始覺就是智慧。

這個始覺就是能觀，觀一切世間、一切諸法的法性的本體，觀一切法的性。這個能觀觀所觀的就是觀你那個不變的眞如，雖然說無明染了，它自己自體不變。本來就無生，那有妄見，所以才不住生死。見一切諸法不是實有的，若是見一切諸法爲實有的，那就有生死，那就住生死了，因爲離於妄見不住生死。一切法不是實有的也沒個生死，在眞如不變的地方，眞如隨緣了有了；眞如不變的時候沒有了。這是假你那個觀字，觀什麼呢？觀隨緣眞如，眞如隨緣了。

隨緣的意思就是有妄見了。因爲有了妄見就起惑；起惑就要造業，造業業果不失，所以受一切苦，流轉變異生死、分段生死，因此才說方便。爲了使一切流轉生死的衆生達到回歸本有的根本，爲了達到根本而起的方便大悲。

菩薩的大悲心，以大悲心勸導一切衆生觀眞如的自性，攝化衆生了知生死本空，涅槃非有，這是觀一切法相；世間法是無明爲因，境界爲緣，這兩句話很重要，大家要記得。

無明爲因，境界爲緣，就產生了一切世間法。我們把世間法翻染成淨，回爲出世間法就變了；眞如爲因，三寶爲緣。假佛法三寶的外緣加持力，加持自己本具眞如性體的不滅的因、三寶爲緣，你那眞如的因跟三寶的緣因緣和合了，所有的業因果報，世間的惡因果，出世間的善因果，出世間法的純善因果回歸眞如。

眞如隨緣呢？沒有離開一切法，在惡隨惡緣，在善隨善緣。隨惡緣是越轉越粗，離眞如越來越遠。隨善緣呢？就是因緣覺悟回入你本體的眞如，因爲看一切衆生隨惡緣而演變，諸佛則生起大悲的願力。悲憫衆生產生惡因，轉變他修行成爲善因，那必須有很多的善巧方便；以善爲因來自利利他、攝化衆生。

在果上的大悲，悲智是雙運的。悲必須有智慧，我們凡夫度凡夫的時候，是沒有智慧主導的大悲。悲天憫人哪！悲天憫人只是個善心所，依照大乘教義所說的，要用觀照的功夫，說觀、說止、說定都是方便。

前頭講的根本方便是從眞如說起的，止生滅觀眞如，這一段話就是觀你自性的本來沒生死，無生死，這就是止。止就是定，定中所起的觀照是止惡的因緣，這個觀照止惡的因緣，觀善的因緣，知道惡是不順眞如的應該止。觀善的因緣是隨順眞如的，能夠回歸眞如那就應當作。

這一段話，止觀是雙運的。觀中就含著止，順眞如不變的義就是止，止就是定。從止中又起觀，這個叫隨緣的眞如。這兩個不同，一個即觀之止是隨順眞如不變的，也就是不變眞如；顚倒過來說即止之觀，即觀之止是順不變的眞如，即止之觀是隨緣的眞如。

不變隨緣，隨緣不變；不變的眞如，觀即是止，隨緣的眞如就即止之觀，這樣才能不住生死，止是隨緣義也不住涅槃，這叫止觀雙修中觀道，這叫行根本方便。從根本要產生下頭的三種方便，略說方便有四種；這是說根本方便，以下把它分出來了。

二者能止方便。謂慚愧悔過，能止一切惡法，不令增長。以隨順法性，離諸過故。

二者是能止方便。怎麼樣止？止惡向善。「二者能止方便。謂慚愧悔過，能止一切惡法，不令增長。以隨順法性，離諸過故。」一共只有六句，這就叫能止方便。

斷一切惡就是止一切惡，行一切善，有慚愧的人才能止惡，沒有慚愧的，惡不能止。不知道慚愧的人，他一定再去犯，他的惡怎能止呢？像我們入了佛門之後，在你受戒的時候，受個三皈都要你先懺悔，必須懺悔過去的業，含著就叫你止惡。

懺呢？必須得眞實，不可虛假。我們懺的時候都是口裡說，沒有經過責備自己的心，責備自己過去所做的惡事、錯誤事，去除懺悔，如果不能痛哭流涕的眞心的悔過，那個惡是止不住的。懺是對不起自己。

愧呢？愧是對不起他人。自己經常會對不起自己清淨的心，沒有一個人他做壞事不知道這個是壞事的。不論是殺人放火做什麼事情都是，明知道不對，他不能制止，隨順惡的發展，所以要你懺也要眞實，愧也要眞實；光是口說不能責備的心，不能達到痛哭流涕眞正悔改，你那個惡止不住的，還會犯的。

這裡頭包括對三寶的懺悔，例如對父母、對師長、對施主，十方等覺的菩薩，十地的菩薩，他還要懺悔！懺悔具足了才能回歸眞如，才回歸你的性體。懺是懺過去的錯誤，等覺菩薩他要懺的是爲什麼一念不起，爲什麼起念頭？要懺悔。

痛自悔責誓不再作了，一切惡法才能止住。我們這妄心所起的妄念，不論我們那一位都有。靜坐想想你的過錯吧！在戒律叫止作二持。已作之惡，不復再作了；未作之惡，誓不令起。未作之惡再不作，未作之惡不作，已作之惡再不作。

一般懺的都是過去已作之惡、未作之惡，不讓他生起。有信位的菩薩，覺知前念起惡，能止其後念不起，不讓它相續，不發於身口七支，這叫惑。斷惡行善就靠你懺悔的功力，因為我們結合第一個講的根本，法性是根本；法性的根本是我們每個人本來的根本沒有惡染的，沒有惡也沒有染，本身法性是清淨的。

你在懺悔當中就是要隨順法性，離諸一切過惡，這就是我們的本分事，因為我們之前沒有過染。我們若做了錯事了犯戒了，看你輕重，一般的對首懺，向一位道友或者同參的、同住的跟他表白一下就行了，表白一下是讓人家知道，那以後你不能再作了。

知慚知愧者，一定能離過，一定能止惡。不知慚知愧者，不能止惡，也不能向善。無慚愧人，諸佛菩薩沒辦法度他。這是懺悔的方便。

三者發起善根增長方便，謂勤供養禮拜三寶，讚歎隨喜，勸請諸佛。以愛敬三寶淳厚心故，信得增長，乃能志求無上之道。又因佛法僧力所護故，能消業障，善根不退。以隨順法性離癡障故。

三者發起善根增長方便。精勤的供養三寶，禮拜三寶，讚歎隨喜，勸請諸佛，愛敬三寶。這樣以淳厚的心情，善根才能增長、才能志求無上的道果，也能得到三寶的加持，佛法僧力來護持你，這樣才能消業障，使你的善根只能前進不往後退。隨順法性，離開了無明癡，這是障現行的惑業。

三者，有善巧方便的方法能使你善根增長，所以這個叫發起善根增長的方便。方便呢？能成就你的善根，這個根本是能成就的。方便是你向前修行的一個方便，能成就你根本眞如的善根，產生你的智慧，斷你的煩惱、斷你的習氣，前頭講斷德，這個是講智慧。一般我們說斷德就是涅槃，發起善根方便就是發菩提心，發菩提心，這叫智慧。

這裡頭就說是勤供養禮拜三寶，勤供養，說的是意念供養。尊敬三寶不是我們非要買幾朵花，買點供品才算供養三寶，這是說意念的；意念當中要修習福德，要供養三寶。有時是事，有的供養是理；所以在普賢菩薩十大願廣修供養中，法供養爲最，那個法是理上，用觀力來供養。

勤供養三寶的意思就是你修福德的時候，一定要修智慧；修智慧一定要福德。要想使善根增長，就要勤修禮拜供養三寶，這在十大願禮敬諸佛，稱讚如來，廣修供養，懺悔業障，隨喜功德。這是前五個。

對三寶，常時生起愛敬的心，念念不忘三寶。對三寶的禮敬磕頭，這是懺悔最好的方法，禮拜、供養。所以在布施度裡，供養就是布施；對三寶叫供養，對一切衆生就叫布施，它分內布施、外布施。內供養三寶，外供養三寶。

內供養三寶呢？用你的身體。外供養三寶呢？用你的財富。口裡頭讚歎，意裡頭產生恭敬心，身體呢？禮拜行動，這都叫供養。在〈大智度論〉裡頭講，對於三寶，光說不行的，不叫證，說而能去做；若光說不修行，這不是有智慧的人。

想善根增長，勤供養三寶要去做。所以供養物質，不如你身體或是持誦的聖號，禮拜供養諸佛。但是這個禮拜有七種。內無恭敬心，沒有恭敬心的禮拜只是形式，五體不投地，很多的寺院裡頭一進去，大殿裡頭都有拜墊，慈舟老法師說擺架子，每個殿裡頭都擺個架子，也就是我們一般所說的拜凳。在戒律裡面叫下床，就是五體不投地，那是把自己的身體看的很重；對身體看重，對三寶就看輕。這種禮拜就是我慢禮，從現相看好像作禮，其實他內心裡頭有慢的惑，慢業所感，這種不五體投地的禮就叫我慢禮。

第二種叫唱和禮。唱和禮是一個人唱，大家磕頭；就像拜千佛的時候，我曾經到一個廟，這間寺廟還是很有修行的，一般的說這個寺廟還很好，他們拜千佛，我去參加拜，我的老道友說：「你不要去拜！你不拜還不生氣。」我說：「爲什麼？」他說：「你去拜，看你拜的煩惱不煩惱？」我說：「那你怎麼不制止呢？」「誰聽我的啊？」「我說了也不聽啊！」「怪不得你不參加。」

他那拜千佛，大家都知道了，一唱一拜，這邊拜那邊起來，那邊拜這邊起來就這樣子，甭說五體了！拿手一比劃，腦殼一點這就拜了，不然千佛一個半鐘頭就拜完了，那怎麼拜啊！這種唱和禮。拜墊又高！拜懺、磕頭要如法，必定五體投地，我們看見把那拜墊挪開磕頭，像我們拜懺哪！打念佛七、打拜懺七，我們都沒有拜墊，好像我們這兒沒得拜墊，沒有這個設備就光那個小墊，而且還沾灰塵呢！這個唱和禮，一人唱大家拜。

第三種就好了，五體投地，頭一定在底下，兩肘兩膝蓋這叫五體；心裏頭意念著想著佛的身，就是化身，在目前，就是像好莊嚴的，那麼你磕下頭去，頭面接足皈命禮，這樣拜懺。

《離垢慧經》專門講磕頭，怎麼樣磕？一般拜懺的觀想，就講「能禮所禮性空寂，感應道交難思議，我此道場如帝珠，諸佛菩薩影現中，我身影現諸佛前，頭面接足皈命禮。」這個偈子，平常沒拜你也想，想熟了你一禮下去，它頓現的，不然你磕頭得觀想老半天，最初可能夠要想老半天，拜熟了自然的頓現了。

磕頭也要好好的磕，它才生起作用，你磕一個頭就能消業障。像我們平常那一個拜墊很高的那兒表示一下，那個消業障很困難，消不到了。

第四種大乘的禮法，無相禮。能禮的體跟所禮的體同是一個法性，沒有能禮的相也沒有所禮的佛，我跟佛一如，這叫無相禮。

第五種起用禮。起用禮是在前頭無相禮所起的妙用，就是根本方便，我們現在說的方便。無相禮是要眞空理說的，沒有形相，唯是一心。當你拜懺時候念著一心敬禮，或者釋迦牟尼佛、或是普光佛等，但是那個一心非常重要。

唯是一心，能禮的所禮是一心，能禮的是眞空，所禮的是妙有；妙有的佛相就是我眞空的心，我的眞空心就是現前妙有的相，諸佛之相。禮佛就是用，體相用三大都用上了，禮佛是度衆生，諸佛現的報化身是度衆生，口裡唱念就是起用。

第六種內觀禮。不緣外境，佛眞正修成的法身是已成就的法身，我們是在纏未成就的法身。知道除此眞如之外的沒有身心，此外沒有什麼，沒有能禮自他的；自性的清淨本心，禮自性清淨的佛，佛性無二，沒有內外，這叫內觀禮。

第七種實相禮。實相者無相，不可以心取，不可以相求，不執著禮佛；不執著不是不禮，禮敬而不執著，能禮所禮同是一個實相故，安心寂滅，平等平等，這叫實相禮。

我們從理體的三寶，觀想著外事的三寶，末法時候，不管紙畫的木雕的就是佛寶，一切三藏經文就是法寶，一切衆生就是僧寶，這叫事三寶。事三寶是順理，順眞如理體而成就的，必須得學教，不學教你犯了很多的錯誤還不知道。

我們在起居室、客室到處都擺著有佛像，不論接待什麼客人，不論信三寶、不信三寶都在那客前有佛像，而是大多數供的那紙像，都是立像阿彌陀佛，坐在像前裡聊天、擺龍門陣，身體就不恭敬。到了夏天，那個手一直掏腳指頭，在佛像前極不恭敬的。

這都是對三寶的懈慢，心裡頭把那佛當成紙像當畫一樣的，所以犯了很多的錯誤並不知道。只知道抱怨或者是自己念經禮佛，三寶也不加持我，求佛不靈。你感的不如法；你的感不如法怎麼能要應呢？感應感應嘛！你的基本感就錯了，那怎麼會有應呢？那就沒得應了，所以不應。

不論一天你拜好多，拜三千五千，不如拜一拜。誠誠懇懇，恭恭敬敬，內外觀照，或者用實相禮也好；那個你觀不到，無相禮也好，這你也辦不到。現在我們這個凡夫連粗惑都沒斷，見思惑都沒斷，粗惑，你怎能達到無相禮？

現在我們講〈大乘起信論〉，你能產生個信心就好了，連個信心都沒有啊！你怎能稱實相而去起修呢？你先修一個信就好了，信完了而行，而且信的時間哪！要想圓滿這個信心，得一萬劫。

明白這個了，經常檢查自己不要抱怨三寶，現在我們好多道友抱怨三寶，佛菩薩不靈！不加持我呀！我這麼樣修行，你好大個修行嘛！你自己都沒對照，自己做錯了還認爲是眞實的？還認爲自己很了不起的？因爲沒有智慧。

從前我們有位老修行，走到河南山區，天黑了到市裡也沒個店，趕到山坡上有間廟，他到那去掛單，住持和尚卻不留他，他說：「我只是在殿裡頭，自己帶個蒲團，坐一夜就行了。」坐一夜也不行，不留他！他也就發了無明火了，他說：「不留我也要住，管你留不留！」把蒲團一擱他就坐下了，管你去的。

反正廟是和尚的，那個住持和尚也沒辦法，就把山門關了讓他坐去；也不理他就走了。那個老修行他很有功夫啦！他坐著他就想：「今天入不了定，好像起了煩惱了，這個和尚是什麼和尚？」夜已經很靜了，他就起來看看！走了一層殿破破爛爛的，走二層殿破破爛爛的，走到後院，大概是那師父住的地點。

嘩！他一看！七間瓦房修的光明透亮的，於是點上蠟燭，他往裡頭一看哪！不是一個和尚，二個和尚，另外擺一桌酒席還請些花姑娘跟著她們作樂。這下子他火了，他不是跟他倆發火，他又回到前殿來跟這伽藍菩薩說：「伽藍菩薩你護的什麼法呀！我這麼有修行你都不護持，到這間廟裏來連掛個單坐一坐都不行啊！你怎麼護持那個和尚呢？」

自己在內心裡跟伽藍菩薩發牢騷，這回心裏就放下了，一坐就入定了。一入定，伽藍菩薩就來了說：「你在這兒發什麼脾氣呀？你胡說些什麼啊！你跟這間廟有什麼因緣？這間廟從唐朝開始建的時候，你跟他毫無因緣，你運了一塊磚嗎？還是運了一塊瓦？你資助了什麼嗎？你讚歎隨喜了嗎？」

「這兩個和尚他們不是好和尚！」「你知道他們是做什麼的嗎？他前生是幹什麼的

嗎？是畜牲，修廟的時候，這兩個和尚是毛驢，這間廟的磚瓦木材是他們馱上來的，經過千八百年，人家對這間廟有功德的，一代一代都走了，這間廟已經到了因緣盡的時候。」「那就輪到這兩個毛驢來了，該他們來享受，毛驢來了到這廟裡來享受。人家有緣哪！人家做過貢獻，你做過什麼貢獻哪？」

只有因緣莫羨人，我們就缺乏，不知道因緣？沒有這個智慧對自己都不知道呢？還說對外界呢？對一切境界相你什麼都不知道。人各有自知之明，你不知道你學習學習！看佛怎麼說的、歷代祖師怎麼說的。

馬鳴菩薩是八地菩薩，到了不動地，無明已經破了八分了，剩一點點了，他做〈起信論〉是從他的智慧做出來的。一切法，「因緣所生法，我說即是空」是那個眞空，不是頑空。一切法是因緣生的，一個是隨緣一個是中道；一個是隨緣義一個是中道義，一切法都如是。

四者大願平等方便。所謂發願盡於未來，化度一切衆生使無有餘，皆令究竟無餘涅槃。以隨順法性無斷絕故；法性廣大，徧一切衆生；平等無二，不念彼此，究竟寂滅故。

這方便諸佛的大願，方便善巧當中，從根本產生這三方便。一個大悲、一個大願，第四種就是大願了，所以應當發願平等方便。我們現在也是隨著諸佛菩薩的教導，除了經論的教導，我們也行方便，給人家方便自己也方便。但是我們這方便不平等，愛憎心不平等，順自己的意高興的就方便方便；不順自己的意煩惱的時候，那就不方便方便。

所以學經學教的目的就要明理。從事上明到理了，明理了依理所成事，那你再做一些事都順理故；順眞如之理，所做的都是對的，我們不明事更不明理。他沒有智慧呀！怎麼樣是對的，怎麼樣是不對的啊？我們看的不對的，在理上是對的；我們看的是對的，在理上是不對的。

其實對我們佛教的佛弟子來說，眞正講道理的只有佛，還得信眞如，這才眞正順眞如道的道理，這才是眞正的道理。

我們一般的人情，這叫情理。父子，夫妻，六親眷屬，這講的理是情理，感情的理，這個理是不對的。跟你好的當然你就對他好了，這是在情理當中。還有法律！還有法理！法理又不是情理了，老子犯法也是同樣要治他罪，這叫法理。

情理與法理，一般大家所用的情理是歷代這樣傳下來的，感情上依著世間習慣的慣性，那道理不見得跟法理合。但是我們佛教講的道理是菩提道！我們現在講眞如，這個道理是菩提道的道理，有這種道理嗎？我們四衆弟子只是這樣學，還沒有進入菩提道。

我們所說的明理；明白覺悟菩提，佛所教導覺悟的道理，在這個道理上人人平等的。隨順眞如合乎道理，違背眞如不覺了，不覺不合乎道理都在無明當中，那就靠諸佛菩薩發大願方便善巧。但這個方便善巧是平等的，我們經常講平等，什麼平等啊？在法性、在眞如、在我們的眞心上平等平等。諸佛跟一切衆生都是平等平等，這叫無緣大慈平等大悲。

諸佛菩薩所發的大願，是盡未來際化度一切衆生，不使一個衆生再墮落的，究竟讓他證得無餘的不生不滅的涅槃，這個大願永遠沒有斷絕的時候，為什麼呢？「隨順法性無斷絕故」。

法性廣大，徧一切衆生；對一切衆生平等平等，不念彼不念此，究竟寂滅故。究竟還是眞如義法。一個是迷，一個是悟。

菩薩發是心故，則得少分見於法身。以見法身故，隨其願力，能現八種利益衆生。所謂從兜率天退，入胎，住胎，出胎，出家，成道，轉法輪，入於涅槃。

這個少分的見法身還沒有登地，只是發心的信心圓滿。登了初住位的菩薩，他發菩提心要利益一切衆生，那菩薩發這樣的心，是少分見於法身了；這個見法身不是眞正的證見，是相似見。

十信滿心了登初住位，初住位發菩提心，發菩提心隨他自己願力，能夠示現八種利益衆生，這叫小乘八相。小乘八相就是釋迦牟尼佛化身示現的，降魔、住胎，八相成道！從兜率天退、入胎、出胎、出家、降魔、成道、轉法輪、入於涅槃。這是小乘的八相。

大乘的八相就沒有降魔了，大乘佛魔平等的，沒有魔。能八相度衆生，見到法身了，自利利他示現八相成道。小乘八相呢？有降魔沒有住胎。大乘的，佛魔平等，住胎也沒有苦，示現的，他同與人相而不同與人！人是在八相之中，有時候受胎、住胎是受苦的。

《華嚴經》講到這個問題上，華嚴是圓教的，他在住的當中示現八相之中，他還在十方法界普遍的示現八相成道，一位即一切位，這是十信滿心修了一萬劫了，信心圓滿了初住位，初住到十迴向的最後那一位，這三賢的菩薩，三十位菩薩都能夠示現八相成道。

然是菩薩未名法身，以其過去無量世來，有漏之業，未能決斷，隨其所生，與微苦相應。亦非業繫，以有大願自在力故。

在《華嚴經》講一相就具足八相，八相就具足一切相，住胎之中也在度衆生呢？他沒有受苦之相，但是這個初住的菩薩示現的，從兜率天退、入胎、住胎、出胎、出家、成道、轉法輪、入於涅槃這八相，他還沒有眞正證得法身，只是相似見到法身，相似但是入位了。

發心住是不退了，跟二乘的阿羅漢跟聲聞緣覺，同是圓教的。他對有漏的業還沒有完全斷，他這受生幹什麼的，還有微細的苦跟他相應，但是不是我們的業繫苦！我們的苦是業繫的，他是微細的。就像聲聞緣覺，他有法執，有法執他就有微細的苦、微細無明的生滅苦，因爲沒有登地；沒有見到法身的，相似見法身不是親證的，所以不名法身大士。然是菩薩未名法身，就是這個意思。

「以其過去無量世來，有漏之業，未能決斷」，有漏業就是證得法身才無漏，沒見法身之前都有漏。「隨其所生，與微苦相應」，但是不是業繫苦，因爲他有大願力的自在故。登了初住菩薩發菩提心的，隨著菩提心而產生的願力。

但是他那所謂微細苦，可不是我們凡夫的分段生死苦，不是業繫不自在的。他非業繫了，業繫住你不自在！他是大願力自在故。

因爲有願力自在，在這個報身或者常住世或者短住世，他是自在的隨他願力。

如修多羅中，或說有退墮惡趣者。非其實退，但爲初學菩薩未入正位，而懈怠者恐怖，令彼勇猛故。

不要懈怠，令彼勇猛故。經中說是契經，大乘經沒指說哪部經。大乘裡面也有這樣說，初住的菩薩是不是還退墮惡趣呢？這部論上說不是實在退的。「非其實退」，初住菩薩未入正位，懈怠者恐怖，給他警惕那個初學的菩薩，還沒有到住位的時候他就懈怠了，令他生起恐怖。說你別懈怠，懈怠了你要退墮的，令他勇猛精進。

經中說，初住的菩薩有退墮惡道者。舉個例子，舍利弗要發菩提心，大菩薩來度他、考驗他的時候，示現一個婆羅門就來跟他要眼睛，這個故事很長了，我們大概這麼說一下子。這舍利弗剛要發起大乘心、度一切衆生行菩薩道，行菩薩道就要難捨的能捨，他就碰到一個婆羅門示現來考驗他。

大菩薩示現婆羅門女在路邊哭，舍利弗問她：「哭什麼？」她說：「我媽媽生病了，醫生給抓的藥要找副個藥引子，找不到我苦惱，所以哭，要救我媽媽。」舍利弗說：「妳要什麼？這還不容易嗎？我可以布施給妳。」她說：「要生人的眼睛。」舍利弗說：「唉呀！我剛發菩提心，剛發大心，就遇到這麼個因緣，好啦！」就挖一個眼睛給她。

那婆羅門拿起來，「哎呀！你挖的挖錯了，我要的左眼睛你挖的右眼睛，不對呀！」

舍利弗說：「哎呀！妳怎不早說呢？妳先說要左眼嘛！」想怎麼辦呢？反正也要救她了，反正我有天眼，好了左眼也挖給她了，完了她拿這一聞，這是腥臭的還入什麼藥，就丟到地下去了。舍利弗就退心了，啊！菩薩道難行，這故事很長的！不過舉這麼個例子，我看慈舟老法師引這一段故事，說舍利弗遇乞眼睛婆羅門退失大乘心。

我們不是發大願就沒有障礙！當你發大願行大行，現在也如是，你現在一發大心障礙更多了，考驗考驗你，好多事都經過考驗，你行菩薩道的時候，障礙來了你衝的過去不？一樣衝過去了，二樣衝過去了，無窮無盡的障礙，大心難發易退；發大心難發而容易退，挫折很多。

我有個道友，他經常放生，現在害病了，到上海住醫院去了。他也沒有什麼學法，後來就專門的去放生，放生感了很多福德，他也做了和尚，現在害了惡病，一開刀，先說是善性的，後來又說是惡性的，現在還住在上海醫院。

他就產生抱怨了，跟照顧他的人說：「我這麼樣的做好事放生，放這麼多生，我怎麼害這個惡病呢？」照顧他的人給我打個電話，我就另外的找一個跟他同學的道友，去責備他：「你做那點事情，就想把一切災難免了！怎麼可能嘛！你只花一文錢，想得到一百元錢的報應，能辦的到嗎？」

這個業報是無始劫來的。佛成了佛了，還示現八苦，還示現病苦。我們一個凡夫，你做了一點點好事就想把一切災難都免了嗎？怎麼辦的到？要會想、要會觀！想就是觀。

想想諸佛的教導，爲什麼不相應？你那個業像山似的，你所做善事像一顆米粒兒似的，想拿一個米跟山來比呀！每位道友都如是，說你入了三寶，做了比丘、比丘尼是僧寶，就想把一切七災八難都免了，哪有那麼容易的事兒？那都成佛了，還有衆生啦？要發大心要勇猛，我們做的極少分的，不夠的。說菩薩發心之後，有很多考驗的，自己的業障考驗是最要緊的。

又是菩薩，一發心後，遠離怯弱，畢竟不畏墮二乘地。若聞無量無邊阿僧祇劫，勤苦難行，乃得涅槃，亦不怯弱。以信知一切法，從本已來自涅槃故。

又是菩薩發心了，遠離怯弱，怯是不勇猛，弱是不堅強，發了大菩提心什麼都不怕？不怕墮地獄，連地獄都不怕，何況墮二乘呢？無畏！為什麼才能無畏呢？無罣礙了，明心見性見道了，認識自己的自性。《心經》不是說「心無罣礙無有恐怖」，為什麼有恐怖啊？這也把你掛住，那也把你牽扯著住，你怎麼不害怕呀！

什麼都無所畏懼！行菩薩道不是一時的，無量劫來的，三大阿僧祇劫是不夠的。無量億劫了，看看《地藏經》吧！地藏菩薩度衆生度了好多的劫。又者發心的菩薩，發了菩提心之後，一切怯弱都沒有了，不要怕墮二乘地。

「若聞無量無邊阿僧祇劫，勤苦難行」，度衆生才能夠得證涅槃，第一種不怯弱。「亦不怯弱。以信知一切法，從本已來自涅槃故」。一切法從來沒有生死的，你的自性從來沒有生死，十信滿心了要修一萬劫呀！

信位滿了都很不容易，我們知道我們的信心，現在就是等於修行信心，我們的信不具足，遇到點挫折信心就退了，乃至我們不聞佛法連眞如邊兒都沾不到，雖然本具了，迷的很重，所以邊兒都沾不到，能夠相信了，相信自己跟佛無二別，信心信心，相信你自己的心，這樣能勇猛不退的很不容易了，乃至一直到成佛，不生退怯的念。

爲什麼呢？從本已來的一切法就是不生不滅的，自己本來具足的，這叫信位的發心。信位發心了已登了住了，登了住了發心才成就，這才重新的發心；發菩提心，這叫眞正的發菩提心。

解行發心者，當知轉勝。

信位滿心了，登了十住了就叫解。解行發心，解是住位，行是十行位，迴向是十迴向位。這個解行，解是十住位，行是十行位，當知轉勝是十迴向位。「解行發心者，當知轉勝。」就是三十個相似位。這個解就深了，不是十住位，解深了。勝呢？勝就不同十行是十迴向位了。

「解行發心者，當知轉勝。」十迴向位，迴向什麼呢？迴向眞如，把一切事都迴向理，一切衆生在理上說；平等平等相似認識眞如法性了，到十迴向滿迴向位的時候，很快就進入地了，所以叫轉勝，很快就登地菩薩了。

以是菩薩從初正信已來，於第一阿僧祇劫將欲滿故。於眞如法中，深解現

前，所修離相。

這三賢位的菩薩叫三賢不是聖位，登地才算聖位。從他發心生起信心以來，這個信心修行到三賢位的最後，十迴向位的時候經過一阿僧祇劫，從十信初心到十迴向的第十迴向，滿了第一阿僧祇劫。三大阿僧祇劫，第一個阿僧祇劫就是從發心到十迴向。

眞如法呢？我們前頭就說我們那個本覺的心，成就本覺了。這一個若明了的話，比前凡夫地、十信位，明了深入的多了，深解現前這個意思，所以修那個離念、離相、離言，所修的六度，沒有人相，人我執沒有了，法我執也沒有了，離人、我、法相三輪體空，到這個時候，所以叫深解現前。所修的離相，他所修的離開一切相，能夠相似順眞如，相似滿能夠眞正證得眞如，證得一分。

以知法性體無慳貪故，隨順修行檀波羅蜜。

因爲他已經知道一切法的性體，沒有慳貪就行修波羅蜜，體無慳貪。隨順體而行波羅蜜，檀波羅蜜就是布施。

法性理體沒有間斷，在他行布施的時候跟理相應，沒有妄心在裏頭參雜，沒有貪戀不捨的心參雜，所以他能得到眞如法體。我們經常說，捨得捨得，捨了才得；把你分別心捨掉才能得到無分別，把慳貪捨掉才能布施圓滿；才能得到波羅蜜，修行成就了到彼岸。

我們念《心經》的時候，「揭諦揭諦，波羅揭諦，波羅僧揭諦，菩提薩婆訶。」「成佛成佛，大家都成佛！」「到彼岸到彼岸，大家都到彼岸！」也就是得度了。為什麼呢？他見了法體，知道法體他能順眞如修，順眞而修，返歸於眞如，順眞如而修，修即無修。

我們要想達到無念，必須先念，念佛、念法、念僧，念到自己本具的佛法僧三寶，那就到無念了。念即無念的涵義就是這樣子，並不是無念就不念了，無念無不念，達到無念，那成了佛了就不度衆生了嗎？

成了佛度衆生，度的更多更圓滿就是成佛度衆生，度衆生成佛。成佛度衆生，度衆生成佛，度一切衆生，修一切法到了這個時候，修即無修；無修才能修一切法，無修無不修，這叫三輪體空。這個時候他在行布施度的時候，沒有個能施的我；也沒有受施的人；也沒有所施的法，所施的物質，這樣行的布施道度的。

以知法性無染，離五欲過故，隨順修行尸波羅蜜。

這是修六度萬行，這六段文就修六度萬行，也是三輪體空。法性理體上本來就沒有染汙，衆生呢？他貪著五欲，佛才制一切輕戒重戒。制戒的目的，防非止惡回歸眞如，制戒的目的就是這樣一個目的。

免你墮地獄墮六道的沉淪之苦，這是佛的慈悲。假使違背了律，違犯了，違犯也是自性，懺悔就可以了，看你悔的如何？隨順法性懺，修行尸波羅蜜速得成就也是三輪體空。

以知法性無苦，離瞋惱故，隨順修行羼提波羅蜜。

這是忍辱波羅蜜。「一念瞋心起，百萬障門開。」你怎麼樣使你瞋心不起！常時對治它，這個貪瞋深藏我們內心之中，必須用慚愧支把它鈎出來，慚愧就把這毒蛇鈎出去消滅它，這裡頭含的很多意思。

無生法忍。《金剛經》上講，若是被人輕賤了，你忍受了不計較，那你先世罪業應即消滅，應墮惡道的不墮了。為什麼呢？因為你能忍耐冤害忍，忍成就得了無生法忍了，這是隨順羼提波羅蜜。

以知法性無身心相，離懈怠故，隨順修行毗梨耶波羅蜜。

這是精進波羅蜜。離開懈怠，法性本來沒有精進也沒有懈怠。明白了，明白性體了，修行精進的時候再不懈怠了；迷了性體了，執著五蘊色身，他有疲勞有懈怠；現在他明白了，明白了他沒有懈怠了。

以知法性常定，體無亂故，隨順修行禪波羅蜜。

修定的禪那叫思惟修。一安住禪，二引發禪，一禪引發了一切禪。我們學教修的止觀禪，止觀就是禪定，止觀修真如觀就是真如三昧引發一切三昧；或者念佛三昧，以一個念佛三昧引發一切諸餘三昧。

以知法性體明，離無明故，隨順修行般若波羅蜜。

人我空、法我空，把人我二執都空掉了，這時候契入眞理，這就是智慧觀。觀一切世間法，出世間法，一切諸法皆是幻化的，三俱空的觀慧。

證發心者，從淨心地，乃至菩薩究竟地，證何境界；所謂眞如。

這時候是證得發心了，證得發心就登了初地菩薩。〈大乘起信論〉講淨心地，一般的教理上講歡喜地，生大歡喜見了法性；乃至於從初地一直到法雲地，從善慧地一直到法雲地第十地，乃至菩薩究竟地。

證何境界呢？沒有境界，證的就是眞如，證眞發心。證的就是前頭所發的心，發那個心是本俱的，到這個時候破那個無明的妄動，理解眞如而發的心，這叫證眞如而發心，證發心，也就是稱性發心。

以依轉識說爲境界，而此證者無有境界，唯眞如智，名爲法身。

證得了才知道，以前那個轉識所說的境界相，到這時候證得了沒有境界相，唯屬眞如智；說眞如只是假名，連眞如也不說，無言說相、無名字相，這個才叫法身。

是菩薩於一念頃，能至十方無餘世界，供養諸佛，請轉法輪；唯爲開導利益衆生，不依文字。

證得法身大士，在一念之間，一念頃能夠到十方無窮無盡的世界，「供養諸佛，請轉法輪」，這是普賢菩薩十大願的，前頭所說的供養三寶，請一切諸佛轉法輪，轉法輪目的，開導利益衆生，但是這個是不依文字，不依語言。

在這個教義上講，初地能到百佛世界去度化衆生，二地能到千佛世界度化衆生，到三地菩薩以上都遍至一切處。

或示超地速成正覺，以爲怯弱衆生故；或說我於無量阿僧祇劫當成佛道，以爲懈慢衆生故；能示如是無數方便，不可思議。

或者示現超地的，超地不是那麼一地一地的成，速成正覺。我們經常給怯弱衆生說：「釋迦牟尼佛這麼說的，我爲怯弱衆生說，我是無量阿僧祇劫成佛道的。」這是給懈怠衆生說的，這叫能示方便，方便是不可思議的。

而實菩薩種性根等，發心則等，所證亦等，無有超過之法；以一切菩薩皆經三阿僧祇劫故。

實實在在這樣講菩薩種性的根、性、發心、所證，平等平等的，沒有超過之法，沒有超越三昧，一切菩薩都要經過三阿僧祇劫故。之所以說超越，是方便善巧，因爲要攝受怯弱的衆生才給他說的。

地上的菩薩，從初地到十地，他在自利、自己修行的方面都是同等的，但是利生的方面，利他行方便的方面就不一樣了。發心則等所證的果位也等，沒有誰超過誰的，每一位菩薩在修行過程的當中，一直到成佛，都要經過三阿僧祇劫，時間也是同等的。爲什麼呢？所證的法空理，所證的眞如都是一樣的，沒有什麼彼此的分別，經過的時間長短，就是他所修的時間、所修行的法門沒有什麼差別，沒有不同的。

但隨衆生世界不同，所見所聞，根欲性異，故示所行，亦有差別。

有所不同的是在什麼因緣上呢？「但隨衆生世界不同，所見所聞，根欲性異，故示所行，亦有差別。」在利生的時候應利衆生的機，衆生的根機不一樣，所欲所求不同。這些大菩薩利益衆生的時候，他所示現的方便法門也不同，有頓有漸，這是有差別的。

這個差別，因爲一切衆生他的善根，有淺有深。他在現世當中，他的希望、他的欲求不一樣，因此菩薩利益他的時候，隨衆生機利益的時候，就有因果差異、進度的快慢差異、教育衆生方法的差異，這是不同的。

這個不同是隨著衆生的世界而不同，這是他的依報不同，世界是他的依報。正報呢？有的善根深厚的，有的善根淺薄的，根性的、希求的不一樣，所以那些大菩薩利益衆生的事業也就不同。

又是菩薩發心相者，有三種心微細之相。云何爲三：一者眞心，無分別

故。二者方便心，自然徧行利益衆生故。三者業識心，微細起滅故。

這是說十地菩薩，他的發心相不同，哪些不同呢？有三種心微細之相，哪三種？云何爲三，是微啓的意思，一者眞心就是根本無分別智了；信成就了，所發的直心證念眞如，就是這個眞心，所發的直心。

以後轉深了，成了無分別的智慧。轉深了就成了無分別智，這個跟十住、十行、十迴向的菩薩有所差別，所以地上的菩薩都見了法性了，有深度淺度的不同。賢位的菩薩是相似，還沒有親證法身；又者在衆生說呢？時時念念的都有分別，很不容易對治衆生的分別心，這要發道心；道心就是菩提心，菩提道的心。

因爲衆生是隨時的分別，很難得對治；要對治它，得發道心來對治。能不能對治呢？能。若不能對治的，還有人能成佛嗎？就是用方便善巧的方法。方便善巧就是後得智，不是原來的根本智，叫後得智；就是前頭那個大悲心所得到的，利益衆生的智慧。

但是這個智慧是從眞而起的，從前頭那個眞如心，能夠普利、平等沒有分別，所以叫無分別。方便心呢？不同了。方便是修成的，發了大悲心利益衆生的時候，這個叫後得智。利益衆生，是自然的流露，不要成爲勉強的。爲什麼呢？隨順眞起，眞心而起的也是不分別優劣的。這二種的智慧，一個眞心的智慧，一個方便心的智慧。自然而然的徧利一切衆生。

第三種呢？就是微細的業識心，發這個業識心，這個心是原有的不是新發出來的，是舊有的，在前九地菩薩都沒有破除，這叫微細的生滅，也就是無明了。這種有時說，種子現行生滅的最深處，但有那善根種子的現行，十地菩薩到他要成佛的時候，才能夠把這業識轉變成清淨無染污的白淨識。這是明菩薩發心利益衆生的相，前面所說的是菩薩的示行，在修行當中利他的方便。

又是菩薩功德成滿，於色究竟處，示一切世間最高大身。

這是大乘菩薩成佛所示現的身，自利利他就功成了。自利利他的所有修行滿了，功德成滿，這叫慧充足；利他的滿了叫德充足，這就是智行的智慧、利他的福德，這叫福足慧足。成佛叫兩足尊，福足慧足這樣才能成佛果，這是大乘菩薩。

大乘是指始教說的，他不像化身佛，釋迦牟尼佛在人間示現三十二相八十種好，丈六金身，這是菩薩所成就的，他在色究竟天，這個是大乘始教的菩薩成就佛果了。小乘的呢？就像釋迦牟尼佛是在南贍部洲菩提樹下成佛的，這叫化佛成佛的處所。

始教的成佛處所是在色究竟天，再往上面就是四空天，也就是色界的頂天。那示現色相有多高呢？三萬二千由旬是色界天的天王，那麼成佛的佛身比他還高一倍。一由旬是好多呢？用華里計算一由旬是四十華里、六十華里、八十華里，三萬二千由旬好高好大啊！這都不是眞實的，有形相的不是眞實的，只是化那一類衆生。

梵天有十八層，十八梵天，示現身也高大，所說的法也不同。到了實教，權實的實，實教示現的報身，沒有形相的，不以形相來計算，因爲稱眞如心，它是達到無相；無相而能隨著衆生示現一切相，這都是講成佛的。

自利利他圓滿的時候，看你在權教？在是實教？在究竟呢？究竟是法身了，無相隨一切衆生機而現的。

謂以一念相應慧，無明頓盡，名一切種智；自然而有不思議業，能現十方，利益衆生。

一念相應慧，頓斷一分的無明，這個所成就的佛智叫一切種智；一切種智所產生的不思議業，能現十方利益衆生。一切種智呢？就是自利的功德智慧、身口意三業都現的是不可思議的。

觀衆生機應以何相得度者，就現何相給他說法，都不假作意的。能在十方世界利益衆生，這不是前頭那個方便心，是利他的。因爲對這個說法有疑惑，有疑惑才有問答，每逢論上所說的問答，就是恐怕有一類衆生這樣的懷疑。

問曰：虛空無邊故，世界無邊；世界無邊故，衆生無邊；衆生無邊故，心行差別，亦復無邊。如是境界，不可分齊，難知難解，若無明斷，無有心想，云何能了，名一切種智？

「虛空無邊故，世界無邊；世界無邊故，衆生無邊。」衆生無邊，衆生的心、所做的事都有差別的，亦復無邊。「如是境界，不可分齊」，分的一個界限是不可得的，難知難解，這個不容易明白，不容易理解。

若把無明斷了，若無明斷沒有心想，心想都沒有了；無明一斷連心想都沒有了，這叫一切種智。他對一切種智產生懷疑，說是虛空無邊，世界無邊；世界無邊，衆生也無邊，衆生無邊了；那衆生的心所起的作用，就差別太多了，亦復無邊。

像這一種境界，如是的境界，沒法分辨它的分齊，難知難解。如果把無明斷了，心想也沒有了，怎麼能了知一切衆生的無邊的心行，那這一切種智怎麼產生的？說這個叫一切種智，所以對一切種智有懷疑。

若有無明心想，那可有分別可知；無明心想也沒有了，那什麼來了呢？把無明斷盡了，說沒有心想了，那還怎麼能知道呢？如果不知道，爲什麼又叫一切種智呢？

答曰：一切境界，本來一心，離於想念。

一切境界就是本來一心，心跟外邊一切境界相是一個，不是兩個。境即是心，心即是境，因爲境無自性，心是境界相的性，所以這個時候就是性相不二；沒有能所、沒有對待，沒有能知也沒有所知。想念都沒有了還有什麼知呢？這叫什麼智慧呢？這叫大圓鏡智。

所有的依報就是世界。我們經常說極樂世界、華藏世界、琉璃世界，這是佛的所居處。在這個時候，依報即是正報，正報即是依報；盡虛空徧法界的依正二報就是一個大圓鏡智。相即是體，體即是相，大圓鏡智的爲體，體和相就是一個鏡子。

大圓鏡智是比喻的話，約法來說就是一心，我們是從理解上是知，這叫解。說凡夫他能解與佛等，依佛的經論的教導，他這理解力能解析跟佛相齊。行呢？業報呢？就不行了，他不是修爲的，只能理解的；理解的還不是眞實。

以衆生妄見境界，故心有分齊；以妄起想念，不稱法性，故不能決了。

一切境界相本來就是一心，沒有想念，但有分別都無實義，實義是沒分別的。以衆生妄見境界，虛妄現的境界，境界是沒有的。因爲妄心有境界說心有分齊，所以才有妄起的想念，這個不稱法性，不能決了。

分別的妄境是說迷了，迷了就妄起想念，這個是不稱眞空法性的，跟眞空不相合。迷了眞諦的道理，理迷了，事也迷了，見有分別的妄境是迷了世俗的諦理，是迷俗諦；妄起想念妙有的境界，不是眞空的法性，是迷眞諦。約事也迷了，約理也迷了，所以也不能決了。迷了還能決了？迷了就決了不了了。

諸佛如來，離於見相，無所不徧；心眞實故，即是諸法之性。自體顯照一切妄法，有大智用，無量方便，隨諸衆生所應得解，皆能開示種種法義，是故得名一切種智。

對這一切種智產生懷疑的給他解答，一切種智是什麼樣子呢？沒有見沒有見相，離了沒見相，因爲離了見相，沒有能見所見；他所見的是徧，是稱眞心而生起的，所以心眞實故。這個眞實的心，就是一切諸法之體。

從這諸法之體的體性來照一切妄法，這個照就是智慧。照不是分別，凡是加個照就不是分別心。大家都會背《心經》，「觀自在菩薩，行深般若波羅蜜多時，照見五蘊皆空。」他用照，照裡頭不含著分別，燈光來照破除黑暗，他有分別嗎？沒有分別。他也沒有厚彼薄此，哪個照的多一點，哪個照的少一點，這些都沒有，所以叫大智用。

從大智慧的用化度衆生了，化度衆生的心，種種的妄心，執著種種的妄境。利益衆生的大菩薩，他以大智用來隨順衆生的心裡能得度者，他要用無量的方便來利益衆生，要讓衆生能夠理解。菩薩利益衆生的時候，他說的法，知道衆生的根機，讓他能理解，心結一開，他能夠依教奉行。

如果衆生不能理解的，不能理解你說了有什麼用啊！你說了利益不了他！所以必須得說他能夠了解的，能夠明白的，因此才給他開示種種的法義，也就是法的道理、法的義理。說法！他含著有個道理了，讓他明白那個道理，這樣才叫一切種智，是故得名一切種智，這就叫不可思議的業相。

又問曰：若諸佛有自然業，能現一切處，利益衆生者。一切衆生，若見其身，若覩神變，若聞其說，無不得利。云何世間多不能見？

諸佛菩薩他有自然業不假造作的，自然而現的。業是用，他那個用大用無邊，能在一切處示現，能在一切處利益衆生。那麼這一切衆生見佛身，看著佛的神變，或者聽到說的法，都能得到利益，這是無疑了。

爲什麼衆生不能得見？云何世間多不能見？這是他的疑問。既然佛有那麼大的自然業用，換句話說我怎麼見不到佛？怎麼不能聞到法？怎麼不能得度？那個對佛的自然業用不是產生懷疑了，這是問號。

答曰：諸佛如來，法身平等，徧一切處，無有作意故，而說自然；但依衆生心現。衆生心者，猶如於鏡；鏡若有垢，色像不現。如是衆生心若有垢，法身不現故。

諸佛如來，法身平等，徧一切處，沒有作意，這是千眞萬確的，因爲是自然的顯現。但是衆生的心不是這樣，無緣怎麼現呢？涵義就在這，諸佛的妙法、妙利是無邊際的，無緣者難度，不能度沒有因緣。諸佛如來的法身是平等徧一切處的沒有作意的，這個是不錯，因此才說自然。

說諸佛有自然業，但是得由水中現。月亮是無私的，哪個地方有水，那個地方就現。沒水的怎麼現呢？無緣的現不了了。衆生的心像一面大鏡子；鏡子的本身有了垢染了，灰塵很重，它不能照形相，色性不能現了。所以衆生心有了垢，法身就不現了。

現在我們在幹什麼呢？在磨垢。我們這鏡子上有垢，現在在磨。你拜懺也好、禮佛、念經、聞法也好，都是磨這個塵垢。諸佛是以法爲身，這個法身也現了，說法身就是報化身都俱足在內了；所以他平等現在一切處，這是自然的也沒有作意的。

佛是證得無爲無念而說的自然，但是他得隨衆生心而現。隨著衆生心而現，衆生心清淨了，那就現了；衆生心污染了，不得見佛，感應道交你得感哪！你不感怎麼會應呢？你感的不誠，感的有夾雜！你的妄想心跟諸佛的清淨心不能相合的，所以見不到佛。

假使你現在修戒定慧，心裡念佛、念法、念僧，感應道交，可以見佛。那麼以一切衆生心爲因；諸佛現身呢？就叫緣，因緣和合了就現了。鏡子若有垢？你照相就照不見了；鏡子若無有垢，說衆生心若有垢，佛身不現；衆生心若無垢，見佛聞法了脫生死。

陸、修行信心分

已說解釋分，次說修行信心分。

那衆生怎麼樣修行？前頭解釋這種道理，那你得自己去做，以下就說修行信心。

是中依未入正定衆生，故說修行信心。

這是就沒入正定的衆生來說的，因爲十信還沒修滿，十信沒修滿就得要修行信心。什麼叫信心？怎麼樣去修行？

何等信心？云何修行？

略說這個信心，不是廣泛的說。

略說信心有四種：云何爲四？

這是說能信的只說四種，我們上回講的是十個，略說四種就概括十種了。

一者信根本，所謂樂念眞如法故。二者信佛，有無量功德，常念親近，供養恭敬，發起善根，願求一切智故。三者信法，有大利益，常念修行諸波羅蜜故。四者信僧，能正修行，自利利他，常樂親近諸菩薩衆，求學如實行故。

第一個要信根本，在我們四衆弟子，不論比丘、比丘尼、優婆塞、優婆夷都說有信心，說你自己是佛，你信不信？恐怕很多人答「不是」，他問到我：「你是不是佛？」我也會答他：「我不是佛！」我們都是這樣答覆！但是你信不信你是佛？問題就在這兒。

說信心，信心是佛，信我的心是佛；我也能夠成佛，這叫信根本。「樂念眞如法故。」很喜歡、很樂欲信根本，信自我的心是眞如的心，信我的本體。

以下是信佛法僧三寶。二者信佛，佛是修成的；誰相信自己是佛呀！但是無量劫來垢染太多，不是佛了。已成就的佛，他有無量的功德，自己常是念，信事三寶、承奉三寶，常念親近的，親近什麼呢？親近佛、親近法、親近僧，因爲佛修成了，他有無量修的功德；所以親近供養，從這裡發起的善根，求的是什麼呢？求一切智。

三者信法，法有大利益，常念修行諸波羅蜜故。法能出生我們的信心，我們依照著法就是方法，方便善巧；我們能把我們的垢染除掉，從這個生死苦海能到不生死的涅槃。諸波羅蜜，波羅蜜就叫到彼岸，從生死苦海能到達不生死處。

四者信僧，這叫四信，三寶加一個信眞心，正念眞如，僧是正修行者能夠自利利他，這是指菩薩僧說的，常樂親近諸菩薩，向諸菩薩學，學到了如實修行。

信三寶是指著世間相的三寶，事的三寶，佛法僧各各的都不同；佛是佛、法是法、僧是僧，所以叫事三寶；佛是覺悟的覺，自覺又能覺他，覺行圓滿了，這樣的來自覺覺他，覺行圓滿，這叫一體三寶。

知道眞如本有的，覺悟到無始的三障是沒有的，是妄。覺眞本有，覺妄本空，覺自；自己覺悟了，又令一切眾生覺悟，自覺覺他就二利了，自利利他，這才圓滿成佛。成了佛了，才有無量的功德。

引證《華嚴經》〈入法界品〉上的一句話「剎塵心念可數知」，我們念頭就像微塵數佛剎，若能知道它的數字，「大海中水可飲盡」，大海水不論好多，我就能把它喝完。

「虛空可量」，量量虛空有好多？我們知道這個法堂裡頭，空間是多少尺？外頭虛空裡能量嗎？假使可量的話，「風可繫」，我能把風栓住，但是拿什麼把風繫住呀？

「剎塵心念可數知，大海中水可飲盡，虛空可量風可繫，無能盡說佛功德。」說諸佛的功德，比四不盡的還無盡，不能說完的；就像我們不能把風繫住，也不能把海水飲盡，拿這個形容。你想說佛功德，不可能！你能說出佛的功德有多少嗎？就是這個涵義！所以常念親近諸佛，恭敬供養諸佛，懺悔自己的業障，隨喜十方一切諸佛的利生功德。

隨喜功德不可思議。我們這一願的修行做的不夠，你的意念隨時想，隨喜十方世界一切眾生，隨喜十方一切諸佛利益眾生的功德。隨喜呢？就是我也有一份，我讚歎你的功德，分給我一點，是這樣的意思，這叫隨喜功德，這是說信佛。

信法呢？三藏十二部，那就是教，教裡頭涵著有理，教是言詮，言詮傳所詮的道理，是教理，講什麼？告訴我們一些什麼方法，這叫理。完了就行；行就是照著方法去修行，完了就證得果。大藏經裡頭無窮無盡的方法，看哪一個方法對你適合。

四者信僧，僧呢？是和合義，六和衆生。大衆僧的衆僧他有六種共處，我們在一處幾千人幾萬人，十幾萬人都是僧人哪！他不分哪個寺廟，反正是僧人嘛！二衆僧，僧是和合義，身口意戒見利六種和合，這樣常時親近這些大衆僧，我們同一氣習，同一相求，同一斷妄，同一顯眞，這樣的學習。

修行有五門，能成此信。

信根本、信三寶。怎麼樣成就呢？怎麼樣能把這信心修成就呢？有五門能入，能成就你這個信心。

云何爲五？一者施門，二者戒門，三者忍門，四者進門，五者止觀門。

五門就是六度。禪定跟般若智慧合爲一了，叫止觀。從這個門就能入！一者布施門就是施門，二者戒門，三者忍門，四者就是進門，五者就是止門，這不是按頓教說的，而是按漸教的次第。

云何修行施門？若見一切來求索者，所有財物，隨力施與，以自捨慳貪，

令彼歡喜。

漸教的次第是依著這個次第先解釋施門，「若見一切來求索者，所有財物，隨力施與，以自捨慳貪，令彼歡喜」，這叫財施。同你來化緣的，或是求幫助的，你是不分善惡冤親平等。

在《地藏經》上，地藏菩薩請示釋迦牟尼佛說：「爲什麼有的人布施，他享受一生布施功德就沒有了；有的布施的物質並不多，他千生萬生常時享受，這是什麼道理？」這是在心地上分別。

佛跟地藏菩薩說，「如果自己的地位很高，譬如國王吧！若布施一個很窮的叫化子，他能親手施與，聲音很柔和，不是輕心慢心，而是恭敬心；完了供養他錢供養，這功德非常大，一千生一萬生，一生一生的享受不盡。」如果以輕心慢心供養，只受一生。

當我們供養別人，先要有個恭敬心，把一切衆生看成是佛。要這樣的施。但是施有幾種？有財施、有法施、有無畏施。衆生苦難的時候，無依無靠、畏懼，你能布施給他不怖，讓他心無罣礙，無罣礙就無有恐怖了。

三種施，財施、法施、無畏施。我們感覺很窮，感覺心力財力不夠，看到那些富長者，有錢的大資本家，爲什麼自己做小生意都做不起來呢？因爲你沒捨，才得不到！捨得捨得，捨才能得！說不布施，不布施你不會富有的，要布施才會富有。

看見別人富有，那是人家前生種的善根。但是你必須以菩薩心布施，依法布施。魔王福報最大了，威力也很大，但是他布施的時候沒有個平等心，沒有恭敬心；那個福報變成魔業了，不是善業了。所以對一切求索者，隨你的力量有好大，就捨給他好多，自己捨慳貪，令他歡喜。

若見厄難恐怖危逼，隨己堪任，施與無畏。

若遇到恐怖的、受危難逼迫的，你布施給他無畏；遇那困苦厄難的人，恐怖逼迫的人，隨你自己的力量承擔救濟他，施給他無畏。如果你沒有力量是辦不到的，你得有力量，如果你有力量而不肯捨，不肯幫助他，不給他讓他離開恐怖，那就失掉布施度了。

若有衆生，來求法者，隨己能解，方便爲說；不應貪求名利恭敬，唯念自利利他，迴向菩提故。

若是有衆生求法的，隨你的力量，你理解到好多就給他說好多，不要貪求名聞利養。這個地方不給錢，我就不在這個地方說法；那地方錢多我到那地方說法，這是犯罪的。這是貪求名聞利養，唯念利自，不念利他。

如果你是以平等心說法，不求名聞利養，隨自己能理解的能力，感覺他能接受的，方便給他說法。如果你自己不知道，解釋不清楚，你不要說。「知之爲知之，不知爲不知，是知也。」如果你不知道勉強說，說的也不對機或者錯說，那就不好了，要受果報的。

如果你能說不說，爲什麼？因爲他不供養或者他很貧苦沒有錢供養，向你求法，就是不給他說；有錢的供養很多的，卻常時給他說，那是錯誤的。

慈舟老法師在這裡引證一個百丈禪師的公案；有位修行人說法錯了一個字，墮了五百世的狐狸，因爲有人問他說：「善知識落因果否？」他答覆：「善知識不落因果。」答錯了一個字，哪個字呢？落，不落因果。這樣子他就墮了五百世狐狸。

百丈禪師有一天陞座說法的時候，大眾都散去了，有一個老者徘徊不走，百丈就問他，「你何事不明啊？」說你徘徊必定有解不了的問題。

他就答覆百丈禪師說：「我前五百世說法說錯了，墮了野狐，但是我不知道我錯在何處？請和尚給我下一個轉語。」轉語是一點就明了，這樣一轉語就轉了！百丈禪師就允許他說：「可以呀！那你問吧！」那他就問了，「善知識落因果否？」百丈禪師答覆他說：「善知識不昧因果。」

不落因果，不昧因果，就是個「落」字跟「昧」字。善知識明白因果，明白因果決定不能夠犯，明白因果不作落因果事了。他說不落因果，一個「落」字跟個「昧」字，不昧因果。這個野狐是化現一個老者，他馬上就開悟明白了。

這是說法者，很難啊！以前我跟大家說過，「依文解義，三世佛冤」，佛就是冤家對頭，依著經文來說他的道理就是佛的冤家。「離經一字」，如果你解釋經典的時候，離開經一個字，這就錯誤了，「即同魔說」。離開經一個字，不是佛說的，是魔說的。

在這種情況之下，我們諸位道友，現在學了佛法明白佛法了，或者人家見到你說：「師父啊！請你給我開示開示吧！」或者有個問題想你給他解答解答吧！那你就方便的不拘規則，也不要什麼陞座，穿袍搭衣什麼都沒有必要，說法者不一定做這個形式。

若如法如儀的呢？陞座！這是依著戒律來說，按制度來做，這也有的。

以前有師徒兩個人，徒弟已經成道開悟了，師父還沒有！這老師在窗戶底下讀經，很多蜜蜂就處在那窗戶紙，要出出不去！徒弟在這邊就說：「哎呀！這麼大的光明，你往外邊跑嘛！你這往紙上鑽什麼？」他就說他的老師，光明遍照，你光讀經，在紙裡頭鑽什麼呢？拿蜜蜂做比喻。他的師父就明白，知道這徒弟來喝斥師父了！這算一件事。

又有一次，徒弟給他師父洗澡沐浴的時候，他的徒弟給師父搓背去了，一尊好佛像，缺少如來藏！這佛像很好，沒裝藏缺少如來藏。他師父就被他這麼一點就明白，就請他說法。哎！說法要有個儀式！雖然你是老師，說法還有一個禮，問法不可以輕心。老師就給他敷個座，請他的徒弟坐上，完了如法來請法，頂禮膜拜完了，請他說法。

若他根本不懂得佛教，不一定按照佛教的儀式。我就很怪，我也不願意人家給我做禮拜！要說就說，直接了當減少時間，這叫方便說。

我不求你什麼，只知道你求我，你要問，我就說嘛！說完了就完了。千萬不要說，這個有錢我給他說好一點；那個沒錢不理他，這就錯啦！這就落因果了。

財施是一種，剛才講這個是法施，以法布施。禮拜恭敬供養，請法的義務必須得做，你必須得按這義務去做，各盡其道兩者無患，你盡你求法的道。說法者以法布施者，你的觀念常時觀照，照著諸佛菩薩所教導的自利利他，使他能夠解悟，開他的慧解，既利自己也利他人。

遇到人家請你說法，絕對要說，因爲我們現在沒得大智慧不能觀機，你就講苦空無常。這個誰都懂得，他也懂得，可是他不做，你給他洗刷一下，幫助他一下，跟他說不要貪念，貪念你要受苦的。你現在受苦怎麼來的？正因爲你貪念，這是說布施度。

云何修行戒門？所謂不殺不盜不淫，不兩舌不惡口不妄言不綺語，遠離貪嫉欺詐諂曲瞋恚邪見。

先講戒，云何修戒門呢？不殺不盜不淫，不兩舌不惡口不妄言不綺語，離開貪瞋癡；遠離貪嫉欺詐諂曲瞋恚邪見，簡單說就是十樣煩惱。身三殺盜淫，口四妄言綺語兩舌惡口，意念貪瞋癡這三業發之於七支，這是十業。

戒呢？防非止惡、修成道果。什麼叫戒呢？戒就是不許作的。我們這裡只講止持，沒講作持，就是你不許作的，不要造十業。

若出家者，爲折伏煩惱故，亦應遠離憒鬧，常處寂靜，修習少欲知足頭陀等行。乃至小罪，心生怖畏，慚愧改悔，不得輕於如來所制禁戒。

說我們出家人要折伏煩惱，「應遠離憒鬧，常處寂靜，修習少欲知足頭陀等行。」現在我們都住在山裡，不是憒鬧的，除了常住供養點飲食、供點衣物，供養點保暖的設備，必須修習少欲知足。至於過去所犯的小罪小錯都要把它連繫到因果，恐怕墮地獄心理生恐怖，要慚愧改悔呀。

把如來制的禁戒好好遵守，知道犯了，犯了就懺悔。不懺悔，那你就要受報，不懺悔一定要受報的。這只是止，還有作呢？佛還有作持啊！止持作持，止持是指諸惡莫作，作持就要諸善奉行，那就叫攝善法戒。

把十惡業變過來了。不殺、不盜、不淫，不邪淫妄語、兩舌惡口，不貪不瞋不癡，不論是在家出家，四衆弟子都要共同修的。用戒律來折伏你的煩惱，出家人不要到社會上去，不要往熱鬧的地方鑽，常樂住在寂靜處。

五欲，財色名食睡，這五種境界漸漸就少了。頭陀這兩個字，頭陀是印度話，華言翻「抖擻」。抖擻就是抖擻精神，若你打坐的時候感覺很疲勞，你可以抖擻抖擻，打坐的時候要動一動，把身體活動一下！

大家有沒有看過喇嘛念經？喇嘛念經不是像我們老老實實這樣子的，他是動的。「嗡嗡嗡……」全身都在搖！我最初看到的時候，這是在幹什麼？這就是氣脈衝動。喇嘛講究氣脈，這樣就不疲勞也不乖瞌睡，這是抖擻的意思，叫頭陀。把塵勞都抖擻乾淨，振奮你的精神。

寂靜處呢？就是阿蘭若處。阿蘭若處就是非常清淨、是非很少，你的身口意外境很清淨，你住普壽寺看見什麼？這是自己住山或者共同住山，你從這個體會到，凡是大寺院都在山林裡頭，這是修行處所。

作佛事、趕經懺，你要是在山裡頭，人家就麻煩了，所以就住在城市裡頭。好多寺廟現在建到城市裡頭，是爲了作佛事方便，趕緣法；住山裡沒吃的，這要看你有修行沒修行？在城市中修行很困難。

當護譏嫌，不令衆生妄起過罪故。

我們出家人，一舉一動都要向百衆學。防範一舉一動的，四威儀！又者護衆生不要犯錯誤。

衆生看見和尙或者尼姑的一舉一動。「哎呀！他是和尙出家人，出家人男女還坐在這兒。」他認爲自己可以這樣，你若做了，他說你不該做，也有監督的意思，把你看的很高；他們做沒關係，出家人不能做。懂得這個涵義了，護譏嫌。他若謗毀出家人，謗三寶，那就是罪過！你護譏嫌就是度衆生，不是有個饒益有情戒嗎？

饒益一切衆生，說我們出家的僧人，持戒讓衆生看了生歡喜心，不譏不嫌，不令衆生妄起譏嫌，這個很難哪！看起來是很容易，小事一段，其實非常的重要。佛制戒的時候也就因爲人家譏嫌謗毀，佛才制戒；因爲僧衆犯，佛才制戒，避免人家譏嫌。如果人家不譏嫌，那佛也不制戒了，懂得這個原因才知道戒律的來源。

我們僧人持戒，衆生不譏不謗毀，不令他起譏嫌的罪過，這就是饒益他。攝律儀戒、攝善法戒、饒益有情戒。護持衆生，不生起這個罪過，這是戒波羅蜜，六度的戒度。

云何修行忍門？所謂應忍他人之惱，心不懷報。亦當忍於利衰毀譽稱譏苦

樂等法故。

這八法是八種境界風。忍呢？並不是光說忍他人辱、忍饑、忍寒，現在我們山上很冷，你得忍受。修道者要耐冤害苦，說我們和尙受冤枉，沒關係要忍耐，要耐冤害苦。有人在你心口插把刀子，你忍受了不報復，忍字就是這樣的涵義。

《金剛經》上說，釋迦牟尼佛在因地時，被歌利大王割解身體的時候，不但能忍，還反過來發願要度他。成佛之後，佛最初度的弟子憍陳如，憍陳如就是那個歌利王，佛發願了，我成佛先度你。

慈舟老法師講，他的同學有個叫定如法師，是山東人，他回到山東去講經，正逢土匪把城攻陷了，把他就抓住了。那土匪頭子是誰呢？是他的堂弟，堂弟就是他叔叔的或者他伯伯的兒子。他堂弟就問他說：「三哥，你怕死不怕死啊？」管他叫三哥，他可能排行是老三吧！

「唉！我們學佛法的人哪！有極樂可歸不怕死，死了就回極樂世界去，也不怨你們；但是我成佛之後，我先度你們。」這就叫忍。慈舟老法師舉這麼個例子。

談到法忍，無生法忍可不同了，那是你觀察的諦察法忍；就像稱譏苦樂利衰毀譽這八風，八種境界風，一時都吹來了，你穩的住穩不住？「八風吹不動，端坐紫金蓮。」大家知道這個故事吧！

蘇東坡跟佛印禪師兩個人，蘇東坡在他書桌上寫著「八風吹不動」，表顯自己的功力很夠了，稱譏苦樂愛憎毀譽，一起來都沒有關係。佛印禪師到那裡看見了，在「八風吹不動，端坐紫金蓮」底下，寫兩個字「放屁」。他回來一看就火了，「誰敢在我這寫字？」他底下那個衙役跟他說，「佛印禪師寫的！」因爲他從杭州刺史府到佛印禪師住的淨慈寺，得過杭州西湖。他氣的不得了，坐了個小船就過去，找佛印禪師了。蘇東坡說：「我八風吹不動，你爲什麼給我寫放屁呀？」「哎！你不是八風吹都不動了！放屁就把你吹過來了，八風吹不動一屁送你過江來。」

這個要大家去參。那是說的，不是做的。這得歷事，在理上你都能明白了，誰都知道忍辱好，忍辱達到波羅蜜了。哈！罵你兩句，你受不了。假使我正在跟大家講，突然來了個瘋子，他把我拉下去了，不但我忍不了，你們也忍不了，大家都不忍了。如果拉下來，我哈哈大笑，嘿！來來來請你坐，你是菩薩，能做得到嗎？不可能。說時容易，做起來可就難，一切法都如是。

云何修行進門？所謂於諸善事，心不懈退。立志堅強，遠離怯弱。當念過去久遠已來，虛受一切身心大苦，無有利益。是故應勤修諸功德，自利利他，速離衆苦。

精進，不要懈怠。如果你懈怠了，你想我這個身心的大苦那麼多，我還在這裡睡大覺，還在這裡懶惰！一念啊！那就去拜佛了，但是拜幾拜也不行，要常時精進。勤修諸功德，功德兩個字，我是作另一種解釋的，不是做好事的功德，而是說行道有得於心，行道的時候就是修行，修行就是功。你修行的時候，心裡頭非常的愉快，心裏得到好處才能離苦難。

復次若人雖修行信心；以從先世來，多有重罪惡業障故。爲邪魔諸鬼之所惱亂，或爲世間事務種種牽纏，或爲病苦所惱，有如是等衆多障礙。

凡夫修道業，要想沒障礙是辦不到的。從我們多生以來先世所造的惡業重罪，跟你的身體一起來了！你的正念生起來很困難。邪念呢？那很容易障礙你的信心，使你善根生不起來，或者生起來的善根又增長不了，這只是內障。

還有外障。必定有很多的邪見外道引誘你，你的心不反觀自心，心遊道外。魔呢？大家知道，煩惱、睡覺、死亡、自然災害或者天魔，魔王的福都很大。但是他執著五欲，他的福報都在五欲境界，喜歡生死。他認爲三界衆生都是他的屬下，如果你發菩提心想了生死，他就給你做障礙。我們不是常說道高一尺，魔高一丈。

你把世間一切事，看成是阻礙道業的，盡量拋棄捨棄了。乃至於衣食住，這也是世間的閒事，不要被世間事務牽纏著。還有一個病苦，你想法克服。佛說病苦是助道因緣，比丘不求無病，無病則貪慾一生。沒了病了，你什麼妄想都來了，有了病了顧不得了，身心不健康了，就是這樣。

是故應當勇猛精勤，晝夜六時，禮拜諸佛，誠心懺悔，勸請隨喜，迴向菩提，常不休廢。得免諸障，善根增長故。

所以應當「勇猛精進，晝夜六時，禮拜諸佛，誠心懺悔，勸請隨喜，迴向菩提。」精進不要休廢，自己常時這樣警惕，使你的善根增長，障道因緣減少。

云何修行止觀門？

所言止者，謂止一切境界相，隨順奢摩他觀義故。

本來是禪定波羅蜜、般若波羅蜜，兩個合起來叫止觀雙運。如果光修定(止就是定)，你的心容易沈，容易乖瞌睡；如果光修觀，心多散亂！止觀兩個要兼修。先說止，止就是定；知道止，定才能生起，定了之後才能靜，靜了之後你心裡才安！心安了，你才能夠考慮一切問題，考慮就是後得智。

慮，就是思慮，睡不覺、想發財或者男女兩性關係。談戀愛也是慮，這一個慮就走到另一條道上去了，這都屬於六塵境界。要阻止你的妄心，隨順止觀。止呢？就是止一切境界不生起，隨順奢摩他的觀，也就是止觀雙運的意思。

所言觀者，謂分別因緣生滅相，隨順毗鉢舍那觀義故。

觀是能觀，觀又分別了因緣生滅相，隨順毗鉢舍那的觀義。奢摩他是止，毗鉢舍那是觀，觀就是分別。這個分別不是妄想分別，是正見的分別，分別這一切因緣生滅的相。頭我們講過了，眞如爲因，無明爲緣；那不覺心妄動就生一切染法，修止觀的就對治這個。

云何隨順？以此二義漸漸修習，不相捨離，雙現前故。

前頭說隨順奢摩他，什麼叫隨順呢？漸漸的修習。定和慧，止和觀，不相捨離，定慧均等；止和觀常時現前，觀照不失。觀就是常時照著，不讓它失掉、把它定住。

若修止者，住於靜處，端坐正意。不依氣息，不依形色，不依於空，不依地水火風，乃至不依見聞覺知。

修止的時候，住在僻靜處，我們現在這個地方就很好修止。

這個止不是依著氣息，這是道家，密宗也講修氣息。修止不依形象，不要想中脈啊！什麼脈呀！不要去講這些，這是依著老道去修行。

「不依於空，不依地水火風，乃至於不依見聞覺知」，這個離開一切境界講離境的。光講離境還不行，還得除掉一切妄想。

一切諸想，隨念皆除；亦遣除想。以一切法，本來無相，念念不生，念念不滅。亦不得隨心外念境界，後以心除心。心若馳散，即當攝來，住於正念。是正念者，當知唯心，無外境界；即復此心，亦無自相，念念不可得。

「一切諸想，隨念皆除」，用你觀照的力量除掉妄想。因爲你相信眞如，一切法本來無相的，本來是不生的，因爲不生故也不滅，那就無生滅。不得隨外頭境界相；你的心若馳散了、打妄想，胡思亂想把它攝回來，讓它住於正念。

正念什麼呢？念心當知唯心，外邊境界相一切都是假的。恢復你的本來面目，了解你自相的體系，曉得念是不可得的！念念都是不可得。

若從坐起，去來進止，有所施作。於一切時，常念方便，隨順觀察。

觀照，不論去來、進止，凡是有所動的、有所思惟的，在一切時不要妄動；一切時不要亂打妄想、胡思亂想，隨順觀察不捨，剛開始的時候感覺困難。

久習淳熟，其心得住。以心住故，漸漸猛利，隨順得入眞如三昧。深伏煩惱。信心增長，速成不退。

久習了，淳熟心自然就得住了。心住於無住相，你先住著安定了，而後達到應無所住，住即無住。不住色聲香味觸法，「得住」得這樣住啊！「以心住故，漸漸猛利」，定力增強，這樣才能隨順眞如的三昧，才能「深伏煩惱，信心增長，速成不退」。很快就成就了。因戒，把你的煩惱妄想都止住了。因定，發了智慧了，這時候就始覺智猛利了。

唯除疑惑，不信，誹謗，重罪業障，我慢，懈怠，如是等人所不能入。

那就能除掉疑惑了，能除掉什麼疑惑呢？不信、誹謗三寶、毀謗正念，乃至於過去造的重罪、所有的障礙、我慢貢高、懈怠，「如是等人所不能入」。這六種都是障緣，信、謗、業、障、我慢、懈怠，全是障礙，不能得入眞如，不能了生脫死。

復次依此三昧故，則知法界一相。謂一切諸佛法身與衆生身平等無二，即名一行三昧。

這叫一行三昧。另外再講方便就是念佛，念阿彌陀佛。怎麼樣打般舟三昧？就是這樣打。有個道友問我，要行般舟三昧怎麼修行？這就是般舟三昧。法界一相就是直心正念眞如，常知實相的理，謂一切諸佛的法身跟與衆生的身平等無二，這就叫一行三昧。

當知眞如是三昧根本；若人修行，漸漸能生無量三昧。

當知眞如是三昧的根本，若人修行，從這一行的三昧能生到無量的三昧。

或有衆生無善根力，則爲諸魔外道鬼神之所惑亂；若於坐中現形恐怖。或現端正男女等相。

在你打坐修行當中，或者現端正的，你若是女相他就現男相；你若是男相他就現女相，擾亂你的心不得安，這是魔擾。

想修止觀一定有魔，爲什麼呢？你的善根力不深厚，諸魔外道要來惑亂你，使你修不成；或者現形相，或者現恐怖相，或者現端正男女相，擾亂你的心。

當念唯心，境界則滅，終不爲惱。

「當念唯心」，叫你一心正念眞如，一切境界相都滅了，它想惱害你，惱害不到。

或現天像，菩薩像。亦作如來像，相好具足。或說陀羅尼。或說布施、持戒、忍辱、精進、禪定、智慧。或說平等空無相無願。無怨無親，無因無果，畢竟空寂，是眞涅槃。

或現天像、菩薩像，或者還要做佛像相好莊嚴、給你說陀羅尼咒、說總持咒，我們有很多的修道者被這個干擾。或者給你說布施、持戒、忍辱、精進、禪定、智慧，說六波羅蜜法。

或說平等空無相無願三解脫門。無怨無親，無因無果，畢竟空寂，是眞涅槃。行人若修習正法，依你所理解的去修行，遇到這種魔事你才認識得到，才不被它所惱害。如果你沒有修行力、認識不清，隨它一轉就墮落了。

或令人知宿命過去之事，亦知未來之事，得他心智，辯才無礙，能令衆生

貪著世間名利之事。

還有魔能讓你知道宿命通，知道過去事，還能知道未來。哈！你認爲得到他心通了，得到辯才無礙，目的是讓你貪著世間名利，讓你跑不了，這就是魔。

又令使人數瞋數喜，性無常準。或多慈愛，多睡多病，其心懈怠。或卒起精進，後便休廢。生於不信，多疑多慮。或捨本勝行，更修雜業，若著世事種種牽纏。

心裡生懈怠了，精進不起來了，以後都休廢了。信心生不起，多疑多慮捨本勝行，更修雜業，雜業就是離開佛教了，世間種種事牽纏著。我們好多的道友們現在去學世間事了，太多了。身在佛門，學的是出世間法，做的卻是世間事。

我們講〈大乘起信論〉即將圓滿了。學了〈大乘起信論〉之後，怎麼樣用功？怎麼樣修習？怎麼樣依著〈起信論〉生起我們大乘的信心？先信自己，相信自己跟佛無二無別；信自己的眞如實性，完了再信佛、法、僧三寶，〈大乘起信論〉講四信。

今天講的數量不多，但是很重要。大家要注意聽，聽的時候你可以依著〈大乘起信論〉修行。要了生死，怎麼樣才能了生死？怎麼樣才能解脫？怎麼樣才能沒煩惱？怎麼樣才能生起正知正見？

正知正見就叫三昧，就是得到三昧了。那你看問題的看法，思想上的想法都能夠入理，不隨世間相所轉。還讓你認識什麼叫魔？有的是內魔，內五蘊所起的障礙，使你的信心退怯；一個是外魔、天魔！鬼神障你成道修道的因緣。

昨天我們講到魔，他修的是生滅法，達不到不生不滅。但是他能使修行的人，一下歡喜一下又煩惱！性情不定，或者使你得到三昧，那個三昧是邪知邪見三昧。

亦能使人得諸三昧少分相似，皆是外道所得，非眞三昧。或復令人若一日若二日若三日乃至七日住於定中，得自然香美飲食，身心適悅，不饑不渴，使人愛著。

他能使人得到三昧少分的相似，修禪也好修慧也好，少分相似。相似的意思就是你能夠一天二天三天，乃至於七天，魔使你入定，你在定中能夠享受自然香美的飲食，身心適悅的不饑不渴使人執著，這叫做外道的三昧，使你貪愛不捨。

或亦令人食無分齊，乍多乍少，顏色變異。

有時候能使人飲食不定，或者平常一頓吃一碗飯，一頓能吃十碗飯，或者吃多吃少，使你的顏色產生變異。顏色的變異就是時而相貌很莊嚴，這是魔事，你還認爲得定了。

以是義故，行者常應智慧觀察，勿令此心墮於邪網；當勤正念，不取不

著，則能遠離是諸業障。

以這種道理，修行者一定要有智慧觀察，千萬不要令你這個妄心墮於邪知邪見網。要時時正念，什麼叫正念呢？遇到這些境界相不取著、不執著，離掉這些障礙，上面說能夠使你入定，能夠使你數瞋數喜，一下歡喜一下又煩惱！或者一會又有慈悲心慈愛心，這都不是正常的。

應知外道所有三昧，皆不離見愛我慢之心，貪著世間名利恭敬故。

「應知外道所有三昧」，不是正定的，佛教導我們的三昧是正定的，是離開我愛、離開我癡、離開我慢。外道的三昧，他不離開見愛煩惱，他是貪著世間名利的，你可以分析他是不是有這樣的想法？若是有這樣的想法，貪著世間的名利，你就知道入了邪見。

眞如三昧者，不住見相，不住得相。乃至出定，亦無懈慢。所有煩惱，漸漸微薄。

現在我們所有的道友，連外道的三昧也沒有得到。外道的三昧能使你入定七天，或者再多一點十四天。那你怎麼辨別呢？辨別不出來。

然而你學了〈起信論〉，相信你的自心就是眞如三昧。見什麼相，一切境界相都不執著；在定中不執著，出定也不執著。入定出定，入住出三時，平平靜靜的，不懈怠不生我慢貢高，這樣使你的煩惱漸漸稀薄了。

外道讓你得的三昧不是這樣子的，他讓你貪著世間的名聞利養，你從這一點就可以分別什麼是正？什麼是邪？修眞如三昧者任何事情不取著，不取著就是不執著的意思，因爲本來沒有可取，相信你自己的自心。

心呢？要修空觀。知道眞如一切法都是妄見，凡是有形有相的，外頭一切境界相，不去執著。那你對於名聞利養恭敬，這些個一定要出離！這樣可以使你的煩惱漸漸薄弱，不是增加煩惱。

至於外道的三昧不但不出離，還讓你執著不捨的。這是〈起信論〉最後教導我們，要修眞如三昧。眞如，是在理上說的，這是得理的定。

若諸凡夫不習此三昧法，得入如來種性，無有是處。

一切的凡夫，若不直心正念眞如，那你所得的邪知邪見邪覺觀，都是錯誤的。若不習這個定，想入佛家不容易，也就是不可能。「得入如來種性，無有是處」，這是辦不到的。

以修世間禪三昧，多起味著，依於我見，繫屬三界，與外道共。若離善知識所護，則起外道見故。

修習世間的一切禪、一切的三昧，生起執著。有些在禪堂住久的，他執著禪境的享受，他一坐可以幾個鐘頭，不入定以前他感到有種味道，坐起來很舒服，這就是貪著禪味。就像我們吃飲食，貪著某一種口味。

修禪修久了他執著味，就像五欲裡所做的事；貪著的時候你感覺到好像有個滋味很好似的，這個是我見。這種見解產生了，你在三界出離不了的，但是可能生天，這種禪味是跟外道共的；它是繫屬你在三界，離不開三界。

古德說，修禪定的或者閉關的，或是起行的、起修的，你不能離開善知識，善知識給你作外護，特別是閉關的時候，它會產生種種障礙。現在在大陸上專門修關房的，但護觀房的人很少。

在美國，藏族密宗修了很多閉關中心，但是這個善知識他要負起責任的，每天到每個觀房問一下子、看一下子，看看有什麼問題？善知識起到這種作用。如果一起什麼外道知見了，善知識馬上就給你指正，說你這個不對的。修功的時候，不要執著有我，把我參加進去了，那就叫我執。

不論你修事觀、修理觀，必須先觀我空。先空我所有的知見，他不會產生邪見。我是能空的，外邊所有的一切，現什麼境界都是境；我空了，境也空了，不在境上起執著。

例如說你閉關閉，觀世音菩薩現前了，假使你一起執著，觀世音菩薩不是眞的，是魔所示現的，魔的神通有這種力量。你認爲自己修道修成了，觀世音菩薩來示現了，一貪著，你的境界馬上就變了。

知道一切境界都是假的空的，所以學法就是學這個。認識自己的現前境界相，如果自己內心不空，外頭所現境界相把它當成是眞的了，這叫禪害。在參禪上起了執著的，這叫味塵。

在你修行當中，心裡頭的主觀意識一定會生起外頭的境界相，三界都是你心裡所顯現的，就像做夢一樣的，不要在境界上起執著。如果一執著依著我見，一執著你所現的境界相，跟外道共了。

所以不能離開善知識，在末法的時候哪有善知識呢？實在沒辦法的時候，你就依著你所學到的教義，依著經、聖教量，依著佛所說的，一部《心經》都可以。

你把《心經》背熟了，想《心經》怎麼說的話？一切相跟空差不多，「色不異空」，再進一步說「色即是空」。空的意思就不要讓你在相上起執著，平常在你修行觀想當中，一個斷一個常這兩種知見。

你經常這樣觀想。色心二法，心法又分受想行識，把五陰就說成色心二法，千萬別把五陰當成是我。五陰非我，修行起碼要離開你的陰，離開你的境界相，離開你的妄想心，如果這個離不開，修什麼都危險。

這是說假使你不能修眞如三昧，直心觀你的心性，會招魔的。要有明教義的善知識，不需要怎麼有神通的，怎麼證的果位了！他只要能夠對教理通達，教理通達了才能夠辨別是非。

爲什麼我們要學？像近百年來，坐禪的大概很少學教理的，學教理而後坐禪的，當然他自己明了了；說依靠善知識，依止善知識很難哪！現在你上哪兒去？沒有這個福報了，遇不到善知識了。

明白教理的都很少了，那怎麼辨呢？你就自己研究教理，先修信心不要想高深的，想頓悟成佛，離這太遠了，你先別著魔就很好了。

特別是初發意的菩薩，在你修行的過程當中，不是很平靜的。還有你過去的宿業給你做障礙，病苦的惱害事事不如意，你發心到這道場住幾天，不如你的意離開了，再跑另一個道場，到那個道場更不如意，你跑來跑去，沒有一個如意的地方。

我前幾天跟大家講，在台灣有一位初發意的菩薩，他跟我學過占察懺，一天可以拜六次占察懺，念五萬聲地藏聖號，還要上早晚殿。你說這個時間該佔了好多？他修習五、六年，現在還俗了。沒有一個正確的知見盲修瞎練，修行太猛利了，障礙會出現的。修行不猛利、不精進，懈怠，煩惱來了，煩惱多的很，產生無量的業。所以〈大乘起信論〉讓你生起大乘的信仰心，完了要研究教理，要發眞心，修習眞如三昧。

修習眞如三昧就是產生正見正知，三昧就是正見、正定、正知，常時觀照自己的本性，這是佛教導的。〈起信論〉叫信四信，信自（信自己的心）、信佛、信法、信僧。你常時這樣觀想，在修行禮懺、拜佛、念佛的時候，常時求三寶加持。

你若學西藏的教義，不是像現在我們受個灌頂了，不是這個意思。他的意思是說，不論做什麼，起心動念，學佛法的時候，要先修四加行、觀想。

四加行就是「大慈大悲愍衆生，大喜大捨濟含識，相好光明以自嚴，衆等至心歸命禮」，也就是慈悲喜捨。對自己都如是！對自己慈悲，對自己慈悲怎麼講呢？說常時的思念自己多生累劫的，對自己不慈悲；造種種罪使你現有的身心，跟著你這個不慈悲受苦。

說你慈悲，先度度自己吧！心裡頭常念眞如。我自己的本性本來是清淨的、無染的、無垢的、無我的，這是內因；再加上佛、法、僧三寶的外緣，因緣和合了加被你也不會落岐途，還不說成道了；先把這個諸魔惡鬼的恐怖斷了，得到十方諸佛的護念。以下就解釋這些。

復次精勤專心修學此三昧者，現世當得十種利益。

馬鳴菩薩悲愍末法衆生修行的障礙太多了，所以發大慈悲心造〈大乘起信論〉，你專心一意的觀想自己的身心，不要使它埋沒了。就觀想自己的心，這樣你能得到十種的好處。精勤的、專心的修行眞如三昧，現世中就能得到十種利益。

云何爲十？一者常爲十方諸佛菩薩之所護念。

哪十種呢？第一種常爲十方諸佛菩薩護念。護念這個發眞正的心，直心正念眞如。一切諸佛都如是修成的，一切菩薩也乘這個眞如的法，到如來地。你如是發心，跟諸佛菩薩的發心同了，諸佛的緣力加你自己的因力，因緣契合了，讓你修道的時候沒有障礙。

二者不爲諸魔惡鬼所能恐怖，三者不爲九十五種外道鬼神之所惑亂。

若修這眞如三昧的、修這種正知正見的，那些諸魔惡鬼想恐怖你，障你的道業，不能得逞，辦不到，因爲你得到一切諸佛菩薩的護念。

第三種利益呢？那時候在印度說有九十五種外道，有時候說九十六種外道。外道的鬼神惑亂不到你，依著外道法所修行的，他能夠成神，不能夠成聖道。依著外道法修行，他變成鬼神，給修正道者做障礙。

因爲你精勤專修這個三昧，眞如三昧。你知道一切境界相現前的時候，假的、空的，沒有我見的，心不貪戀意不顚倒；你若貪戀了，你的意就顚倒了。先不說你修成，你早就被魔攝引了，很多修道者念個聖號都被魔所干擾。你經常照顧自己的心，這些外道干擾不了你。這是第三種利益。

四者遠離誹謗甚深之法，重罪業障漸漸微薄。五者滅一切疑諸惡覺觀。

第四種利益呢？你的耳根聞不到誹謗的甚深法，耳所不聞，眼所不見，能夠遠離誹謗甚深觀念的，也就是你專心修習這個眞如三昧。這樣你過去宿業的罪惡，漸漸的就微薄了，漸漸的就減少了。

第五種滅一切疑諸惡覺觀。疑就是對什麼正法，信不進去。惑亂你的正知正見產生不起來，這就是過去宿業的障礙，雖然不能完全滅除，至少也使它輕微。

疑就是惑，有疑就是惑的生起，對直心正念眞如，修眞如三昧不懷疑。每個大乘經典都要發菩提心，觀念自心，不要心外求法。

六者於如來境界信得增長。七者遠離憂悔，於生死中勇猛不怯。八者其心柔和，捨於憍慢，不為他人所惱。九者雖未得定，於一切時一切境界處，則能減損煩惱，不樂世間。十者若得三昧，不為外緣一切音聲之所驚動。

第六種的利益呢？對佛的境界，你的信心堅定，只能增長不能後退。

第七種的利益呢？聽見佛道長遠，就修這麼一個信心都要一萬劫。你這個信心容易退墮，聽到時間那麼長，哎呀！我今生修了還能覺悟，來生怎麼辦？有這個顧慮。

你直心正念眞如這樣來修行，可以得到諸佛菩薩的護持，對佛所修成的過程，心裡頭信念增長，絕不退悔不生懷疑。修道者心裡常時遠離憂悲苦惱，如果你一天煩煩惱惱的，還能修道？

第七種利益呢？遠離憂悔。我聽見很多的出家二衆對我說，他後悔出家了。我說：「你可以還俗沒關係，不要後悔，等你善根發起來再信。」悔什麼呢？若悔了想不幹，罷道還俗，佛所許可的，不能進入，別再造罪。

你常念眞如的話，修眞如三昧的，只是說你修，不是說你證得。你的心念常時這樣觀念，你沒有那個憂悔，這種念頭生不起來。聽到要修這麼一個信心都要一萬劫。哇！這時間太長了。自己退心了，哪年才修得成？太長了！

他若直心正念眞如，曉得你這一念間無量劫超過這個，就是一念。無量劫也就是你現前的一念，這是眞如。我們的理體就如是，我們自己本具就如是，這樣他在生死修行的過程當中，勇猛不怯弱。這是第七種好處。

眞如法怎麼修呢？前頭講了那麼多就是眞如覺性。這是我們本來本具的，現在我們只是把外面的塵垢洗刷乾淨就好了，你經常這樣觀照。在生死法當中，你是勇猛的，知道這些都是虛幻的，這是一點障礙吧！撥開就好了，把它消滅就好了。

第八種利益呢？你的心裡頭總是柔和的，從來不粗暴。任何事情都能忍受不發起異心、不發起煩惱心、不發起粗暴心。我們就說平常的，經常著急，著急就上火吧！事情不如意了就著急，著急就生出來四大不調了。

心理柔和，這種不調的沒有了。他是絕不憍慢，憍慢的是輕視別人。憍是認爲自己不錯，慢也如是，感覺超過別人。要平等平等的，乃至看見牛馬，看見一個螞蟻，螞蟻的性跟我的性，平等平等的。修眞如三昧的，憍慢生不起來的。莫輕視他人。把一切衆生都看成平等觀。你對別人如是，衆生想在你身上加惱害加煩惱，辦不到！他人想惱害你辦不到，就是不爲他人所惱害。

第九種利益，你現在修眞如三昧，雖然沒有得到正定，但是你能夠在一切外邊的境界上，不去增加煩惱，任何境界相來了反而可以減損你的煩惱。大家經常這樣聽到，說有人欺負你了，冤枉你了或者輕慢你了，你在這些境界相上不起任何煩惱。但是這得靠功力，修眞如三昧者，靠著這種功力漸漸的能夠得到定。一切時、一切外邊的環境當中，能夠使你的煩惱減損，修的直心正念能得到眞如三昧的好處。

第十種利益，得到這個眞如三昧的，乃至於修行眞如三昧的，還不說你證得，像這種觀念的觀，一切的音聲惱害，不能惱害你。音聲的惱害，非常的厲害。

我在美國乃至加拿大、台灣，特別是女道友，她們跟我講，心裡本來很清淨的，歌舞音樂使自己生起貪瞋癡；但是修眞如三昧的，這音聲就惱亂不到你了，知道這個是泡影，假的，不被假的所迷惑。

假使沒有修這個，看見那個小說或者看見紅樓夢，還替林黛玉掉淚呢！那只是一根絳珠草，你看破了就沒事了，你認識它就不爲所害了。

所以一切外緣、一切音聲能夠使你生起貪瞋，生起恐怖！這不只是我們佛弟子，儒家也講「泰山崩於前而不驚」。異樣的音聲，好比你坐著念經的時候，哈！後邊有些響動或者聽到異樣的聲音，生起恐怖感的聲音，能夠不爲所動；因爲你知道一切的聲音是幻的，假的，不論什麼聲音現前，不動！如果心是靜的、不動的，鬼神就不能惱害他。

之所以能惱害，就因爲你的心動了，心動則種種法生；心不動，靜的三昧。如果這種定的功力還沒修到，你直心正念就可以了。你相信，常時作這個觀念，你的信心力能夠摧伏這些煩惱，不爲恐怖。

我們有時候念經，突然間有異樣的聲音來了，根本不理它；或是念經的時候全心全意注重在經上，那個境界就消滅了，那聲音就沒有了。如果你越害怕，嘿！聲音越大，乃至把正念喪失了。這是解釋十種好處，只要你信心具足就有這十種的利益。只是說你相信了，完了像這樣去做，做多做少沒有什麼關係。

復次若人唯修於止，則心沉沒。或起懈怠，不樂衆善，遠離大悲。是故修

觀。

「復次若人唯修於止」，這是光說修定，定就是止；光修定常時坐久了，心裡頭沉沒，容易產生懈怠；坐久了疲勞了，心裡沉沒了就產生懈怠心了，坐著不想動。愈坐著就感覺著前頭還有個禪味，執著這個味，這個味是懈怠。什麼都不想幹就坐在那裡，這叫冥想。什麼事也不做，不但不自修也不能幫助別人，那離大悲心就遠了，修不成了，所以應該修觀。

在〈大乘起信論〉，定跟慧是沒分的，六度合成爲五度。禪定跟智慧合成的就叫止觀，止中有觀，觀中又有止。不讓它生起懈怠心，不讓喪失大悲心，心沉沒了就不能利益自己。沒有大悲心，就不能利益他人，自利失掉了，利他也失掉了，所以說修習觀就是止觀雙修，止觀同時修。

修習觀者，當觀一切世間有爲之法，無得久停，須臾變壞。

你看這一切世間境界相，一切世間有爲法很快就變滅了，就壞了。它不是久停的，戰爭也好、水災也好、地震也好，不論什麼災害都是一時的，不是永久的，須臾即壞。你這樣就是觀力，觀一切世間有爲法呢？都是生住異滅，很快就消失了，這就是無常觀。

世間的正報是你的肉體，依報就是你所依的世界。世界是一切諸塵、生活資具，它們是有造作的。凡是造作的都有生、住、異、滅，人也如是，正報也如是，依報也如是，都是有爲法。有爲的不能久停的，須臾就變壞了，須臾變壞就是時間很快就消失了、沒有了。你從世間相觀吧！看的是幾十年，時間很短，但是世間的變化就大了，所以觀者就觀一切世間有爲法沒有久停的，同時又觀你的眞如性體是永遠不變化。

爲什麼拿這個假空來形容眞空？假空不變的，假空的也不變的。那個空是頑空了，眞空也是這個意思，眞空這個意思可不是假空，眞空是不空。

一切心行，念念生滅，以是故苦。

認識隨緣這個變化，它有個不變的，不變是理。但是這個世間相呢？有爲法，沒有久停的，念念生滅。一刹那有九百生滅，這個一刹那九百個生滅，我們的妄想心也如是，一切心行念念生滅。知道這個意思了，貪念心就沒有了。

應觀過去所念諸法，恍惚如夢；應觀現在所念諸法，猶如電光；應觀未來所念諸法，猶如於雲忽爾而起。

我們現在不能斷貪戀心，你可以作如是觀，觀觀就淡薄了。過去的事好像做夢似的，一切世法都如是，你現在所念的一切法就像電光似的，一下子就消失了。

未來諸法還沒有到，到了也如是，過去的已經過去了，不要去想念它。現在的不住，未來的還沒來就是《金剛經》說的三心了不可得，一切境界相都如是，要這樣觀。

應觀世間一切有身，悉皆不淨，種種穢汙，無一可樂。

觀一切世間都是有爲法的，無常的，而且還是不淨的；就像形容我們這肉體九孔常流，常時流的都是不淨的，這是粗相、細相。就像我們經常出汗，汗是從每個毛孔排泄出來的，我們身上有好多毛孔，誰也數不過來，也沒有誰去數，怎麼數？

如是當念一切衆生，從無始世來，皆因無明所熏習故，令心生滅，已受一切身心大苦。現在即有無量逼迫。未來所苦亦無分齊。難捨難離，而不覺知。衆生如是，甚爲可愍。

這形容一切衆生從無始以來，心的生滅、生理的變態，凡是一切有爲法沒有一樣是清淨的。如果大家念《華嚴經》〈淨行品〉，怎麼樣去做才是清淨的？把這些不清淨的翻過來，作如是觀。

這些是怎麼產生的呢？一切衆生怎麼墮落的呢？〈起信論〉從一開始講的很清楚，「一念不覺生三細，境界爲緣長六粗」，就是業轉現，但是回來斷呢？業轉現要八地菩薩、九地菩薩、十地菩薩去斷。自續相要七地菩薩斷，相續相呢？登地的菩薩，從初地到六地能斷；也就是我們得一分的眞如，斷一分的無明，這樣來形容的。

作此思惟，即應勇猛立大誓願。願令我心離分別故，徧於十方修行一切諸

善功德，盡未來際，以無量方便救拔一切苦惱衆生，令得涅槃第一義樂。

你經常做如是思惟，這樣觀想，你那個誓願心就能勇猛建立起來了。常作如是思惟，讓我們的心不去分別，分別的時候就是污染。說你大悲心、大願心，立定誓願離開分別。因爲離開分別而又能夠行依著大悲心、大願心，修行一切的好事就是諸善奉行。「徧於十方修行一切諸善功德」，十方是約處所說的，時間呢？盡未來際。時處都是無盡的，這樣的救拔一切衆生都讓他們得到不生不滅的道理。

這就是你修眞如三昧的觀想。修眞如三昧是修定，假這些觀想就是止觀雙運。

以起如是願故，於一切時一切處，所有衆善，隨己堪能，不捨修學，心無懈怠。

這樣在一切時、一切處，也就是時間地點；乃至於對一切人，也就是一切衆生有情，自己能夠做到。現在我們也是凡夫，我們做不到啊！但是對衆生有利的事，自己能勝任的，可以做到的就去做。

不要懈怠，不要捨離修和學，學就是爲了修，修了更增長你的智慧。止觀雙運，有了智慧再往前修，永遠不停的修學。

唯除坐時專念於止；若餘一切，悉當觀察應作不應作。

在坐的時候，也就是指靜的時候，要多修定，多修習止。其餘的時候，要多修觀。

若行若住，若臥若起，皆應止觀俱行。

行住坐臥都是止觀俱運，定慧均等，要這樣來修習。馬鳴菩薩最後教授我們，這樣來調和你的身心。坐的時候、動的時候就多修觀想觀照，不要失掉了直心正念眞如，修眞如三昧。坐的時候、靜的時候，習眞如三昧定，一切諸法空；空才定的住，離開我執我見。

所謂雖念諸法自性不生，而復即念因緣和合，善惡之業，苦樂等報，不失不壞。

在你觀照一切的時和處，一切諸法，不論約性、約相，沒有生的義，說自性不生，眞如法的自性，它的自性不生，一生就叫妄動。我們一開始就講這個問題，一念妄動了就叫無明；有了無明，越染越粗。念因緣、念一切諸法和合，就念這些。不生呢？這些都沒有。善惡、苦樂，生死、涅槃，一切諸法依著法性不失不壞，常時如是。

雖念因緣善惡業報，而亦即念性不可得。

雖然因緣善惡果報，但是這些在眞如性上頭了不可得。雖然隨緣了，隨順一切衆生的苦樂，要度衆生而且知道因緣善惡的果報，在性體上是沒有的。你認識它了，就不爲所害了，觀就有智慧，認識因緣和合的法是沒有自性的。善惡的果報還是不失的，業果不失，那就衆生不要造業，觀的意思有智慧了。

一切善惡因果本來是如幻泡影，了不可得的。在止的方面，修定的時候，是從觀照智慧得來的。觀中即是定，你念自性了不可得的時候是定，但是以慧觀一切衆生並沒有得到，沒有證到。他在這個善惡果報當中要隨順眞如，不去作惡光行善事；諸惡莫作諸善奉行，這是順乎性體的，順乎性理的。

不住得相，也不住見相，無見無得，有這種觀慧能對治一切的煩惱。你認識煩惱了，煩惱就煩不到你了；你不認識煩惱了，煩惱就增長，這就是觀慧。

若修止者，對治凡夫住著世間，能捨二乘怯弱之見。若修觀者，對治二乘不起大悲狹劣心過，遠離凡夫不修善根。

止呢？對治凡夫的執著世間相而不能捨離，又對治二乘人不發大心度衆生，應該對治他們，修定力不執著世間相，以定力故發大悲心，不做二乘的怯弱知見。這就是靠觀慧，觀裡頭就翻過來了，對治二乘人不起大悲心的狹劣之心，遠離凡夫不修的善根。

以此義故，是止觀二門共相助成，不相捨離。若止觀不具，則無能入菩提之道。

馬鳴菩薩教導我們，止觀雙運，定慧均等。把禪定跟智慧兩門合二為一。定中有觀，觀中有定，止觀雙俱才能夠入菩提道，才能夠直心正念眞如。

復次衆生，初學是法，欲求正信，其心怯弱。以住於此娑婆世界，自畏不能常值諸佛，親承供養。懼謂信心難可成就，意欲退者。

「復次衆生，初學是法」，像諸位道友，大家初學這個直念眞如法的時候，只是求得一個正信，就想求得這麼一個正信都很不容易。一聽說修個信心要一萬劫，心裡頭就退怯了，勇猛堅強不起來了就怯弱了。

因為在這個娑婆世界很困難啊！生生死死，死死生生，一個斷落的就這樣子流轉。所以恐怖自畏，就是怕，不能常值諸佛；遇不見佛的時候無所依靠了，皈依佛就依賴佛了。

遇不見佛呢？我們雖然是末法，末法還有法可聞。到一萬劫過後，法也沒有了，無法可聞了，所以就生恐怖感。這個信心要到什麼時候才能成就？因此精進心生不起來，在這個娑婆世界非常的困難，娑婆世界就是苦難的世界。怎麼辦呢？

當知如來有勝方便，攝護信心。謂以專意念佛因緣，隨願得生他方佛土，常見於佛，永離惡道。

「當知如來有勝方便，攝護信心」。以極殊勝的善巧方便？就是專意念佛因緣，專心念佛就好了，念佛的名號、念佛的聖德隨著諸佛所發的願，攝受衆生的願力得生他方佛土。就是離開娑婆世界，生到其他的世界當中去，常見於佛永離惡道，那才不退墮了。

如修多羅說：「若人專念，西方極樂世界，阿彌陀佛，所修善根，迴向願求生彼世界，即得往生。」常見佛故，終無有退。若觀彼佛眞如法身，常勤修習，畢竟得生，住正定故。

你直心正念眞如的時候，修行眞如三昧的時候，感覺著困難生起畏懼心。馬鳴菩薩就引證經文說，如果是心地怯弱的人修眞如觀、修眞如定，感覺著很困難，那你就專念佛的名號，專念西方極樂世界阿彌陀佛。

因爲阿彌陀佛在因地之中發了四十八願，他的佛國土攝受這些怯弱的衆生，那你也就發願吧！發願求生極樂世界，這種顧慮就沒有了。常時見佛，所遇到的道友都是善知識，蓮池海會都是善知識。

那樣你也要修觀，觀什麼呢？觀阿彌陀佛的眞如法身，阿彌陀佛的眞如法身跟你的法身二而不二，看來是兩個其實是一個。因爲你在迷了，阿彌陀佛成就了，看來是一個的法身變成是兩個了。

一個是在迷的衆生，一個悟得究竟成就的佛。二而不二又變成兩個，那你再念佛，再回來念佛修成極樂四土，又變成一個了，就這樣反反覆覆。

你專心念佛好了，生到極樂世界再不退了，但是你也要觀如來的眞如法身，觀阿彌陀佛的法身。不但生，而且品位極高。不是九品蓮花嗎？你也生到上品上生去了，那品位就高了。

馬鳴菩薩最後說，大乘的經典當中，很多都是說念阿彌陀佛生極樂世界。我們學《華嚴經》，最後一卷〈普賢行願品〉善財童子也到等覺位了，普賢菩薩勸他念阿彌陀佛生極樂世界，到那世界成佛去吧！那是給我們一切衆生做榜樣的。

今天是圓滿日，應該是光明。嘿！但是今天停電了，現在我們將要講完了，電又來了，衆生就如是。黑暗遇見光明，好喜歡哪！我們在苦海當中得聞佛、修習佛法，那遇到大光明。

就這個善根都不可思議，有緣了它就應了。爲什麼停電？爲什麼又修復好了？這個答案很簡單了。爲什麼我們墮落？爲什麼又能夠恢復我們的本覺智慧？這個就要經過點時間了，不是這麼一個鐘頭之內，電又來了，不是這麼容易。

你把它看成了就如是亦如是。迷跟悟，一念之間。但是我們經過多少劫了，現在自己也不知道，等你悟的時候就知道。同時念阿彌陀佛也要心念眞如，假使說你眞心的念，一定得生必定得生，生的時候就住正定，那時候你眞正明了了跟佛無二無別了。

柒、勸修利益分

已說修行信心分，次說勸修利益分。

前面說的叫修行信心分。這僅僅是修行信心，還沒入住，還要退。如何讓他不退？以下就勸修利益。

如是摩訶衍諸佛秘藏，我已總說。

「如是摩訶衍諸佛秘藏」，秘密的秘，我已總說。什麼是諸佛的秘藏？念眞如，觀自己的本心，要修行必須先得有個信心哪！現在把信心講完了。

若有衆生，欲於如來甚深境界，得生正信，遠離誹謗，入大乘道。當持此論，思量修習。究竟能至無上之道。

若是有衆生在如來的甚深境界，能夠生起了眞正的信心，心中不要有是非的觀念，遠離誹謗的意思，如來的甚深境界是秘藏，是不玄的。要想證得要想入道，必須有定有慧。

你若想入大乘道，馬鳴菩薩說，他造這個論就是讓大家能夠修習，讓你心裡頭入道，不過有些衆生不見得信。

你若想入佛的甚深境界，你就要學習〈起信論〉；若想得生正信的，要學習〈起信論〉；若想遠離誹謗的，學習〈起信論〉；若想入大乘道的當持此論。

這裡有很多問題，第一個你想入如來甚深境界，想生起眞正得信念的，那你學學〈起信論〉吧！

若人聞是法已，不生怯弱。當知此人定紹佛種。必爲諸佛之所授記。

示現很勇猛的、很精進的，不示現軟弱，這個人一定紹隆佛種，能夠成佛，一定得到諸佛的授記。

假使有人能化三千大千世界滿中衆生令行十善，不如有人於一食頃正思此法，過前功德，不可爲喻。

「假使有人能化三千大千世界滿中衆生令行十善」，再不造惡了，行十善業。「不如有人於一食頃」，吃飯這麼個功夫吧！思量此〈大乘起信論〉，相信自己的心跟佛無二無別。就這麼一念的功德，「過前功德」，或有人於三千大千世界都行十善，這個人功德很大了，還不如有人一個吃飯的時間，能夠相信大乘起信就是生起信心信大乘。大乘是什麼呢？就是相信你自己的心是佛，你心本具的眞如性體。

復次若人受持此論，觀察修行，若一日一夜，所有功德，無量無邊，不可得說。

「復次若人受持此論」，受持是常時思惟，依著〈起信論〉教導去修，依著〈起信論〉去觀察；只是一天一夜的工夫，所有的功德無量無邊不可說，這是勸修。

馬鳴菩薩是八地菩薩，這一點是公認的。以前誹謗〈起信論〉的，說不是馬鳴菩薩造的。那時候南京支那內學院，也反對〈大乘起信論〉，認爲是如來藏性。學唯識的人反對如來藏性，就是根據這個。但是馬鳴菩薩說，假使人要信，功德無量；假使要誹謗，罪過也無邊。

若受持這部論，觀察修行的時間很短，一日一夜之間，他所有的功德無量無邊，爲什麼？直心正念眞如，相信眞如說的是眞如的功德，相信眞如的功德無量無邊，一念間都無量無邊。

假令十方一切諸佛，各於無量阿僧祇劫，歎其功德，亦不能盡。

能夠直心正念眞如的人，相信自己的心就是佛。具足這種智慧得到十方諸佛的讚歎，讚歎他的功德不盡。

何以故？謂法性功德無有盡故，此人功德亦復如是，無有邊際。

為什麼？他一定能成佛，佛功德無盡故。

其有衆生，於此論中，毀謗不信，所獲罪報，經無量劫，受大苦惱。是故衆生，但應仰信，不應誹謗。以深自害，亦害他人；斷絕一切三寶之種。以一切如來皆依此法得涅槃故。一切菩薩因之修行入佛智故。

「其有衆生，於此論中，毀謗不信」，讚歎是有功德，毀謗就有罪了。「所獲罪報，經無量劫，受大苦惱」。因這個緣故，衆生啊！「但應仰信，不應誹謗」。謗毀是自己害自己也害他人，斷絕三寶種。

一切衆生依此法而能得到涅槃，因為你謗毀，毀滅這個法，一切衆生就不得度，一切菩薩也因為修行眞如三昧入佛智。

當知過去菩薩已依此法得成淨信，現在菩薩今依此法得成淨信，未來菩薩當依此法得成淨信，是故衆生應求修學。

我們都是未來的菩薩，得成這種清淨的信心。什麼叫清淨信心？信眞如。信自己的清淨心，自己清淨的本心。所謂〈大乘起信論〉是四信，不只是信三寶，還要信自己，一切衆生應當學習此法。〈大乘起信論〉到這裡就講完了。後面馬鳴菩薩有個迴向偈。

諸佛甚深廣大義，我今隨分總持說；迴此功德如法性，普利一切衆生界。

〈起信論〉到這裡是最後的結論，這是稱性的功德，性徧故功德也無量，但這功德還歸於法性，所說的都是事，演說的都是事。

能夠依著言說文字回歸你的眞如實體，也就是回事向理了。《大方廣佛華嚴經》所說的一切諸法，「無不從此法界流，無不還歸此法界」。法呢？就是一切法。界呢？是生長之義。什麼能生長呢？就是心。

心生萬法，萬法唯心。萬法從心起，萬法還歸於心，普利於衆生。

現在我們講圓滿了，大家迴向一下。

謝謝大家！祝你們都能夠正念眞如，深信眞如。

學佛問答

【問】：請問老法師，有一部經叫《般舟三昧經》，尼眾能不能行般舟三昧？

【答】：不論是誰都可以，修行不分尼眾跟僧眾。總說僧寶的時候也包括尼眾，歸依佛、歸依法、歸依僧，這個僧寶，不是專指男眾說的，女眾也叫僧寶，這是不分的。

「行般舟三昧怎麼樣設置？」什麼設置都沒有，就是一間空房子。按體形的高低，你的手能扶得到的地方要釘上繩子，圍著屋子釘上繩子，繩子得粗一點兒。一般行般舟三昧的時候，立不住的時候要手扶著繩子。

第一個七，可能有願力或者信心還能支持得了。若是三個七之後，你支持不了就得靠著扶繩子。褲子得寬一點兒，要是下身腫了，褲子必須剪開。

閉關的情況就不同了，閉關是你坐著。關，有方便關，我不接見人，不做任何事務，住在關房裡頭。一般的關房是砌死的，在門洞送飯。你們沒住過監獄，關房跟監獄差不多，監獄只有這麼一個小洞給你送飲食遞東西，閉關則是把牆都砌死了。

般舟三昧就不用這樣，當然謝絕一切事務，但是不要閉得、封得這麼嚴。閉關可以睡覺，晚上可以睡覺或者念經，只是不接見人，不接見一切事務。般舟三昧不同，得有個護關的老師，如果出了什麼問題，他可以給你解答。

問這個問題是什麼意思？你要想行般舟三昧嗎？我跟你說，你的身體不適應，現在有人說修十個般舟三昧，多少個般舟三昧，我可以告訴你，有些不是眞實的。

般舟觀又叫一行三昧，你修哪一法門，或者念阿彌陀佛，剋期取證，到時候就走了；或者感著阿彌陀佛來接你加持你。現在我們人的體力恐怕不行，你的願心是不錯，但是你的形體不能支持，也就是做所做不到的事情，做所做不到的事情就叫妄想。

誰護持你？誰給你修一個般舟關房？現在沒有這麼個住持，沒有這麼個當家師發這個大心。除非你自己給自己修個關房，你死了也沒人知道，反正你在裡頭裡修吧！

現在行般舟三昧的，就跟我們念佛、坐著聽經差不多，什麼差不多呢？假的佔了一半。我們在這兒聽課還是假的？你聽課，並沒有聽課，你的思想在打妄想；我不敢說你全部打妄想，多數是打妄想。如果不信，我們哪一天試驗一下，抽調一位法師，說我講的是什麼意思，讓他複誦一遍，會立竿見影的，你能老實念佛就好了。

就像過去的印光老法師，不論誰問他，他都說：「老實念佛！」想精想怪的，不是老實呀！你一天二十四小時，除睡眠之外後，若能一句佛號不離心，念念的不斷，這是心念哪！這個時候你的心還有別的妄想嗎？這就叫一行三昧。

修行千萬莫要做形式，形式是給人家看的，沒有用處。說我打般舟三昧，打了多少個七，這叫趕緣法。你也不修大廟，也不需要很多錢，趕什麼緣法？有緣的他會送來，沒緣的求也沒有，就求自己，老老實實的修行用功就好了。能夠一心的念佛，就是般舟三昧。一心，不要拘形式非修個觀法，我一天看著我這個心念不讓它動，這可是妄心！但是這個妄能趣向於眞如，狂心頓歇；讓妄心歇下來，就是菩提了。菩提是覺義，明白了，什麼都沒有。

【問】：禪宗得法是什麼意思？

【答】：某位法師得了雲門了，雲門法；或得了臨濟，臨濟法；得了曹洞，曹洞法。其實不是這麼回事，以這個觀點、這樣的認識就是錯誤的。那是我們的分別執著，在法上起執著，這是派系，知道吧！

爲什麼叫派系呢？說我這間廟是繼臨濟法的，就按臨濟宗的參禪規矩，臨濟祖師怎麼立的，我就照著怎麼做的，是這樣的意思。現在接法眷〔卷〕，是你要想接這間廟的住持，我這個廟是我的廟規矩，你得接了我的法，才能在我的廟當住持！這是法眷〔卷〕不是佛法，不是佛的意思，佛沒有這個派，中國才有。這樣懂得吧！

有的老和尚他五個法門都接了，雲門、法眼、曹洞他都接了，連溈仰也都接了，像虛雲老和尚五個派都接，你那個派系？就給你寫一個法眷〔卷〕。禪宗分成五大宗，曹洞、雲門、法眼各個不同，但這個不是佛所教授的教法。

【問】：內魔，外魔，在表面上有什麼差別？

【答】：內魔是你心裡頭的煩惱，外魔就是你正在用功的時候，見到鬼來干擾你。出了什麼魔障，這是外頭的現象，叫外魔。

【問】：您如何看待律宗，教、律、密、禪、淨？

【答】：這其中的關係複雜了，你問我他們之中的關係，你腦子想的很多，別想這麼多吧！太複雜，你就是當法師也用不上的。你不能夠五個宗派都具足的，這是不可能的。

律是著重律己，不要拿戒律去看別人，你先自己對照。律是規律是法則，依著這個規律，依著這個法則，你去做吧！但可不要產生我執，我是拿你這個問號來解釋我執。

各個宗派，那是我執，禪淨律密，看你跟哪個宗有緣？你讓我說其中的關係，恐怕不是一個月二個月能講的清楚。五大宗派講的清楚嗎？題目太廣。反正是律宗絕不是密宗，教跟律還相結合的；教也是律，律也是教，教是依著四教、五教，或者唯識法相，或者中觀，你依著哪一門？依著四教要學四教義，依著五教學五教義，唯識，你要學〈八識規矩頌〉，這你都要必須得背的，這是依著教的。

密宗不是這樣，密宗帶有密宗的教，金剛乘密。禪呢？一切都放下，向上一著。淨呢？念阿彌陀佛。念地藏菩薩也可以往生極樂世界，這是依著《大乘大集地藏十輪經》，你看過沒有？《大乘大集地藏十輪經》，地藏王菩薩發的願，所有信仰他乃至於學習他的人，若想生淨佛國土，隨便生哪個國土，地藏王菩薩都送你去。

你念〈普賢行願品〉，〈普賢行願品〉告訴你就念〈普賢行願品〉，普賢菩薩送你到極樂世界去。你問問是可以，但是對你來說呢？你還是念阿彌陀佛或是念〈往生咒〉，乃至念〈大悲咒〉也可以往生極樂世界。

當你發願生極樂世界，你所念的一切大乘經都是助緣，都可以生。如果一句阿彌陀佛也沒念，那你就念《大乘妙法蓮華經》迴向極樂世界絕對能生；或念《大方廣佛華嚴經》，沒念阿彌陀佛，但是我求生極樂世界，以《大方廣佛華嚴經》持誦的功德，也能生極樂世界，諸佛都如是說。

【問】：如果有的人念地藏王菩薩，未必想求生極樂世界。

【答】那就去不了！你念《地藏經》時候沒想生極樂世界，那你就下地獄跟地藏王菩薩度眾生去了，你下地獄不是受苦！你念《地藏經》下地獄是跟地藏菩薩去度眾生；或者到地藏菩薩他那個世界去，南方世界。地藏菩薩是南方世界來的，不是娑婆世界，你這問號就這樣答覆你；還是沒明白的，你就把我執放下，這是我見在作祟，我見在這裡給你搗亂。

【問】：老法師常說：「不怕念起只怕覺遲。」可是弟子每次生起妄念之後，想了老半天才發覺。

【答】：那是覺遲！雖然覺遲了，你還是覺啊！還知道自己的念頭不對，收起來吧！覺遲了也沒有關係，但是就怕不覺。一直做，糊里糊塗下去那就麻煩，跟著你那妄念跑，念發生現行了。

【問】：染淨的理體相違，可能是一剎那之間而已。可是別的妄想隨之生起，妄念又生滅不已，應如何面對？

【答】：那就隨妄念轉。生滅不已就發現行了，不是光妄念而止；不是念念就完事了，念念它要發現行，要去做。現在我們講我執，只是我執的一部份，不是我執的全部。

修行要專念無我。可是念阿彌陀佛生極樂世界的，有個能念的我，有個所念的阿彌陀佛；有能有所，不錯了，這是假佛力加持。若能念到「我就是阿彌陀佛，阿彌陀佛就是我」，能所雙亡，那你生極樂世界去了；口裡雖然念著阿彌陀佛，念這阿彌陀佛是念我自己。

前面講始覺跟本覺；認識自己的本覺智，沒有能覺所覺了，那這高啦！生極樂世界是上品上生，可惜我們是凡夫，六根門頭放光動地，放的是什麼光？什麼顏色也看不見！你觀照一下就看見是什麼顏色。

如果你觀照清淨顏色，無色相可得。光是智慧，你能放出光來能出智慧來，不容易了！六根門頭放光動地是指著佛菩薩，那個菩薩都是等覺的，地上的菩薩還要看顏色嗎？顏色是我執的執著想。

【問】：聽老法師說：能聽見的是響聲；不能聽見的不說話的時候，是靜，一切時中都明了，是不是這樣？

【答】：不要想太多了！想太多了複雜啦！你能觀照你的無念，這裡是指無念說的。有念全是妄，無念才是眞，只有念全是妄！念阿彌陀佛也是妄啊！不是眞哪！如果口裡念的是眞的，念火就把嘴巴給燒了，不是這樣子嗎？

念是心念，不是口念，念就是念。觀想起心動念，看你這念頭屬於我執嗎？屬於法執嗎？

【問】：念不生處是什麼？

【答】：參去吧！思惟修吧！一生出來，不是我就是法，不是我見就是法見。

【問】：無念，會不會落入外道的無想定？

【答】〈大乘起信論〉講的無念是正念眞如的無念，妄心頓歇了，見了眞如的性體之後，十住位能百界示現成佛，但它是相似的不是眞實的，外道怎能相比！外道無想定，他的意識還沒有斷呢？他只是不起分別了，一時降伏住了，這兩個不能等同的。

這個無念深的多，無念故無不念。無念故無不念，證入眞如的體了，眞如的體遍一切處；而且這個是斷了見思惑，在《金剛經》，佛講的無住就是無念的意思。

【問】：八正道中的正念和〈起信論〉的無念，有什麼關係？

【答】：八正道的正念就是心念眞如法，這是說深的。淺的呢？正念就是不起一切雜念，正念是念三寶，這才叫正念。〈起信論〉說的無念，是正念的究竟了，正念眞如念三寶，念到了連能念所念都沒有的無念。

【問】：禪宗說：「莫道無心便是道，無心猶隔一重關」，要如何理解？

【答】：禪宗講的無心跟〈大乘起信論〉講的無心，是兩個。〈大乘起信論〉的無心是沒有妄念的。直心正念眞如了，並不是斷滅的；無念故，念通了沒有能念所念，禪宗是觀那個話頭，觀話頭觀到無念了。在言語之前是什麼？我們現在從學習當中去認識眞如，眞如就是我們的佛性。所以禪宗講，「無心猶隔一重關」，這是說他沒究竟，無心是指落於空的一邊，所以說無心和無念。

你問他們有什麼關係，是一個。念到無念了，無心是沒有妄想心，並不是你那個眞如的佛性都沒有，那成了斷滅知見了。你參禪嗎？這是參禪的意思，你要學〈大乘起信論〉就學〈大乘起信論〉，你又牽連著外道，又牽連著禪宗，不要想那麼多。〈大乘起信論〉是根據華嚴、法華、圓覺、瓔珞百部大乘經典；超過般若的智慧義，你怎能跟那個配呢？

從凡夫地到成佛這個中間的過程，〈大乘起信論〉都跟你說得很清楚，讓你生起一個大乘的信念，只是起個信。這裡講的那些境界，有佛的境界、有地藏菩薩的境界，也有凡夫的境界，不要想的太多了。

【問】：久坐之後出現記憶力衰退，思想遲鈍，請問這是怎麼回事？

【答】：你在這裡坐著幹什麼啊？打睡瞌嗎？坐這兒是修行，是觀照！向前進呀！你這是坐著坐著退了，坐著退了是乖瞌睡了。你坐著什麼也不想，你還沒有到那個境界！你必須從想達到無想！你坐著時候是思惟修，不是枯坐，你坐著要起觀照。

因爲你行動的時候、做事的時候，容易生散亂，坐著收心。攝歸一個正念觀想，你觀想三寶也可以，觀想哪部大乘經典跟你相應，你就觀想；乃至於你念佛的觀想阿彌陀佛，如果這個也不會觀，就想〈南無阿彌陀佛〉這六個字，觀想了了分明，這是觀照。

怎麼會坐著坐著，把記憶力都坐著沒有了，有這個事嗎？那你不坐成個傻子了、坐成呆子了，思想遲鈍了越坐越傻，那就說明你的功夫用錯了。若讓你坐兩個鐘頭，你是睡著了吧！睡著了才遲鈍了，不睡著了怎麼會遲鈍。你下來走一走，別再坐啦！你多活動一下，多拜拜佛還好一些，可以消消業障。

國家圖書館出版品預行編目資料

大乘起信論淺釋/ 夢參老和尚講述/ 方廣文化編輯部整理.
--初版--,臺北市 ; 方廣文化 , 2010.10
面:　　　公分
ISBN 978-957-99970-3-4 (精裝)
1.大乘論 2.佛教修持
222.14　　　99018827

大乘起信論淺述

主　　講：夢參老和尚
編輯整理：方廣文化編輯部
出　　版：方廣文化事業有限公司　◎地址變更:2024年已搬遷
住　　址：台北市大安區和平東路－通訊地址改爲106-907
電　　話：02-2392-0003　台北青田郵局第120號信箱
傳　　真：02-2391-9603　(方廣文化)
劃撥帳號：*17623463*　方廣文化事業有限公司
網　　址：*http://www.fangoan.com.tw*
電子信箱：*fangoan@ms37.hinet.net*
美編設計：隆睿
攝　　影：仁智、妙妙
印　　製：鎏坊設計工作室
裝　　訂：精益裝訂股份有限公司
出版日期：2021年9月　初版5刷
定　　價：新台幣420元(軟精裝)
劃撥帳號：17623463 方廣文化事業有限公司
經 銷 商：聯合發行股份有限公司
電　　話：02- 2917-8022
傳　　真：02- 2915-6275
行政院新聞局出版登記證：局版臺業字第六〇九〇號
ISBN：978-957-99970-3-4
No.HP01　　　Printed in Taiwan

方廣文化出版品目錄〈一〉

夢參老和尚系列
書　籍

● 八十華嚴講述

HP01 大乘起信論淺述 (八十華嚴導讀一)
H208 淺說華嚴大意 (八十華嚴導讀二)
H209 世主妙嚴品 (第一至三冊)
H210 如來現相品・普賢三昧品 (第四冊)
H211 世界成就品・華藏世界品・毘盧遮那品 (第五冊)
H212 如來名號品・四聖諦品・光明覺品 (第六冊)
H213 菩薩問明品 (第七冊)
H214 淨行品 (第八冊)
H215 賢首品 (第九冊)
H301 升須彌山頂品・須彌頂上偈讚品・十住品 (第十冊)
H302 梵行品・初發心功德品・明法品 (第十一冊)

● 華 嚴

H203 華嚴經淨行品講述
H324 華嚴經梵行品新講 (增訂版)
H205 華嚴經普賢行願品講述
H206 華嚴經疏論導讀
H255 華嚴經普賢行願品大意
H624 登歡喜地：華嚴經十地品歡喜地淺釋

● 天 台

T305A 妙法蓮華經導讀

● 楞 嚴

LY01 淺說五十種禪定陰魔—《楞嚴經》五十陰魔章
L345 楞嚴經淺釋 (全套三冊)

方廣文化出版品目錄〈二〉

夢參老和尚系列
書 籍

● 地藏三經

地藏經

D506　地藏菩薩本願經講述（全套三冊）
D516A　淺說地藏經大意

占察經

D509　占察善惡業報經講記（附HIPS材質占察輪及修行手冊）
D512　占察善惡業報經新講

大乘大集地藏十輪經 D507（全套六冊）

D507-1　地藏菩薩的止觀法門（序品 第一冊）
D507-2　地藏菩薩的觀呼吸法門（十輪品 第二冊）
D507-3　地藏菩薩的戒律法門（無依行品 第三冊）
D507-4　地藏菩薩的解脫法門（有依行品 第四冊）
D507-5　地藏菩薩的懺悔法門（懺悔品 善業道品 第五冊）
D507-6　地藏菩薩的念佛法門（福田相品 獲益囑累品 第六冊）

● 般 若

B411　般若波羅蜜多心經講述（合輯本）
B406　金剛經
B409　淺說金剛經大意

● 開 示 錄

S902　修行（第一集）
Q905　向佛陀學習（第二集）
Q906　禪・簡單啟示（第三集）
Q907　正念（第四集）
Q908　觀照（第五集）

方廣文化出版品目錄〈三〉

地藏系列	D503	地藏三經（經文版） （地藏菩薩本願經、大乘大集地藏十輪經、占察善惡業報經）
	D511	占察善惡業報經行法（占察拜懺本）（中摺本）
華嚴系列	H201	華嚴十地經論
	H202	十住毘婆沙論
	H207	大方廣佛華嚴經（八十華嚴）（全套八冊）
般若系列	B402	小品般若經
	B403A	大乘理趣六波羅蜜多經
	B404A	能斷金剛經了義疏（附心經頌釋）
	B408	摩訶般若波羅蜜經（中品般若）（全套三冊）
天台系列	T302	摩訶止觀
	T303	無量義經（中摺本）
	T304	觀普賢菩薩行法經（中摺本）
部派論典系列	S901A	阿毘達磨法蘊足論
	Q704	阿毗達磨俱舍論（全套二冊）
	S903	法句經（古譯本）（中摺本）
瑜伽唯識系列	U801	瑜伽師地論（全套四冊）
	U802A	大乘阿毗達磨集論
	B803	成唯識論
	B804A	大乘百法明門論解疏
	B805	攝大乘論暨隨錄
憨山大師系列	HA01	楞嚴經通議（全套二冊）

方廣文化出版品目錄〈四〉

密宗系列

M001　菩提道次第略論釋 (全套四冊)
M002　勝集密教王五次第論
M003　入中論釋
M004　大乘寶要義論(諸經要集)
M006　菩提道次第略論
M007　寂天菩薩全集
M008　菩提道次第廣論
M010　菩提道次第修法筆記
M011　白度母修法(延壽法門修法講解)
M012 A 中陰-死亡時刻的解脫
M018　菩提道次第廣論集註 (卷一～卷十三)
M019　佛教的本質-《佛教哲學與大手印導引》
M020　業的力量-(與死亡的恐懼共處)

能海上師系列

N601 般若波羅蜜多教授現證莊嚴論名句頌解
N602 菩提道次第論科頌講記
N345 戒定慧基本三學
N606 能海上師傳
N607 現證莊嚴論清涼記
N608 菩提道次第心論

論頌系列

L101 四部論頌(釋量論頌 現證莊嚴論頌 入中論頌 俱舍論頌)
L102 中觀論頌 (中摺本)
L103 入菩薩行論頌 (中摺本)
L104A 彌勒菩薩五部論頌
L105A 龍樹菩薩論頌集
L106 中觀論頌釋
R001 入中論頌 (小摺本)

方廣文化出版品目錄〈五〉

南傳佛教系列

SE05 七種覺悟的因素
SE06 南傳大念處經 (中摺本)
SE07 三十七道品導引手冊 (阿羅漢的足跡增訂版)
SE08 內觀基礎 《從身體中了悟解脫的真相》
SE09 緬甸禪坐 《究竟的止觀之道》(增訂版)

其他系列

Q701 單老居士文集
Q702 肇論講義
Q703B 影 塵-倓虛老法師回憶錄
Q705 佛學小辭典 (隨身版)
ZA01 參 禪《虛雲老和尚禪七開示》
ZA02 禪淨雙修《虛雲老和尚開示錄》
Z005 《禪宗公案》-李潤生著

廣
方廣文化事業有限公司
http://www.fangoan.com.tw